EDITORA AFILIADA

Dados Internacionais de Catalogação na Publicação (CIP)
(Câmara Brasileira do Livro, SP, Brasil)

Paiva, Vera
  Fazendo arte com a camisinha / Vera Paiva. — São Paulo : Summus, 2000.

  Bibliografia.
  ISBN 85-323-0730-2

  1. AIDS (Doença) – Prevenção 2. Doenças sexualmente transmissíveis – Prevenção 3. Doenças sexualmente transmissíveis – Prevenção – Preservativos 4. Educação sexual para a juventude 5. Sexo 6. Sexo seguro na prevenção da AIDS I. Título.

00-0723

CDD-616.979205
NLM-WA 110

Índices para catálogo sistemático:

1. AIDS : Prevenção : Medicina   616.979205
2. Prevenção da AIDS : Medicina   616.979205

Vera Paiva

Fazendo Arte com a Camisinha
Sexualidades Jovens em Tempos de Aids

summus editorial

FAZENDO ARTE COM A CAMISINHA:
Sexualidades jovens e seus dilemas
Copyright © 2000 by Vera Paiva

Capa:
Camila Mesquita

Editoração:
Acqua Estúdio Gráfico

Proibida a reprodução total ou parcial
deste livro, por qualquer meio e sistema,
sem o prévio consentimento da Editora.

Direitos desta edição
reservados por
SUMMUS EDITORIAL LTDA.
Rua Cardoso de Almeida, 1287
05013-001 — São Paulo, SP
Telefone (011) 3872-3322
Caixa Postal 62.505 — CEP 01214-970
http://www.summus.com.br
e-mail: summus@summus.com.br

Impresso no Brasil

Dedicado ao

CHICO e ao JUCA

Agradecimentos

Este texto é fruto da atividade do grupo que tem percorrido esse caminho no Nepaids. Agradeço particularmente aos monitores e auxiliares de pesquisa, por ordem alfabética: Betina Leme, Beth Joti, Camila Peres, Cely Blessa, Cláudio Queirós, Fernando Ciprioni, Fernando Silveira, Graziela Bedoian, Gustavo Brajão, Leila Strazza, Maria Cristina Antunes, Odonel Serrano, Sara Skinner, Vladimir Stempliuk. À equipe das escolas participantes, em especial Olgair, Rosely, Rose, Mabel, Mary, Maria Ines, Maria Lúcia e Gilberto. Aos numerosos companheiros e amigos que participaram das atividades do projeto e contribuíram com inestimáveis comentários a este ou a outros textos, para citar apenas os mais presentes: Angelo Piovesan, Araccy Martins Rodrigues, Cassia Buchalla, Gustavo Venturi, Jorge Beloqui, Helena Albuquerque, Iara Sayão, Luiza Alonso, Pedro Mascarenhas, Regina Barbosa, Rosalina Carvalho Silva, Sylvia Leser, Vera Helena Vieira, Wilza Vilella. A Fundação Mac Arthur que acreditou no primeiro projeto e estimulou a mentoria de Richard Parker – mestre nas descobertas que me tiraram do isolamento intelectual no campo da sexualidade e da Aids, amigo e parceiro de tribo. A Fogarty Foundation/Berkeley e ao Center for AIDS Prevention Studies-UCSF, em especial a Norman Hearst, Art Reingold e Ron Stall que com sua capacidade de escutar e curiosidade, acreditaram na proposta e também me acompanharam nos anos de elaboração na Califórnia.

Em memória de Edival Pessoa, Flávio Damaceno e
Theodoro Pluciennik.

Sumário

Prefácio 13

Ao leitor 19

1. Revendo as primeiras abordagens para a prevenção da Aids .. 27
   Práticas de risco, sexo seguro e responsabilidade
     individual 33
   Vulnerabilidade social: a sexualidade e o risco socialmente
     construídos 37
   Precisamos de uma pedagogia de prevenção e para
     a cidadania 42
   O sujeito sexual e os direitos sexuais e reprodutivos –
     objetivo dos programas educativos 48

2. Construindo as oficinas de sexo seguro: estudos preliminares,
   piloto e treinamento 54
   Estudo preliminar e piloto do programa 57
   Quem eram os jovens do primeiro projeto? 61
   Grupos separados de garotos e garotas 63
   Integrando as experiências e modelos internacionais para a
     prevenção da Aids 65
   Parâmetros éticos 71
   Treinamento de professores e da equipe 73
   Nós e eles, algumas lições inesquecíveis 76

3. Oficinas de sexo seguro, reprodução e Aids 78
   1º encontro: a Aids tem a ver comigo? 78
   2º encontro: avaliando a vulnerabilidade e o simbolismo da Aids 82
   3º encontro: os gêneros do corpo sensual e reprodutivo 87
   4º encontro: sexo seguro – fazendo arte com a camisinha 92
   5º encontro: não é fácil combinar e fazer sexo seguro 97
   Oficina de sexo seguro e Aids (modelo curto) 101
   As reuniões de avaliação 102
   Finalmente 104

4. É difícil se perceber vulnerável 106
   "Ameaça de morte" e "combate à promiscuidade": as dificuldades para iniciar o projeto 107
   A repercussão entre os jovens: "a cara da Aids" 112
   Quem fazia a cabeça desses jovens? 120
   Conversar com os pais e a orientação sistemática e prolongada fazem diferença! 125
   Escutar o silêncio, as dúvidas e os preconceitos mais comuns 127
   Os personagens da Aids: trazendo dúvidas e preconceitos para o contexto (labirinto) 131

5. Os gêneros, o sensual e o reprodutivo 141
   Sobre as sexualidades e os gêneros dos brasileiros 141
   O que a atividade sexual significa? 148
   Roteiros de gênero: O que é ser homem? O que é ser mulher? 154
   "A massa", os saberes masculino e feminino 158
   O prazer, a ética e as informações distorcidas 163
   Erótico e reprodutivo 166
   Cenas de gravidez não planejada e o aborto 168
   A opressão dos gêneros sobre homens e mulheres 174

6. Práticas sexuais, camisinha e sexos seguros 178
   Por que não usaram a camisinha? 180
   Quais os motivos para usar a camisinha? 183

A camisinha como síntese da relação entre gêneros: "Mulher só pensa em casar e homem só pensa em trepar" 185
Fazendo arte com a camisinha: ensinando a usar e decodificando 187
Outros recursos para o sexo mais seguro e o respeito aos sexos "diferentes" 193
Práticas sexuais sem o contexto em que acontecem não existem 207

7. *Scripts* e cenas sexuais 211
Os *scritps* sexuais (*"sexual scripts"*) 212
A "cena sexual" e os *scripts* femininos e masculinos 218
A interferência do sujeito sexual na cena 224
Os *scripts* masculinos e as cenas de violência 232
As dificuldades para ser sujeito sexual 242

8. Avaliando resultados: as oficinas são apenas um bom começo 253
A avaliação pelo estudo experimental 255
Avaliação e acompanhamento em grupos pós-oficina 256
Construindo o uso de camisinha em dois atos 258
A guerra dos sexos e a *pax belica* fazem parte do segundo ato 266
O surgimento do sujeito-cidadão 269
Organizar a comunidade para superar as barreiras coletivas... 274

Conclusão – O esforço vale a pena, se o horizonte não é pequeno 281
Os *scripts* sexuais para os gêneros oprimem os rapazes também 287
O papel da escola e dos programas de prevenção 292
Finalmente 294

Referências bibliográficas 303

Prefácio

Richard Parker[1]

Durante quase vinte anos, a epidemia de HIV/Aids nos colocou cara a cara com algumas das dimensões mais básicas, e ao mesmo tempo mais desconhecidas, da existência humana. A Aids trouxe à tona, de maneira nova e assustadora, os fantasmas construídos no imaginário social sobre a sexualidade e a morte, sobre o desfiguramento e o enfraquecimento físico, sobre a vulnerabilidade e o risco visto na cara do outro. Mais do que qualquer outra doença na era moderna, a Aids revelou a nossa relação, ainda não resolvida, com a diferença e os diferentes, relembrando-nos da longa história que sempre vinculou o medo da diferença com a discriminação, o estigma e o preconceito. Talvez o mais trágico seja que, durante uma boa parte desse período, a Aids demonstrou mais uma vez, com nitidez especial, a nossa capacidade de negação coletiva quando confrontados com o profundo sofrimento de setores já marginalizados em um sistema social organizado na base da opressão, da exploração e da exclusão social e econômica.

Ao mesmo tempo que os primeiros anos da epidemia foram marcados pela negação e pela falta geral de solidariedade, talvez igualmente trágico é que não demorou muito para os oportunistas e os tecnocratas de plantão sentirem o cheiro de *money* e de se engajarem na construção do que hoje em dia pode ser mais bem descrito como a

---

1. Richard Parker é antropólogo, professor da Universidade do Estado do Rio de Janeiro e da Columbia University, em Nova York, e diretor-presidente da Associação Brasileira Interdisciplinar de Aids (ABIA).

indústria da Aids. O velho modelo bancário da educação e das políticas sociais (tão bem descrito anos atrás por Paulo Freire) se reproduziu no caso da Aids com a formação de uma geração de gerentes do comportamento humano: "técnicos em HIV/Aids" (como eu vi, em meados da década de 1990, escrito no cartão de visita de um dos bem-intencionados interventores que a primeira década da epidemia produziu no Brasil). Foi um campo aberto para os "técnicos", mas também para os "teóricos" do comportamento humano na academia, e para os "especialistas" nas agências do Primeiro Mundo preocupados em "administrar" a desgraça no Terceiro. Teorias de *behavior change* (o inglês é intencional!) proliferaram e *programs* para intervir no *behavior* (dos outros) se estruturaram. A teoria de ação racional, a de crenças sobre a saúde, assim como a de estágios de mudança de comportamento e tantas mais não somente alimentaram o mercado de trabalho nos departamentos de psicologia das universidades norte-americanas como foram disseminadas pelo mundo afora nos programas verticalizados das agências de "cooperação" e outros mecanismos da dependência econômica e cultural reproduzidos nesses nossos tempos tão globalizados. Teorias e programas individualistas em que a psicologia humana é conceitualizada como descontextualizada e despolitizada, como se fosse independente de circunstâncias materiais — livre dos contextos sociais, culturais, econômicos e políticos em que os indivíduos, porventura, estão inseridos. Uma visão perfeitamente adequada para a realidade do sistema capitalista global no final do século XX, em que a prevenção da Aids vira um exercício de *marketing* social, se obtém com a venda de camisinha para os seus consumidores sexuais com a mesma metodologia que a Coca-Cola usa para conquistar a liderança do mercado de refrigerantes. Enfim, como resposta diante dos dilemas existenciais mais profundos da condição humana (o desejo sexual, o êxtase das drogas e a vulnerabilidade diante do HIV), os tecnocratas e administradores da epidemia nos ofereceram receitas (sempre respeitáveis) para o recondicionamento do comportamento desviado e arriscado. Para a dor e o sofrimento das pessoas afetadas diretamente pela epidemia, ofereceram somente o papel de "exemplos negativos", capazes de convencer os ainda não perdidos a modificar os erros dos seus atos. E para contornar as estruturas de opressão e desigualdade que organizam a vulnerabilidade das populações e comunidades marginalizadas e excluídas do bem-estar social, do sistema de saúde pública, e dos direitos mais básicos de cidadania, ofereceram, no final das contas, nada.

Nesse quadro nada animador, pior ainda é o destino dos jovens! Pelo menos alguns dos setores mais vulneráveis à epidemia, como os homossexuais ou os/as trabalhadores/as do sexo, pela sua exagerada situação de marginalidade, não interessavam muito aos tecnocratas e à sociedade de bons costumes — e já possuíam identidades de resistência para servir como base das suas próprias mobilizações comunitárias diante da epidemia. O horror da discriminação, neste caso, pode ter sido uma salvação, pois foram poupados, pelo menos em parte, dos técnicos de HIV/Aids com as suas intervenções e programas bem-intencionados. Ninguém se preocupava muito com os seus *stages of change*. No caso dos jovens, ao contrário, os gerentes do comportamento acharam o seu alvo preferido. Uma população em grande medida vista como "presa fácil", alcançável nas escolas e nos outros lugares que a sociedade destina para a reprodução da sua estrutura desigual e os seus valores normativos mais básicos. Uma população em que os diferentes e as diferenças podem ser negados e ocultados pela ilusão da "normalidade". Uma população altamente "salvável", em que os riscos da pressuposta explosão hormonal da adolescência podem ser controlados e domesticados para favorecer a estabilidade e a responsabilidade da próxima geração de futuros adultos. Como sempre, essas oportunidades foram mais claramente minadas nos Estados Unidos. "*Just say 'No'!*", como declarou em meados da década de 1980 a primeira dama norte-americana, Nancy Reagan, oferecendo uma síntese contundente das "teorias" comportamentalistas para a prevenção de drogas, gravidez indesejada e Aids: astros de Hollywood aparecendo em reclames na televisão para "modelar" o comportamento correto; milhões de dólares aprovados nos orçamentos do congresso norte-americano para "programas de abstinência" nas escolas públicas do país; e verba especial e adicional quando se tratava de escolas servindo à população "minoritária" (negra e latina), caso em que a abstinência poderia ser aliada (pela mentalidade racista) ao igualmente desejável controle populacional, e assim por diante. Mas também como sempre, lamentavelmente, parece que as piores modas norte-americanas chegam para o restante do mundo, e no Brasil, como nos outros países, não demoraram muito a ser reproduzidas: panfletos informativos medicalizados para distribuir nas escolas (mas quase sempre na ausência de aulas mais humanizadas de educação e orientação sexual); campanhas de televisão superficiais para alcançar os adolescentes; atores da Rede Globo protagonizando os anúncios do Ministério da Saúde, advertindo os telespectadores jovens a usar a camisinha e reduzir o número de parceiros sexuais (uma nítida contradição de mensagens quando comparadas com as personagens vividas pelos mesmos atores na novela das oito). No Brasil, como em outros países, os jovens adolescentes viraram "problema", e a Aids uma oportunidade para os *experts* e os "especialistas" mostrarem serviço e buscarem soluções.

No contexto desse aquecido mercado da indústria da Aids, o livro da Vera Paiva chega como um balde de água fria! Num campo em que os *experts* e os especialistas oferecem receitas e fazem depósitos de informação nas deficientes contas correntes dos seus destinatários, a professora da USP e os seus colaboradores optam, ao contrário, pela relativização do seu *expertise* e pelo caminho muito mais árduo da construção coletiva do conhecimento (sobre o corpo, o sexo, a doença, e, acima de tudo, sobre si mesmo). Num campo teórico em que o individualismo e o comportamentalismo dos Estados Unidos reinam supremos, a equipe do projeto descrito aqui opta pela tradição da educação popular latino-americana, reinventada com o seu encontro com os novos movimentos sociais no final do século XX (com o feminismo e o movimento da saúde da mulher, com o movimento gay e lésbico e a valorização da aberta discussão da sexualidade na prevenção da Aids na comunidade gay, e assim por diante). Levando ao pé da letra os ensinamentos do Paulo Freire, os educadores que implementaram esse trabalho abriram mão da autoridade do seu próprio discurso para permitir que os jovens falassem com as *suas* palavras, com os *seus* sentidos e *seus* significados, como parte de um processo coletivo de construção. As vozes que falam neste livro, portanto, falam em um diálogo que, em vez de fechar as portas do conhecimento convencional, procura abrir o caminho para a verdadeira conscientização. Em um mundo maior que procura incansavelmente reproduzir os papéis e o poder de gênero como camisa-de-força, e que oprime violentamente as expressões mais visíveis da diferença sexual, o trabalho aqui relatado opta por desconstruir a masculinidade e a feminilidade tradicional, por ouvir e respeitar a diferença e os diferentes. Numa sociedade organizada ao redor de tantas exclusões, que carrega na memória coletiva a experiência de ditaduras diversas, a visão aqui construída opta, ao contrário, pela transformação pessoal como parte de um processo maior de transformação coletiva que depende, fundamentalmente, da nossa ação como sujeitos — e da construção do sujeito como, acima de tudo, cidadão.

Fazendo arte com a camisinha! Com a genialidade, a convicção e a esperança que dela é uma caraterística própria, Vera Paiva nos lembra que até nesse final de século, no meio do festival de consumo e desperdício que é o capitalismo globalizado, com desigualdades sociais e econômicas de um tamanho nunca antes visto na História, ainda é possível sonhar com um mundo melhor. Melhor ainda, é *necessário* sonhar! E nos lembra, acima de tudo, que sonhos são feito com amor e com paixão! O livro da Vera é um livro assumidamente apaixonado. Apaixonado pelo jovens, por suas esperanças e sonhos, pelas ansiedades e incertezas que enfrentam e por sua capacidade de buscar o novo, de buscar a liberdade e de sonhar, como ela, com um mundo melhor. Apaixonado pela vida e por tudo que é belo no cotidiano. Apaixonado por tudo que é decente e por tudo que é digno na existência dos seres humanos. E por ser apaixonado, é também indignado com tudo e com todos que diminuem ou ultrajam o significado da vida, a dignidade da existência humana e a solidariedade que, como seres humanos, deveria ser a nossa meta ético-moral mais alta e verdadeira. Com base nessa paixão (e essa indignação com toda forma de injustiça), Vera nos mostra porque a luta contra a Aids é uma luta pelo verdadeiro sentido de uma vida que vale a pena viver. E é uma luta feita não na teoria, mas na prática — literalmente, com a mão na massa! Longe de ser uma simples "transferência de tecnologia", como tanto queriam os "técnicos" da Aids e os "teóricos" da mudança de comportamento, o trabalho da Vera nos demonstra que a prevenção da Aids é fundamentalmente uma questão política em que o que está em jogo é a nossa capacidade de construir, coletivamente, com as nossas mãos na massa, um mundo mais justo e mais digno. Porque política, como sonhos — para fechar o círculo — é feita de paixão. Fazer arte com a camisinha, quem diria, é um ato político apaixonado! E é com atos políticos apaixonados que se constrói revoluções capazes de transformar o mundo.

Ao leitor

Desculpem-me os leitores mais exigentes, mas será proposital o tom informal e de bate-papo em muitos trechos deste livro. O objetivo é descrever e refletir sobre sexualidades jovens e projetos que estimulam escolhas mais conscientes na vida sexual e reprodutiva, além da prevenção de doenças sexualmente transmissíveis e da Aids. Escolhi contar histórias, falar das teorias e mostrar o processamento de novas idéias vistas a partir da "cozinha" de cada experiência prática. Nesse campo tão cheio de tabus, prefiro compartilhar o que aprendemos sem maquiar a linguagem espontânea em que as coisas acontecem na vida real.

O surgimento da Aids afetou tudo o que se fazia e pensava no campo da sexualidade. Apesar da multiplicação das iniciativas de educação sexual nas escolas e das novas descobertas para o controle da infecção pelo vírus HIV, ainda estamos longe de derrotá-lo ou de conquistarmos a maioria dos jovens a usar constantemente o preservativo. Em 1999, quando terminava a revisão deste livro, mais de 600 mil brasileiros já haviam sido infectados pelo HIV e um dos grupos de portadores que mais crescia era o de jovens com menos de 25 anos de idade. Os portadores do vírus somavam mais de 30 milhões de pessoas no mundo todo; de 16 mil novas infecções por dia, um terço ocorria em jovens entre 15 e 24 anos![1]

---

1. UNAIDS (1998), "Report on the Global AIDS epidemic – June 1998" e UNAIDS, *Facts and Figures*, 1999.

O programa que temos desenvolvido com diferentes grupos de jovens da cidade de São Paulo desde 1990, acompanhados pelo Núcleo de Estudos para a Prevenção da Aids na Universidade de São Paulo (Nepaids-USP),[2] será a fonte principal de exemplos das páginas a seguir. A reflexão sobre o tema começou bem antes, com os amigos que perdi para a Aids em 1984 e, em seguida, no meu trabalho clínico com pessoas vivendo e con-vivendo com o HIV. Familiares, amigos e parceiros de portadores, médicos, profissionais de saúde e ativistas dos direitos humanos têm compartilhado comigo esse desafio. Além das dificuldades singulares enfrentadas por todos que foram afetados pelo HIV, como veremos, desde o começo fomos obrigados a pensar em prevenção. Apesar da imagem historicamente construída do "aidético", que para muita gente ainda é exemplo de algum tipo de "psicopata" ("culpado, sem moral, morto-vivo capaz de sair contaminando todo o mundo" como escutei recentemente de uma professora), todos os meus pacientes sobreviviam: de um lado aflitos querendo manter a normalidade da vida, de outro preocupados em não passar adiante tal sentença fatal, já que viviam o peso de ter de lidar com a sua própria morte anunciada e que não desejavam para ninguém.[3] Isso implicava muitas dúvidas sobre como se comportar, muito medo de amar e ser amado, tocar e ser tocado, mesmo que não envolvesse sexo. Portanto, prevenir a expansão da epidemia tem sido um dos temas obrigatórios nos caminhos dos pacientes e pessoas con-vivendo com o HIV.

Na década de 1980, por mais científico que fosse o esforço para desvendar os mistérios da transmissão do vírus, a crença em cada descoberta era sempre ambivalente. Estávamos, *todos*, ainda muito assustados pela carga simbólica atribuída à doença. Aos poucos, os fatos sobre as formas de transmissão foram se legitimando e as iniciativas de prevenção começaram a focalizar a necessidade de mudar estilos de vida e práticas (sexuais, de consumo de drogas e de manipulação do sangue) que envolviam risco de novas infecções. Mais para o final dessa mesma década já se falava da Aids em todo lugar, com vários sentidos associados aos simbolismos criados em torno da epidemia (ver Capítulos 4 e 6). Conflitos e mudanças na vida afetiva, processos pessoais de transformação, práticas e atitudes no campo da

---

2. Sobre os projetos e informações sobre o Núcleo ver <www.usp.br/nepaids>.

3. Paiva, V. 1992b, "O simbolismo da Aids, alteridade e cidadania".

paixão, do amor ou das experiências sexuais e de prazer cotidianas imediatamente evocavam a Aids. Apesar disso, quando observávamos as políticas públicas para prevenir a expansão da epidemia, notávamos que o constrangimento geral com temas tão pouco confortáveis e desconhecidos para a maioria das pessoas era evidente.

Quando um jovem grupo de estudantes de graduação começou comigo o primeiro projeto de uma série e que pretendia experimentar no campo da prevenção da infecção sexual pelo HIV, portanto, eu não era inocente das dificuldades para começar a mudar práticas sexuais enraizadas numa cultura, ou numa subcultura, em que os hábitos da camisinha ou do chamado "sexo seguro" simplesmente não existiam. Também não era inocente de quão complexa é a dinâmica da vida intra e inter-subjetiva que usa e abusa de símbolos sexuais, como assistia na clínica. Mas já não me colocava entre os que enxergam a sexualidade apenas como força natural (biológica). Também não acho, concordando com Gagnon e Simon,[4] que para conhecer a complexidade dinâmica da vida sexual, seja suficiente descrever atividades e práticas sexuais, mostrando apenas como os corpos se arranjam, contando orgasmos, pensando a sexualidade a partir da freqüência de cada prática sexual e preferência, contabilizando os instrumentos (quantas camisinhas e contraceptivos, entre outros), como fez a epidemiologia comportamental ou a sexologia. Precisávamos investigar o contexto brasileiro e cada grupo, o sentido e o significado atribuído a cada orifício ou órgão, cada prática, cada movimento, de cada freqüência.

Comecei a coordenação do trabalho que vou descrever aqui acreditando na possibilidade de aproveitar os *insights* da minha experiência clínica numa pedagogia da prevenção, e as minhas experiências de ativista com educação e movimentos pela cidadania nas décadas de 1970 e 80 numa proposta de pesquisa e intervenção psicossocial. Mais importante do que não ter medo dos desafios que a Aids nos colocava e ser solidária, ou me sentir confortável para trabalhar com sexualidade, o impulso para esse trabalho foi a certeza de que era urgente prevenir novas infecções pelo HIV num país sem recursos como o nosso. Foi a insatisfação com o que se fazia, reconhecendo que a opção que nos permitiria atuar e salvar vidas não estaria no campo "biomédico" e deveria encarar fenômenos psicossociais, ten-

---

4. Gagnon, J. e Simon, W., 1973.

tando "mudar ou criar cultura" com recursos popularizáveis e objetivos mais integrados nas questões gerais de cidadania, o que abordarei mais detalhadamente nos Capítulos 1 e 8 e na Conclusão.

Sabia também que seria uma opção consciente pela política de defesa dos direitos das pessoas com HIV/Aids, direito à vida e sobrevida dignas. Cansei de ver pacientes, médicos, parentes e amigos sofrendo com a morte anunciada pela mídia e pelo ministro na televisão, como dizia Hebert Daniel, sofrendo muito mais com a morte simbólica do que com o morrer do corpo. Ficava no mínimo impaciente ao perceber que por causa da mesma atitude discriminatória que não apoiava os doentes com Aids, não se fornecia aos brasileiros informações claras e detalhadas sobre a melhor forma de se proteger do vírus. Provocada também pela pregação repressiva de algumas respostas à epidemia, antes de mais nada inúteis e ineficazes no contexto da cultura sexual brasileira, em particular dos jovens, desde 1988 tentávamos financiamento para projetos com jovens.

Fizemos uma opção pela defesa da liberdade conquistada por duas gerações de brasileiras/os: direito de escolher seu próprio caminho, construir-se como mulher ou homem, independentemente de suas preferências eróticas ou familiares.[5] Num processo interativo de pesquisa e intervenção psicossocial, queríamos entender melhor qual é a tradição cultural brasileira e das comunidades com quem trabalhávamos para então propiciar espaços de reflexão, criar e recriar processos educativos, colaborativamente buscar soluções para que escolhas mais conscientes possam ser feitas pelo *sujeito sexual*, que enfrenta precárias condições materiais como cidadão disposto a cuidar de sua saúde e seu futuro (ver Capítulos 1, 7 e 8). A pesquisa e o programa de prevenção da Aids – cujos resultados serão apresentados nos Capítulos 4, 5, 6 e 7 – demonstraram que o que fazemos sexualmente é fruto do processo de nosso desenvolvimento pessoal, necessariamente psicossocial, e que a atividade sexual diz respeito também a uma cultura, à história, ao contexto socioeconômico. A trajetória pessoal, a infância, a família e os percursos existenciais marcam com certeza a forma que a experiência sexual tomará para cada um, assim como a relação entre o afeto e a sexualidade. Mas os *scripts sexuais femininos e masculinos* nos quais somos socializados desde a infância são marcantes, em particular a distribuição de poderes e valores embuti-

---

5. Paiva, V., 1990.

dos nos vários *personagens* e *roteiros* construídos pela comunidade para que homens e mulheres possam participar de cada *cena sexual* (conceitos que definiremos ao longo do texto e sintetizaremos no Capítulo 7).

Uma das teses centrais do trabalho que descreverei neste texto considera que a construção histórica e cultural dos *gêneros*, ou seja, a forma diferenciada e hierarquizada em que cada sociedade define o que é ser homem ou mulher, molda o que a maioria das pessoas vai fazer ou deixar de fazer em relação à sua sexualidade (ver Capítulos 5 e 6). Como veremos nos exemplos de todos os capítulos, a nossa tradicional definição de masculino e feminino é um dos principais obstáculos às mudanças necessárias para a constituição de *sujeitos sexuais*. Desafiar esse obstáculo não é simples ou algo a ser manipulado num *workshop* (traduz-se por "oficina"), num treinamento a curto prazo. Outra tese deste texto é que o *contexto* socioeconômico – o lugar, o ritmo, o tempo, a que recursos materiais e de serviços se tem acesso para fazer escolhas e se proteger na atividade sexual – é parte indissociável de cada cena sexual (ver Capítulos 7 e 8 e Conclusão).

Comecei este trabalho estimulada como ativista, entupida da visão de jovens maravilhosos que vi morrer e dos muitos que ativamente queria salvar. De repente notei que seguia pensando nas mesmas questões teóricas de fundo que me mobilizaram para outro livro.[6] A pergunta que ocupará mais de uma vida de reflexões ainda era a mesma: como é possível mudar e continuar o mesmo? Ou seja, como acreditar em mudanças no campo da sexualidade, da identidade sexual e de gênero, sem que ela seja destrutiva da singularidade especial de cada um (*da identidade do self*[7]) ou, emprestando dos ecologistas, possa seguir preservando a diversidade da experiência humana e, portanto, sua criatividade? Como é possível promover eficazmente mudanças na atividade sexual para que as pessoas se protejam do vírus num prazo mais curto? Como oferecer apoio para as pessoas que decidirem mudar suas práticas? Como ajudá-las a identificar práticas mais aceitáveis para si e para os parceiros sexuais sem impor uma nova norma "higiênica" para o sexo, sem oferecer opções definitivas, massificadas e repressivas, que se dissolvem na primeira esquina? Desde que o mundo é mundo a normatização nunca foi to-

---

6. Paiva, V., 1990.
7. Idem, ibidem.

talmente eficiente para manter uma única ordem sexual – como nos contam Foucault e Weeks.[8] Como se defender do vírus sem transformar o outro no "outro-perigoso", sem negar o amor e a paixão, sem negar a cidadania, sem ferir direitos individuais, sem colonizar?

Os quase cinco anos (1990 a 1994) em que as atividades dos primeiros projetos se desenvolveram com essas questões em mente não aconteceram de forma planejada com antecedência. Começamos com um grupo de voluntários num projeto modesto e fomos ampliando, ano a ano, conforme os financiamentos, apoios e a quantidade de pessoas envolvidas permitiam, como veremos nos Capítulos 2 e 3.

Neste texto quero relacionar os nossos sucessos e fracassos com a história da epidemia da Aids no Brasil, que esses projetos também ajudaram a movimentar; contando como foi sendo "cozido", vou defendendo alguns princípios gerais para o trabalho de prevenção da Aids, com jovens em especial, e dialogando com educadores, antropólogos, sexólogos, psicólogos sociais, clínicos, epidemiologistas... Mas minha audiência imaginária ideal ao escrever são pais, padres, professores, mães, líderes sindicais, líderes na sua comunidade, enfermeiras, médicos, farmacêuticos... os ativistas da prevenção, que não precisam ter uma carreira específica. Para eles quero dizer que alguns capítulos talvez sejam mais árduos e podem ser lidos transversalmente ou revisitados pontualmente, já que interessam mais às pessoas envolvidas com a organização e a avaliação de programas ou com pesquisas.

É importante ressaltar que existiam pouquíssimos modelos e teorias publicadas aos quais podíamos recorrer como fonte inspiradora quando começamos. Hoje, ao final da segunda década dessa epidemia, existem mais modelos disseminados mas ainda poucas experiências avaliadas de forma sistemática em países desiguais como o Brasil. Como veremos nos últimos capítulos, algumas das nossas perguntas tiveram respostas parciais, outras levantaram mais indagações no campo do estudo da sexualidade, das reflexões sobre o gênero, na área de educação popular, desenvolvimento de comunidade, da clínica psicossocial, da epidemiologia e metodologia de pesquisa. Indagações e *insights* que me ocupariam escrevendo até a aposentadoria... Para encurtar, escolhi como eixo dessa exposição as lições que aprendemos no caminho, em particular as que esse projeto nos ensinou so-

---

8. Foucault, M. 1980 e Weeks, 1981.

bre o processo para definir um programa de prevenção para a Aids. Deixo para outros textos muitos resultados da pesquisa e da sua metodologia.

O que aprendemos pode ser aplicável em vários outros grupos, mas o projeto foi desenvolvido para jovens paulistas, que intencionalmente chamo de "jovem" e não de "adolescente" (um conceito que desconsidera o contexto social e cultural em que o crescer se dá). Espero que essas lições possam ser aproveitadas por quem está nesse campo e inspire a criatividade de quem se aproxima para enfrentá-lo pela primeira vez. Espero, também, que mais gente se anime a compartilhar sua experiência por escrito.

Se um dia chegar a cura para a Aids que tanto esperamos, que esta experiência permaneça como inspiração para os que vão continuar enfrentando a falta de direitos sexuais e de acesso à saúde reprodutiva que, infelizmente, num país tão desigual como o nosso, teimarão no tempo.

1
Revendo as primeiras abordagens para a prevenção da Aids

> *Não morra de amor.*
> *Aids mata.*
> *O amor não mata.*
> *Quem vê cara não vê Aids.*
> *Se você não se cuidar, a Aids vai te pegar.*
>
> DE CAMPANHAS CONTRA A AIDS ANTES DE 1993

As idéias para a prevenção da Aids têm evoluído desde o início da epidemia. Neste capítulo vou discuti-las, apresentando os critérios teóricos e metodológicos que foram marcando nossa proposta, que serão retomados em todos os capítulos sintonizados com o relato das experiências do projeto.

As primeiras campanhas em São Paulo, na década de 1980, foram apressadas e desenvolvidas por pessoas comprometidas em diminuir o impacto da epidemia que crescia, e encontravam imensos obstáculos políticos e materiais para implementar alguma proposta de prevenção ou de apoio aos doentes. No grupo pioneiro era rara a experiência prévia no campo da educação em saúde, ou, mais especialmente, no campo da educação popular. Se haviam trabalhado com pessoas com poucos recursos econômicos ou com baixo nível educacional, poucos tinham experiência com sexualidade ou abuso de drogas. De qualquer maneira, as iniciativas mais positivas que aconteceram em resposta à epidemia na primeira década foram lideradas por pessoas moldadas na nossa melhor tradição de saúde coletiva, na Secretaria do Estado da Saúde de São Paulo, bem antes do Programa Nacional de Combate à Aids iniciar projetos preventivos (o que aconteceu só em 1987 e 1988.)[1] Quase ao mesmo tempo, ativistas de outros movimentos sociais e pessoas afetadas pela Aids organizaram entidades não-governamentais pioneiras, como Grupo de Apoio e Prevenção à Aids (GAPA-SP) fundado em 1985. Era um grupo de pessoas decidido a cuidar dos doentes, defender seus direitos, salvar a vida dos que na época foram chamados "grupos de risco" ou prevenir novas infecções pelo HIV no epicentro da epidemia brasileira, a cidade de São Paulo.

Algumas "autoridades médicas" legitimadas pela imprensa compunham a outra corrente chocada com essa derrota impensável e indesejável da biomedicina moderna. A Aids não era para eles, e para a mídia que os elegeu como especialistas, um problema de todos, mas de quem transgrediu alguma lei moral ou "natural". Usaram e abusaram de ameaça da Aids como parte de sua cruzada contra os promíscuos, acusando as pessoas doentes, por vezes reinterpretando fatos acumulados pela ciência e jogando sombra onde havia luz, para que todos ficassem tranqüilos e se comemorasse a punição dos culpados. A fala desse grupo acabou hegemonizando quase uma década de Aids no Brasil, e os programas (principalmente a falta deles) eram baseados na ameaça de morte e no preconceito, marcados principalmente pela omissão, pela curiosidade mórbida pela vida privada dos doentes (como ele pegou?). Essa corrente foi responsável pela transformação de toda pessoa com Aids em morto-vivo sem direitos, bem representado na expressão "aidético", e pela infecção de milhares de pessoas que demoraram a se perceber em risco e não se identificavam com a descrição estereotipada e preconceituosa do portador. Muito já se discutiu sobre os efeitos perniciosos dessa estratégia,[2] além de tudo ineficaz, e no Capítulo 4 descreveremos seu impacto nas comunidades em que trabalhamos.

Também os grupos mais progressistas, sinceramente preocupados em enfrentar a epidemia sem acusar quem pegava o vírus, manti-

---

1. Sobre uma breve história dos primeiros anos do Programa Nacional de Aids, Parker, 1994b.
2. Por exemplo, Daniel, H. e Parker, R. 1991; Paiva, V., 1992, e toda produção de boletins e jornais de grupos independentes como GAPA, Grupo Pela Vidda e ABIA.

veram certa ambigüidade diante do binômio "ameaça de morte" e "crítica à promiscuidade" que dominou o imaginário da Aids na primeira década (1981-91). Usávamos parte desse mesmo discurso como estratégia de pressão política para chamar a atenção de diretores, secretários, ministros ou da mídia para a epidemia. Qualquer intervenção começava como se estivéssemos diante de uma hecatombe universal, e estávamos mesmo! Conseguíamos chamar a atenção, cada um em sua frente de batalha, e essa parecia ser a única possibilidade de ser escutado para então incluir propostas solidárias. Ainda assim só aumentávamos o pânico e exagerávamos o risco, o que não era a resposta desejável. Ao mesmo tempo, errávamos ao treinar os "multiplicadores" da informação em Aids com a mesma pressa (justificada) que tínhamos em acabar com a epidemia. Educava-se o futuro educador com uma abordagem diferente daquela que esperávamos que ele usasse com novos educandos, como já se disse: sem a sua participação interativa e autônoma, afogando-o em informação, desprezando sua emoção, sem diminuir o fatalismo, sem aumentar a consciência crítica.

A medida (ingênua) de eficácia dos programas de prevenção ainda era a quantidade de informações quase médicas distribuídas, baseadas no número de treinados ou de grupos de audiência e não na qualidade e repercussão bem avaliada do trabalho de educar. Há vários estudos mostrando como melhorar o nível da informação não significa diminuir o preconceito ou adotar o sexo seguro para se prevenir melhor da Aids.[3] As pesquisas do Nepaids têm confirmado: não encontramos correlação entre alto nível de conhecimentos sobre Aids e a prática de sexo seguro.

Nos primeiros projetos do núcleo, embora críticos da abordagem corrente, mantivemos uma postura ambígua que ameaçava com os números crescentes da epidemia e assustava os pais com seus filhos adolescentes sem juízo ou com o número crescente de mulheres infectadas por seus maridos promíscuos. Só depois do "susto" oferecíamos um programa de prevenção que não era baseado nesse binômio (promiscuidade e ameaça). Pudemos mudar quando o projeto piloto desenvolvido numa das escolas repercutiu positivamente, e por fim mais gente estava vendo com seus próprios olhos a necessidade de trabalhar com jovens sem precisar amedontrar, o que não era claro até

---

3. Parker, R., 1994a, Cap. 6.

então: "Falar disso nas escolas? Nossas famílias são do grupo de risco?".

As abordagens para a prevenção da Aids só mudaram de qualidade na década de 1990, quando a epidemia crescente começou a entrar pelo portão da casa de todo mundo, especialmente quando começaram a morrer mais filhos da classe média formadora de opinião, que, então, começou a buscar novas respostas. Profissionais com experiência de educação popular e comunitária começaram finalmente a oferecer sua contribuição, estimular pesquisadores e educadores que pensavam nosso contexto sociocultural em tempos de Aids. Infelizmente isso aconteceu dez anos depois do primeiro caso de Aids e, até hoje, raramente conseguimos fazer muito mais do que uma "educação bancária", como diria Paulo Freire.

Simplificando o mestre, *educação bancária* é aquela que deposita conhecimentos na inteligência silenciada dos educandos, que pensa em suprir uma "deficiência" ou que se deve "treinar". Aquela que estimula a cultura do silêncio (significativo no caso da sexualidade), em que o educando é uma "vasilha" a ser "enchida" e a educação se torna um ato de depositar. Os educandos recebem os depósitos de valores e conhecimentos que devem guardar, arquivar; o educador não se comunica, faz comunicados. Nas palavras de Paulo Freire, na educação bancária:

a) o educador é que educa; os educandos, os que são educados;
b) o educador é o que sabe; os educandos, os que não sabem;
c) o educador é o que pensa; os educandos, os pensados;
d) o educador é o que diz a palavra; os educandos os que escutam docilmente;
e) o educador é o que disciplina; os educandos os disciplinados;
f) o educador é o que opta e prescreve sua opção; os educandos os que seguem a prescrição;
g) o educador é o que atua; os educandos, os que têm a ilusão de que atuam, na atuação do educador;
h) o educador escolhe o conteúdo programático; os educandos jamais são ouvidos nessa escolha, se acomodam a ele;
i) o educador identifica a autoridade do saber com sua autoridade funcional, que opõe antagonicamente à liberdade dos educandos; estes devem se adaptar às determinações daquele;

j) o educador, finalmente, é o sujeito do processo; os educandos meros objetos.[4]

Se o leitor pensar nos programas de prevenção a que assistiu vai identificar na maioria desses pontos uma boa descrição de como obteve as informações que tem sobre Aids. Essa abordagem pode parecer suficiente para a maioria das pessoas que não está envolvida diretamente com essa epidemia, mas basta prestar atenção nos dados que mostram que a epidemia continua a se expandir e que os jovens não usam camisinha de forma consistente apesar de saberem que têm de usar. Para quem está no meio da batalha e para quem avalia em profundidade o que faz como educador promovendo a saúde, não é possível achar que essa abordagem é suficiente. É o que tentaremos demonstrar nesse texto.

Não foi muito fácil legitimar referências sobre Aids diferentes da epidemiologia, da imunologia ou, no máximo, da sexologia. Doença é domínio do médico, de preferência Ph.D., como me foi dito num debate em 1989, em que uma colega tentava desqualificar o dr. Paulo Teixeira, corajoso fundador do primeiro programa de Aids da América Latina. A maioria dos poderes públicos, médicos e acadêmicos agia ainda como se evitar um vírus transmitido sexualmente fosse o mesmo que proteger do cólera ou da dengue, outras catástrofes da saúde pública nacional. Ou então, bastaria recomendar hábitos "saudáveis" (como se faz com higiene e alimentação), evitar vícios (como se faz no caso do cigarro ou da bebida), manter talvez o isolamento dos "infectados" como queriam alguns, e deixar o controle e a intervenção para a vigilância sanitária. Não é bem assim: o comportamento arriscado para a Aids depende da interação entre pessoas que se dá privadamente e não em público e, portanto, não pode ser controlado, vigiado, punido e monitorado publicamente, a não ser pelos seus efeitos.

A ineficácia dessa abordagem começa quando não se fornece informação detalhada sequer sobre qual o sexo arriscado ou seguro, ou quando são produzidos folhetos com informações ilustradas pensando que com isso hábitos sexuais modificam-se. Aceitar usar a informação acumulada da pesquisa sobre sexualidade (pouca), uma área marginal até em universidades fora do Brasil antes da Aids, também

---

4. Freire, P., 1970.

não foi fácil. Sexo é um tema menos nobre para a academia e sempre foi tabu para além do senso comum e da moral, inclusive para ginecologistas e urologistas ou psicoterapeutas que são as portas de socorro para a maioria da população que tem problemas nessa área. Eu poderia escrever outro livro só contando histórias que recolhi de pacientes e amigos, ou dos jovens participantes nessa pesquisa, sobre os absurdos que escutaram em "nome da ciência", nos divãs e consultórios, quando tentavam abordar sua vida sexual. Ou do constrangimento e subseqüente silêncio que provocaram nos mais experimentados analistas, urologistas ou ginecologistas.[5] Para quem não sabe, além de anatomia, fisiologia e doenças sexualmente transmissíveis, o mais próximo da sexualidade que se aprende nos currículos médicos ou de psicologia é a libido freudiana.

O salto de qualidade nas idéias sobre prevenção começou com a entrada dos "sexólogos" de melhor nível, mas cujo campo no Brasil ainda era a clínica que focalizava os "distúrbios" individuais. Na academia, a epidemiologia comportamental e a psicologia da saúde produzidas nos Estados Unidos ganharam rapidamente espaço no final da primeira década de Aids. Num primeiro momento ficamos encantados, para perceber em seguida que contar os números da má informação sobre Aids ou descrever como varia na população a freqüência das práticas sexuais de risco é apenas um começo, insuficiente, para entender a complexidade de uma conduta cujo sentido e significado variam de parceiro, de contexto, de fase da vida e, principalmente, de cultura ou subcultura, como veremos nos Capítulos 4, 5, 6 e 7. Também não era possível prescrever só a "responsabilidade individual" para mudar *condutas sexuais*[6] – as práticas sexuais mais seu significado – já que o sexo arriscado é necessariamente experimentado numa relação com outra pessoa. A relação entre pessoas, e a sexual não é diferente, envolve quase sempre uma hierarquia ou uma desigualdade de poder: entre homem e mulher, entre passivo e ativo, entre mais velho e mais jovem, entre mais e menos experiente, entre provedor e dependentes.[7] O contexto social estabelece condições desiguais, os mais ricos têm melhores condições materiais para transar e se proteger do vírus.

---

5. No livro *Evas, Marias e Liliths; as voltas do feminino*, Paiva, V., 1990, há vários exemplos dessas vivências femininas.
6. Gagnon, J. e Simon, W., 1973.
7. Working Group on Sexual Behavior Research, 1995.

Práticas de risco, sexo seguro e responsabilidade individual

Duas idéias apareceram para instrumentalizar a luta contra a Aids e preenchiam as intenções da corrente alternativa: a "solidariedade" e o "sexo seguro". Figuras humanas gigantes como Betinho e Hebert Daniel deram sua contribuição como porta-vozes dessa visão, escrevendo[8] e fundando organizações que ajudaram a mudar o cenário (ABIA e Grupo pela Vidda). Não menos importantes mas menos visíveis, outros grupos e pessoas ecoavam essas idéias, como o movimento internacional iniciado pelas organizações de mulheres africanas ou grupos gays dos países ricos que, além de representarem comunidades atingidas, se sentiam parte das soluções para crise. Propunha-se continuar celebrando o prazer e o amor com o sexo seguro, continuar celebrando a vida por meio da solidariedade às pessoas atingidas pela Aids. O pioneiro GAPA-SP foi o mais ativo na cidade de São Paulo nas duas frentes e entre 1985 e 1991 mais de cem organizações não-governamentais (ONGs) tinham surgido no Brasil[9] e, no meio dos anos 90, quatrocentas ONGs já estavam trabalhando com Aids[10]. Finalmente, serviços de saúde locais começaram a se multiplicar por iniciativa de seus profissionais, inclusive quando no governo Collor a omissão chegou a quase destruir a resposta nacional à Aids acumulada até então. Essa corrente alternativa de profissionais e ativistas conseguiu aos poucos mais espaço para uma estratégia mais inteligente e politicamente correta (no melhor sentido do termo).

Evoluiu-se da idéia original de "grupos de risco" (qualificativo de prostitutas, drogados, hemofílicos, homossexuais, promíscuos) e da estratégia de ameaça de morte e denúncia da promiscuidade (ou vitimização de bebês e hemofílicos) e passamos para uma concepção "comportamentalista": de um lado os comportamentos de risco, de outro práticas seguras (entre elas o sexo seguro e o uso de seringas descartáveis). Avançamos da curiosidade mórbida pelos doentes de Aids e da idéia de que existem "tipos de pessoas" perigosas para o conceito de "práticas arriscadas". Essa perspectiva pretendia estimu-

---

8. Por exemplo, Daniel, H. e Parker R., 1991 e Souza, B., 1994.
9. Parker, R., 1994.
10. Boletim Pela Vidda/Rio, ano VI, nº 23, junho 1995.

lar a percepção da vulnerabilidade ao HIV por todos os brasileiros e, em tese, ampliar o alcance da solidariedade aos doentes que ficariam então menos acuados. Também abriu portas para que detalhássemos as informações até então genéricas como "sexo transmite Aids" e chegássemos à possibilidade de nomear as práticas de sexo mais (ou menos) seguras, até poder falar abertamente, como nas campanhas dos anos 90:

- "Todo mundo pode pegar Aids se fizer sexo desprotegido com alguém que tem o HIV."
- "A maioria das pessoas que tem o HIV não sabem que estão com o vírus."
- "Aids. Assim se pega. Sexo na boca, sexo na vagina, sexo por trás (tanto com homem como com mulher)."
- "Beijo na boca não transmite Aids."
- "Samba no pé e camisinha nele."

Passamos a ter mais legitimidade para ensinar como usar camisinha, falar de sexo, responder às perguntas mais variadas, explícitas, impronunciáveis até então:

- *"Como coloca a camisinha?* O pênis tem que estar ereto, tem que desenrolar até o fim, deixando a pontinha para o esperma se depositar, tirar a camisinha antes do pênis amolecer... Olhe o prazo de validade, nunca use duas (arrebenta mais fácil!), prefira as lubrificadas!".

Com essa abordagem mais realista, a maioria das pessoas conseguia identificar ou se perceber vulnerável (quase ninguém usava camisinha) e começava a pensar no que fazer. Mesmo nas palestras aos grupos mais conservadores ou pouco confortáveis com a sexualidade assim tão franca (em colégios católicos, por exemplo), nunca escutei protestos, todos admitiam que precisavam saber mais e detalhadamente.

Ao mesmo tempo, anos passados depois da identificação do vírus e do teste ficar acessível (em 1986), começávamos a diferenciar a Aids da infecção pelo HIV, ou seja, entre os sintomas que ameaçam a vida do doente e a infecção a-sintomática pelo HIV. Passamos a falar na pessoa *vivendo com HIV*, *portadora do HIV* ou *pessoa HIV positiva*, e a reprovar a palavra "aidético" ou "vítima" da Aids. Passo importante na história do simbolismo da Aids que, como veremos nos próximos capítulos, reforça a idéia de solidariedade e não a de horror e da negação ou da acusação do doente-culpado-desesperado-psicopata.[11]

Não era preciso sair do sistema de saúde para saber a importância desse novo enfoque na solidariedade e nas práticas seguras. Em vários treinamentos de que participei ou que me foram relatados por colegas do Centro de Referência e Treinamento de Aids[12] no início da década de 1990, a maioria absoluta dos profissionais de saúde que já trabalhavam com pacientes com Aids e voltavam para treinamento complementar não sabia ensinar corretamente como usar uma camisinha, não usava camisinha nas suas transas, não sabia detalhar como se prevenir para sua clientela, além da informação genérica "sexo transmite Aids". Não sabiam informar qual sexo *não* transmite Aids, muito menos como comprar, colocar, pôr e tirar a camisinha. Em geral, tinham as mesmas dificuldades que seus pacientes e clientes para perceber sua vulnerabilidade e fazer sexo seguro.

Mas a passagem para a idéia de "práticas de risco" continha um problema que percebemos já no primeiro ano do projeto: eliminou a idéia de contexto social presente na tradição da saúde coletiva (ainda que perigosamente manipulável) e que descreveria as diferenças em termos de maior ou menor vulnerabilidade ao vírus. Passou-se a enfatizar exageradamente decisões e escolhas racionais ou iniciativas individuais muito específicas, nem sempre possíveis em qualquer contexto cultural ou bipessoal. Eliminou-se a idéia de que existem populações mais vulneráveis à infecção, resultado de condições socioeconômicas ou da falta de direitos que as transformam num grupo mais exposto ao HIV. Maior vulnerabilidade não é punição, nem resultado de alguma moral condenável por Deus ou pela Natureza, nem produto de escolhas conscientes e evitáveis. O limite dessa distorção que torna todos igualmente vulneráveis e responsabiliza o indivíduo por não lidar com o risco pode ser exemplificado na distribuição aleatória de camisinhas gratuitas, compradas pelo governo, no Carnaval, na rua, para muita gente que não vai usá-las, enquanto as trabalhadoras do sexo mal conseguem manter um estoque para se proteger e aos clientes[13] e os postos de saúde mandam para casa os jovens que querem usá-las porque "o estoque acabou". Quais são as prioridades?

---

11. Ver a discussão de Simon Whatney, 1989.
12. O CRTA foi o primeiro centro dedicado exclusivamente ao atendimento de pacientes com Aids do Brasil.
13. Hughes, V., Stall, R., Klouri, C. *et al.*, 1995.

Essa mudança também impôs a lógica do marketing que acaba confundindo a idéia da promoção da saúde e tem marcado a ênfase na propaganda do produto (camisinha) associado às práticas e comportamentos seguros que também se quer vender. Como nas estratégias de marketing, definem-se produtos a serem consumidos: sexo seguro (um comportamento) e camisinhas (o instrumento), e uma campanha para criar hábitos de consumo. Como disse certa vez, deixem que as empresas que monopolizam o mercado de camisinhas caras façam ou pelo menos patrocinem esse tipo de campanha que usa a distribuição aleatória, e não usem o dinheiro público que deve ter prioridades mais bem definidas.

Importada do marketing, o "grupo focal" virou a grande moda metodológica: se convida uma amostra da "população-alvo", faz-se a demonstração dos produtos, levanta-se a linguagem mais adequada, os focos de resistência, define-se então a melhor estratégia para a venda do produto e pronto! O educando é então comunicado e vira o consumidor da idéia (em geral não tem dinheiro para consumir a camisinha). Para quem queria desenvolver um trabalho mais adequado aos "grupos-alvo", foi um avanço em relação às ingênuas estratégias que repetiam informações médicas para populações iletradas, pressupondo, talvez, que todos iriam deduzir as conseqüências práticas de informações científicas incompreensíveis. Pelo menos começavam a levar em conta que propostas médicas são sempre reinterpretadas pelo conjunto de crenças e valores de quem as escuta, para adequá-las à visão de mundo que guia suas práticas cotidianas.[14] A questão que tentamos enfrentar, como em todo projeto que começamos, ainda é: que crenças são essas?

Essa mudança de ênfase também legitimou as pesquisas mais qualitativas que buscavam entender o sentido e o significado das práticas sexuais no Brasil, ou entender por que as pessoas não se protegem depois de informadas, sem repetir feito papagaio experiências internacionais; estimulou atividades educativas mais democráticas, calcadas na relação direta com a comunidade que se queria servir. "Populações-alvo" variadíssimas – grupos religiosos, do candomblé ao Seisho-no-ie, ou de jovens, dentro e fora da escola, de mulheres, sindicalistas, populações rurais etc. – começaram a ser servidas por material de divulgação, reflexão e educação em Aids numa linguagem mais adequada a cada grupo.

---

14. Por exemplo, Leal, O. F., 1993.

Vulnerabilidade social:
a sexualidade e o risco socialmente construídos

A compreensão da dimensão sociocultural do risco e da sexualidade torna mais evidente por que a estratégia de vender práticas seguras e seus instrumentos (para depois contabilizar os "sucessos de venda") é pouco eficaz se esgotada em si mesma. O "marketismo" não resolveu até hoje os dilemas da epidemia da Aids nem nos EUA, onde pelo menos a cultura é centrada na idéia de responsabilidade e direitos individuais, de consumidor, e tenho certeza de que não funciona no Brasil. Vamos detalhar essa discussão nos últimos capítulos.

O exemplo mais emblemático da complexidade e das dificuldades de prevenir a Aids sem encarar o contexto social é a discussão em São Francisco/EUA, onde a epidemia voltou a crescer, especialmente no grupo de jovens.[15] Esta é uma das cidades mais atingidas pela Aids nas Américas, apesar de uma população que tem alto nível educacional e poder aquisitivo, fortemente mobilizada e bem informada desde o começo da epidemia, que conta com uma rede de apoio e serviços inigualável em todo o planeta. Dez anos depois, a epidemia voltou a crescer entre os jovens que não se identificam com o "velho" discurso da prevenção. Ou seja, a dificuldade de manter o compromisso com o sexo seguro por tempo prolongado é visível nas mesmas comunidades onde o sucesso dos esforços de prevenção foram aclamados.[16] Prevenir a Aids não é como ensinar a ler: aprendeu, nunca mais esquece.

A complexidade de fatores envolvidos e os obstáculos para o sexo seguro exigem uma interação permanente e uma fina sintonia com cada grupo que se quer ajudar. As campanhas de mídia são baseadas em produtos que ficam velhos em alguns anos ou que não podem ser suficientemente explícitos ou específicos para cada grupo que tem valores próprios, preferências sexuais singulares, linguagens diferentes para assuntos tão privados e obstáculos de ordem diferentes para se proteger do vírus. As senhoras católicas casadas, as esterilizadas e dependentes do marido vivem num contexto diferente da

---

15. Osmond, D., 1994.
16. Comentários críticos sobre essa abordagem em São Francisco podem ser lidos em: Odets, W., 1995, Van Gorder, D., 1994. Ver também CCD, 1999.

"menina de programa", diferente da jovem solteira. Se o casal tem um quarto separado em sua casa, o *cenário para o sexo* será diferente daquele em que dormem mais de dez pessoas por cômodo, que, por sua vez, têm menos recursos para cuidar da saúde reprodutiva que um executivo que freqüenta motéis e clínicas privadas de saúde. A sexualidade é diferente nas *cenas sexuais* dos casais de meia-idade com filhos dormindo no quarto ao lado, da turma da zoeira ou da droga, dos que bebem para ter coragem, dos meninos que vivem na rua, ou nas cenas homossexuais. Palestras, folhetos, a mídia ou qualquer outra forma de educação bancária não criam *sujeitos sexuais*, não melhoram a auto-estima dos marginalizados para que decidam evitar mais esse risco, não impõem as práticas seguras como prioridades exercidas cotidianamente para além da intenção, não distribuem a camisinha para cada transa etc.

Optamos pela educação libertadora que estimula a organização coletiva e acredita nas respostas produzidas por quem está diretamente afetado e vivendo no contexto vulnerável. Esse tipo de perspectiva foi nos distanciando, também, da maior parte das abordagens típicas da sexologia e da terapia sexual, que, em geral, define uma idéia de "saúde sexual" da qual desconfio. Quando superam a visão essencialista, biologicista ou no mínimo normativa da sexualidade, que define o "normal/anormal ou saudável/doente", os sexólogos dificilmente conseguem ter propostas que seguem muito além da prática clínica e de consultório, sempre dependentes de um técnico muito especializado o que é no mínimo muito caro – como algumas das propostas que pudemos experimentar no programa descrito nos próximos capítulos. Essas visões mais essencialistas e universalistas desconsideram a história e a construção social dos sexos e dos gêneros, ou a imensa diversidade da experiência humana. O essencialismo conservador, por exemplo, acha que a mulher é "naturalmente" menos ligada em sexo do que os homens, ou "naturalmente" menos assertiva; ou que os homens são naturalmente mais sexuais, naturalmente mais impulsivos e descontrolados. Vai excluir dos seus programas todos os que não se encaixam nesse modelo. Muitos psicólogos acham que a descrição sobre orgasmo, prazer e saúde sexual de Master e Johnsons[17] (ou dos que reinam na mídia escrita e nas livrarias) é uma descrição da "natureza universal" da atividade sexual, parâmetro de saúde sexual, in-

---

17. Master e Johnson, 1966.

dependentemente da cultura e da história. Os adolescentes e os homens, por exemplo, devem ter latente uma tal "febre hormonal", "normal", descrita como fato universal. Será a adolescência um fenômeno que independe da classe social e do gênero? Os que sentem menos desejo e optam pela abstinência são "anormais"? Qual a proposta para os que vivem o prazer, a paixão sexual e o orgasmo de formas diferentes das descritas por sexólogos "experimentais" (de laboratório)? Tanto quanto sair da simples moralização da "natureza" é difícil não cair num único parâmetro de normalidade e de "cura".

As técnicas psicológicas quase sempre são inconscientes de que são também propostas que geram um campo de curiosidade científica, ao mesmo tempo que constroem referências sociais e políticas. Quando a Sociedade de Psiquiatria Americana decidiu na década de 1970 des-patologizar a homossexualidade, afirmou que as preferências de prazer sensual, mesmo as minoritárias, não são diferenças passíveis de intervenção técnica por princípio, não precisam ser "corrigidas". Isso não aconteceu pela evolução da lógica interna de algum modelo clássico da psiquiatria, mas foi resultado de pressão dos movimentos de liberação dos anos 70 que revolucionou paradigmas. Ou seja, a política revolucionou a academia e hoje há um consenso em muitos países europeus e regiões da América de que sexo normal é aquele no limite da relação consensual e sem violência contra o outro. Essa revisão da sexualidade contribuiu para legitimar as pesquisas que têm demonstrado que culturas sexuais existem pelo mundo e são apenas exóticas aos nossos olhos ocidentais judaico-cristãos. A diversidade pode deixar de ser aberração ou perversão "d'A natureza" ou de uma moral universal, ou de uma normalidade experimental; é apenas a imensa variabilidade dos hábitos e significados sexuais atribuídos a práticas, orifícios, órgãos e interação de corpos, objetos, todos possibilidades da experiência humana. Como diz R. Parker,[18] ao contrário de essas possibilidades serem iniciadas inteiramente pelos indivíduos, a construção cultural é que permite aos indivíduos imaginá-las.

Na história de nosso núcleo de pesquisa foram os resultados das iniciativas com a prevenção, ao mesmo tempo que a investigação e o contato com outros pesquisadores, que reforçaram nossa abordagem "construtivista". Entre as mais interessantes contribuições dos teóricos construtivistas que pensam a sexualidade, Simon e Gagnon

---

18. Parker, R., 1994c.

(1973)[19] inauguraram as teorias mais consistentes sobre as fontes sociais da conduta sexual, que consideram apenas mais uma das condutas humanas embebidas em *scripts* sociais. Muitos *scripts sexuais* podem expressar e servir a motivos não-sexuais por exemplo (dinheiro, prestígio), e ao mesmo tempo tudo pode ser sexualizado, nada é por princípio sexual mas depende do sentido atribuído pela cultura e sociedade. Foucault, na sua *História da sexualidade* (1980) acrescentou depois que a sexualidade é uma construção da história, não um fato natural que o poder tenta colocar em xeque, ou um obscuro domínio que o conhecimento tenta desvendar. As idéias de *script sexual* de Gagnon e *script erótico* de Parker definiram a pesquisa ou as hipóteses experimentadas no exercício com a *cena sexual*. O conceito de *gênero* permitiu-nos formular a idéia de *scripts sexuais femininos e masculinos* (**scripts *ou roteiros de gênero***), e incorporar a questão dos poderes entre parceiros. Essas referências e conceitos serão aprofundados nos Capítulos 5 e 7, mais integrados com os relatos do trabalho com os jovens.[20]

Também devemos lembrar que as mudanças na conduta sexual que permitem às pessoas se defenderem do HIV serão influenciadas pela história pessoal de cada indivíduo, num tempo que varia de pessoa para pessoa, e sobre isso a psicologia tem contribuições que não exploraremos nesse texto. Mas a história dessa epidemia mostra que para sustentarmos essas mudanças em todos os momentos da vida sexual dependemos de uma verdadeira revolução cultural, coletiva, semelhante àquela que arrancou de algumas sociedades de tradição judaico-cristã as mudanças (instáveis ainda) no rumo de uma relação mais igualitária entre homens e mulheres e novas definições para os gêneros. Ou seja, será fruto de um trabalho de longa duração com as diversas comunidades e subculturas sexuais e, depois disso, certamente será mais fácil para as próximas gerações serem socializadas com outros variados, múltiplos e reinventados *scripts sexuais*.

---

19. Gagnon, J. e Simon, W., 1973.
20. Os antropólogos que pensam a sexualidade e o gênero como produções culturais e simbólicas (Vance, Rubin, Parker, Heilborn),[20] marcaram a forma como passamos a pensar a sexualidade. Historiadores da sexualidade como J. Weeks e Foucault ou psicanalistas como J. Freire (ver Bibliografia) têm nos ajudado a focalizar a vitalidade em movimento de uma determinada cultura sexual, as suas relações com o desejo, ou poderes e contrapoderes e a sexualidade que não está apenas organizada por meio da repressão, mas pelas definições e regulações que criam categorias sexuais.

As práticas propostas nos guias de sexo seguro, ou as condutas sexuais que a idéia de sexo seguro – como o sexo consensual e a discussão sobre o uso de camisinha com o parceiro – pressupõem que a sexualidade seja definida sem hierarquias, sem diferenças de poder, com condições materiais e educacionais inexistentes nos países mais pobres. Se vamos simplesmente sair receitando por aí esses "produtos", estamos deduzindo que todos os brasileiros têm acesso à camisinha, sabem usá-la adequadamente e vão saber negociá-la com os parceiros (desconfiados) em cada encontro sexual. Ou, mais ingenuamente, que vão fazer o teste do HIV antes de deixar o preservativo e ao fixar-se numa parceria sexual. Será que os brasileiros têm condições de permanecer livres das doenças sexualmente transmissíveis que aumentam muito a vulnerabilidade à infecção pelo HIV? Para conter essa epidemia precisamos, então, de uma verdadeira revolução nas políticas públicas para a saúde...

O conceito de *vulnerabilidade pessoal e coletiva* ao HIV e à Aids, defendido desde o final da década de 1980 por vários críticos,[21] é mais apropriado que a de grupos de risco ou do que a de responsabilidade individual descontextualizada. É bem mais consistente com a nossa tradição de educação popular e com a tradição dos movimentos populares mais conscientes do contexto sociopolítico que dá forma à desigualdade. O conceito de vulnerabilidade ajuda a entender melhor a relação crítica entre discriminação social e risco para o HIV, discriminação que é a resultante de condições socioeconômicas e culturais, pelo menos da classe e da raça, da idade e do sexo. Nessa concepção, descrita num Boletim da ABIA:[22]

> [...] a epidemia floresce onde a capacidade individual de aprender e responder à epidemia é limitada. Pertencer a um grupo discriminado, marginalizado ou estigmatizado reduz a capacidade de aprender e responder. [...] Vista nessa perspectiva, a Aids é um exemplo característico, e não atípico, das principais questões de saúde. Conseqüentemente, na medida em que as sociedades conseguirem reduzir a discriminação e promover o respeito aos direitos humanos e à dignidade do indivíduo, serão bem-sucedidas na

---

21. Parker, R., 1991, Mann, J. *et al.*, 1994 e Ayres, J. R., 1996 e 1999.
22. Citações do Boletim da ABIA, especial, set./out. 93 "Por uma nova estratégia de saúde frente à Aids".

prevenção da transmissão do HIV, no tratamento dado às pessoas soropositivas e com Aids e no incremento da saúde de todos.

Ser vulnerável significa não ter acesso aos meios para se proteger: acesso a saúde reprodutiva e camisinhas gratuitas e de boa qualidade, por exemplo, liberdade para escolher ou propor. Outros críticos têm acrescentado que o contexto vulnerável é também fruto de uma economia política em que os ajustes promulgados pelo Fundo Monetário Internacional (FMI), por exemplo, obrigam governos dos países africanos, asiáticos e latino-americanos a investir no pagamento da dívida externa e não em saúde e educação ou pesquisa.[23]

Parecia simples prevenir a Aids? Não é tarefa fácil e precisamos, para sermos honestos com essa análise, buscar a eficácia dos programas de prevenção encaixando a luta contra Aids num contexto maior, da cidadania.

Precisamos de uma pedagogia de prevenção e para a cidadania

Para pensarmos numa pedagogia da prevenção, especialmente num país pobre, a pedagogia do oprimido parece mais apropriada. Puiggrós[24] mostra que as propostas de educação popular espalhadas pela América Latina repercutiram por todo o mundo e se diversificaram. Estão entre uma reprodução literal das primeiras propostas de Freire dos anos 60/70 e uma re-interpretação da qual fugimos. Evitamos as versões ativistas que confundem conscientização com doutrinação e, no pólo oposto, uma versão que mistifica a "produção espontânea dos educandos" e desqualifica o educador. Paulo Freire falou até de Aids: "O cara tem de conhecer o discurso do conhecimento, o discurso médico no caso, e a partir daí tem de assumir esse conhecimento, fazê-lo seu, tornar-se sujeito do discurso [...] *E o corpo consciente tem que ser o sujeito que lida, que trata, que discute, que decide, que opera em função inclusive do risco da Aids. Não posso ser puramente adestrado para a Aids*". (grifos meus)[25]

---

23. Altman, D., 1994, Lurie, P., Hintzen, P. e Lowe, R., 1995.
24. Puiggrós, A., 1994.
25. Entrevista com Paulo Freire, extraído do Boletim ABIA, julho/agosto 93, nº 20.

Quando fazíamos autocrítica da estratégia centrada nos "grupos focais" e dos posteriores encontros para vender a idéia de sexo seguro e camisinha, muitos colegas americanos lembravam que o marketing se inspirou na técnica de palavras e temas geradores e nos círculos de investigação temática de Paulo Freire[26] para desenvolver a técnica de grupos focais, especialmente quando o objetivo era criar material educativo. Muitos defendem a participação da comunidade na produção do material educativo por meio de um "grupo focal". Os grupos para educação libertadora ou de ação cultural, no entanto, são muito diferentes das abordagens que começam com o grupo focal e acabam num folheto ou filmete. Nossa posição e expectativa certamente são mais radicais: estamos interessados em cidadania e em continuidade. Mesmo que venha a esperada mas difícil vacina e cura da Aids, sem cidadania teremos Aids sempre. Isso já aconteceu com outras epidemias inexistentes no "Primeiro Mundo" e de controle público mais fácil.

A questão principal passa a ser: que consciência queremos incentivar? Como não adestrar mas criar sujeitos conscientes que escolhem? Como mudar cultura sem colonizar? Temos o direito de criar cultura? São perguntas e respostas que não estão apenas no campo da técnica, mas incluem a ética e a política.

A primeira resposta foi o início dos projetos no Nepaids: não tínhamos direito de não intervir, de não re-inventar, a epidemia continuava seu curso se expandindo para praticamente todos os cantos do Brasil e do planeta, confirmando as previsões mais pessimistas. O curso da epidemia, como diz Altman, foi sendo influenciado por fatores múltiplos e os biomédicos não eram os mais importantes: a expansão do HIV era claramente associada a padrões sociais e culturais.[27] "Pelo fato de a Aids ser uma doença disseminada por práticas socialmente determinadas, a forma que assume num contexto social específico é muito mais um produto de estruturas sociais e culturais do que o resultado de fatores biológicos".[28] A evolução do projeto que vamos descrever nos próximos capítulos, especialmente os obstáculos que os jovens com quem trabalhamos relataram para colocar em prática o que aprenderam, mostrarão vivamente o poder dessas estruturas.

---

26. Para conhecer essas propostas de Paulo Freire com sua reflexão crítica, ver Freire e Nogueira (1989), ou Torres (1979).

27. Altman, D., 1994.

28. Parker, R., 1994a, "Introdução".

A segunda resposta foi tentar recuperar a experiência de outros movimentos sociais que mudaram comportamentos e foram bem-sucedidos no esforço de conscientização. No campo da promoção da saúde e desenvolvimento de comunidade há várias abordagens complementares à idéia de vulnerabilidade: o conceito de *social learning*[29] e alguns dos usos do conceito de *empowerment*[30] abrem um campo de produção teórica nos países de língua inglesa relevante para o trabalho de prevenção da transmissão do vírus. Como disse antes, fico com a nossa tradição latino-americana de educação libertadora, produzida a partir de nossa realidade social e cultural. Afinal não é Paulo Freire sempre citado como fonte inspiradora dessas outras concepções que admitem que a consciência se desenvolve melhor em grupo?

Em terceiro lugar, para transcender essa educação bancária, hegemônica na história da Aids no Brasil, era preciso então escutar e, antes de mais nada, tentar entender: que cultura, que contexto, que sexualidade queríamos mudar? Pensando no Brasil, e concordando com R. Parker,[31] há certamente uma história da sexualidade brasileira, e nela encontramos culturas/contextos/sexualidades. Não se trata de uma sexualidade "natural, universal, humana" (que define quase sempre outra "antinatural, desumana, anormal") mas sexualidades construídas historicamente, portanto só transformáveis no tempo e não a toque de caixa; criando um movimento maior que demorará uma geração para se estabilizar como caminho nos mapas da cultura.

O melhor exemplo que encontramos dessa revolução necessária são as mudanças que observamos na cultura sexual e nas definições

---

29. "A aprendizagem social é um produto das pessoas, agindo individualmente e em voluntária associação com outros, guiadas pela sua consciência crítica individual e sem reconhecer limitações organizacionais. Suas formas de organização são fundadas em coalizões e redes, que se transformam em agregados de movimentos sociais mais amplos, movidos por idéias e valores compartilhados mais do que por estruturas formais." David Korten, citado por Altman, D., 1994.

30. Sobre uma discussão do conceito de "empowerment" e sua tradução no campo da educação em Aids, ver Paiva (1995b). Finalmente decidi não traduzir empowerment, como discuti em um texto anterior. *Empoderamento* como querem alguns soa mal em português, e é mais fraco politicamente. Só para resumir essa discussão: traduzir nos dá, de novo, a sensação de que temos de aprender dos que falam inglês (ou seja, altamente "desempoderante"/disempowering...), tudo o que já sabíamos antes deles.

31. Parker, R., 1991.

de masculino e feminino (para os gêneros) nas últimas décadas, necessariamente associadas à história do movimento de mulheres e minorias sexuais. A produção que conta as histórias desses indivíduos e grupos "mutantes" talvez seja muito mais interessante para quem trabalha com prevenção de Aids que a literatura sobre os efeitos da campanha antitabagismo, por exemplo, ou qualquer outra bibliografia de psicologia da saúde. Sabemos que essas mudanças no campo da sexualidade e dos gêneros não ocorreram como resultado de intervenções técnicas baseadas na tradição da psicologia individual, ou de genéricas campanhas de mídia. São fruto da ação de ativistas e formadores de opinião que durante décadas atuaram nas artes, na mídia, em movimentos sociais de mulheres, em sindicatos, na política institucional e, mais recentemente, formulando políticas públicas quando estiveram no governo. Graças também a algumas mulheres e homens mutantes que personificaram mais essa possibilidade do humano, a de vivenciar a sexualidade e as relações dos gêneros de forma diferente dos milenares arque-tipos judaico-cristãos. Se refletirmos sobre o que aconteceu no mundo recente em relação à sexualidade, as transformações mais radicais e estáveis são resultado de um *movimento social*, mais que de informações e folhetos distribuídos ou de treinamentos em *workshops*. Na verdade as oficinas têm sido possíveis apenas porque existe um movimento social que as legitimou, com a ajuda da mídia que as difundiu.

Contemporâneos à Aids, outros movimentos sociais de caráter religioso também repercutiram suas propostas de resposta à epidemia pregando a abstinência, a monogamia, o adiamento da vida sexual para os jovens, usando produtos educativos baseados na moral e "valores da família", principalmente em outros países da América Latina e do Norte. Esses movimentos moralizadores já existiam antes da Aids e contam com uma estrutura institucional muitas vezes centenária no Brasil, como as diversas igrejas cristãs. Algumas igrejas mobilizaram-se bem cedo no caso de São Paulo, organizando apoio a pessoas com Aids (especialmente famílias e crianças), usando a idéia de compaixão para se integrar no movimento contra o HIV. Mas seus instrumentos poderosos de educação, de mídia e suas noções de pureza não impediram a expansão do vírus nem nas suas igrejas.

Nosso objetivo tem sido estimular ***sujeitos sexuais*** e não consumidores inconscientes de sexo seguro e camisinha, a fala de grupos religiosos que estão nesse movimento (todos, não só os cristãos) deve ter espaço nos programas de prevenção de Aids.

Vejamos o caso da revolução silenciosa da fertilidade no Brasil, sem dúvida uma revolução de mentalidades e *scripts sexuais*. A diminuição do número de filhos por família e das taxas de fertilidade e fecundidade do Brasil foi conseguida em pouco mais de duas décadas e exigiu mudanças radicais no comportamento contraceptivo dos brasileiros. Os números nos contam que a taxa de fertilidade no Brasil caiu de 5,7 filhos por mulher em 1970 para 3,5 em 1984 e 2,5 filhos em 1991. A população brasileira crescia a 2,9% ao ano em 1980, e 1,8% em 1990.[32] É uma mudança grande em pouco tempo. Em 1989/90, numa amostra de jovens do Rio, de Curitiba e do Recife que tinham de 15 a 24 anos entrevistados para uma pesquisa patrocinada pela Benfam,[33] 77% das mulheres e 61% dos homens faziam uso de algum tipo de contraceptivo. A mesma pesquisa indicou que apenas 25% dos homens e 7% das mulheres usavam camisinha. Mesmo com essas mudanças, não passamos a ter um leque amplo e aceitável de métodos para controlar a reprodução como acontece nos países mais ricos, nem as relações entre homens e mulheres mudaram satisfatoriamente, embora fazer sexo no casamento não seja mais associado só a fazer filhos.[34] A pobreza das famílias certamente também não acabou só porque se tem menos filhos como era prometido pelas agências de "planejamento familiar".

Outros estudos também indicam a qualidade relativa dessa revolução silenciosa. Costa[35] observou que em 1992 menos de 40% das mulheres eram atendidas na maioria dos serviços públicos oferecidos no país e menos de 10% da população feminina tinha acesso ao controle de câncer cérvico-uterino, pré-natal ou planejamento familiar. Regina Barbosa,[36] estudando as mulheres da região metropolitana do Recife, por exemplo, mostrou que elas não conseguiam mais imaginar um mundo sem contraceptivos embora não contassem com nenhum apoio para a utilização correta dos métodos. Essas pernambucanas passaram pelo processo de mudança que trocou a camisinha pela pílula lá pelos anos 70 e transferiu a responsabilidade da contracepção exclusivamente para

---

32. Berquo, E., 1993.
33. BENFAM, 1992.
34. Barbosa, R., 1989.
35. Costa, A. M., 1992, "O PAISM; uma política de assistência integral à saúde da mulher a ser resgatada. Comissão de Cidadania e Reprodução, Brasília, 1992. Citado por Berquó, E., 1993.
36. Barbosa, R., 1989.

as mulheres, mas que não promoveu a massificação de uma sexualidade independente do projeto familiar como muitos previam. No caso da contracepção, diz R. Barbosa, as políticas de controle da natalidade não se preocuparam em criar pessoas mais conscientes da sua sexualidade, não promoveram a negociação sexual e a divisão da responsabilidade por evitar filhos, nem aumentaram a igualdade entre os parceiros, e portanto não diminuíram a vulnerabilidade (à violência, às doenças) das mulheres. A indústria farmacêutica, nem um pouco neutra, investiu em métodos femininos de longa duração e dedicava apenas 10% de seus investimentos para a contracepção masculina. Com a Aids novamente tem demorado demais para começar a investir (pouco) em microbicidas vaginais ou na massificação da camisinha feminina.

A Aids aconteceu no meio dessa revolução em direção ao controle da reprodução. As escolhas possíveis para a prevenção da Aids estão lidando com o mesmo contexto ideológico e tecnológico das escolhas no campo da saúde reprodutiva. Foi proporcionalmente ridículo o investimento em pesquisas que a grande indústria farmacêutica dedicou especificamente à repercussão do HIV na mulher portadora.[37] Os investimentos ficaram muito mais tempo focalizados na transmissão para o futuro bebê ou "cliente", mostrando como o corpo feminino é ainda associado apenas à sua função materna ou à prostituição. É bom lembrar que os métodos contraceptivos com exceção do condom e do diafragma aumentam a vulnerabilidade da mulher ao HIV, porque aumentam a incidência de infecções ginecológicas ou não incentivam o uso da camisinha.

De qualquer maneira, as muitas mudanças não aconteceram ou deixaram de acontecer por causa de palestras ou "oficinas". Foram fruto do trabalho de mais de uma geração, sem que a intervenção cada vez mas sofisticada da tecnologia contraceptiva em si mesma tenha mudado irreversivelmente, como se prometia, a condição das mulheres com a separação da sexualidade e da maternidade. Nosso trabalho com jovens vai mostrar, de um lado, como a ação do movimento de mulheres e de direitos reprodutivos, ou das agências internacionais para o controle da natalidade e planejamento familiar, tiveram um impacto importante na cultura sexual nas últimas décadas. Por outro lado, veremos também que principalmente entre os menos escolarizados, novos valores e práticas desconexas não questionaram o coração

---

37. Idem, 1994.

da cultura sexual brasileira mais tradicional. É disso que precisaríamos para controlar a epidemia da Aids e nossos projetos tentam identificar quais os sinais de mudança e os caminhos mais aceitáveis para os grupos com que trabalhamos.

O sujeito sexual[38] e os direitos sexuais[39] e reprodutivos – objetivo dos programas educativos

"Aids e filho se pega do mesmo jeito", como disse uma das meninas participantes da pesquisa. As reflexões e iniciativas no campo da promoção da saúde reprodutiva ampliavam nossa convicção de que precisávamos construir um movimento estimulando *sujeitos sexuais*, muito mais que de uma intervenção para melhorar o marketing de um produto (do contraceptivo, da camisinha, do sexo seguro). A pergunta do ponto de vista da intervenção psicossocial era: qual a melhor forma de estimular esse movimento, e como opera psicodinamicamente esse apoio para a mudança?

As atividades em grupos, desenhadas a princípio para começar como "grupos focais" e depois "promotores do sexo seguro", ultrapassavam quase sempre a dinâmica desses métodos e a nova direção espontânea tinha um apelo muito forte, que, por opção, não queríamos conter. Os grupos foram tomando a forma de grupos de conscientização no estilo freireano ou de grupos de vivência compartilhada. O programa foi se transformando e começamos a sistematizar os "códigos" produzidos pelos jovens a partir de suas cenas sexuais e de risco, que passavam a ser instrumento de ação e reflexão de sua realidade social e cultural, como veremos a partir do Capítulo 4. Decodificávamos as palavras associadas à Aids, a camisinha, as palavras ou falta de palavras para nomear o corpo e as regras para os gêneros, decodificando as obras produzidas com a camisinha e com "a massa" de modelar, que passaram a ser os instrumentos educativos e de conscientização.[40]

---

38. Paiva, V., 1996 e Paiva, V., 1999a.
39. Petchesky, R. P. e Ávila, M. B., Barbosa, R., e Parker, R., (orgs.) (1999).
40. Na proposta original de Freire, pensada na década de 1960 para adultos analfabetos de área rural, as palavras geradoras eram as palavras significativas faladas naquele grupo, que usava "enxada" e não "xadrez" para aprender a letra X nas cartilhas. Além de aprender a ler e escrever refletiam também sobre o sentido da palavra "enxada" na sua vida.

Paralelamente, quando eu era convidada para "dar palestras" sobre prevenção de Aids, percebia que era muito mais fácil estimular a atenção e a identificação da audiência (homens e mulheres, adultos e jovens) quando "encenava" dificuldades e soluções encontradas para fazer sexo seguro. Ou seja, depois da meia hora inicial sobre o número de casos, o número de mulheres casadas entre as portadoras, sobre o crescimento global da epidemia, "a única arma é a prevenção", contava casos e representava cenas recolhidas na clínica que demonstravam o grau de desconhecimento das pessoas ou da nossa inabilidade coletiva e cultural, para lidar com o tema. Compartilhava exemplos vivos das dificuldades "de todos nós", com simpatia, e a "platéia" começava a dar sua contribuição.

Todos nós pensamos *como ele pegou* antes de ter qualquer reação de solidariedade", e eu mostrava como mesmo os médicos mais bem-intencionados e na luta desde o início da epidemia ficavam se examinando com medo de ter pegado Aids, mesmo paramentados e sem terem transado com nenhum paciente. A primeira pessoa no plural compartilhava como superar os medos e as dificuldades em um processo pelo qual eu também havia passado, e ainda não tinha esquecido, colocando ênfase na colaboração e não na divulgação do sexo seguro, ou na doutrinação e acusação por sentimentos preconceituosos compreensíveis (embora inaceitáveis). *Antes* de demonstrar num pepino (ou cenoura) como colocar a camisinha, contava as dificuldades mais comuns para encontrar a camisinha, de negociá-la na "hora H". Às vezes dramatizava um pouco em cenas vivas. As pessoas riam, se divertiam, se identificavam, e de repente estavam falando de Aids sem aquele ar circunspecto ou aquele clima de pânico que estimula imediatamente a defesa e a negação (bê-a-bá do psicólogo...). A construída tragédia acusatória era humanizada quando trazíamos a vida real, tal como é vivida, compartilhando "nossas" dificuldades. Melhor ainda, tornávamos menos culpados os que "pegavam Aids" porque "afinal não é tão fácil assim fazer as coisas direito", como concluiu uma professora depois de uma dessas palestras. O direito à brincadeira diante do trágico e da importância da "sacanagem" que definem a nossa cultura do erótico, como descreveu Richard Parker,[41] é de fato singular.

Se o estilo dessas palestras era bem-sucedido, o que estimulava minha reflexão no caminho de casa era mais a natureza dos fenôme-

---

41. Parker, R., 1991.

nos que estávamos abordando do que a metodologia de aula participativa em si (cujo sucesso se aplicava a outras áreas): a construção e des-construção de uma dada cultura sexual e os simbolismos da Aids. Vários autores descrevem a importância na cultura brasileira do "caso" e do "boca-a-boca" e R. Barbosa já havia mostrado: a fonte mais legítima de informação sobre contracepção eram as amigas, sempre por meio de casos, e o conhecimento que sobrava na mentalidade do grupo era uma composição da informação do médico com a informação da amiga. Olhando para essa legitimidade dos "casos" e dramas reais, maior que dos conceitos epidemiológicos, descrição do vírus e das vias de transmissão, de repente me apercebi de que o psicodrama de Moreno, que usava havia alguns anos na clínica, era complemento da nossa pedagogia. Do ponto de vista psicossocial era onde a teoria dos *"scripts* sexuais" fazia sentido.

A tradição da pedagogia do oprimido, os construtivistas, a experiência com materiais dos movimentos de mulheres sobre sexualidade e direitos reprodutivos e, por último, a adaptação do psicodrama e do teatro espontâneo na idéia de ***cena sexual*** mudaram os rumos dos projetos. Descobri recentemente lendo a biografia de Moreno, inventor do psicodrama e da sociometria, que ele talvez tenha sido um dos precursores do que hoje se faz no mundo inteiro nos programas de Aids. Moreno transcendeu sua formação médica num trabalho com as prostitutas de Viena em 1913, onde as tratava de doenças sexualmente transmissíveis. Criou um espaço de reflexão em que elas podiam compartilhar histórias vivas porque queria elevar a auto-estima delas, que ensaiassem soluções e organizassem um sindicato das prostitutas, influenciado pela tradição marxista. Já nessa época, Moreno tinha como ideal de seu trabalho tentar "purgar o indivíduo das conservas culturais" e com o sociodrama mudar valores e preconceitos de grupo. É a invenção do grupo pequeno, face a face, como um espaço para explorar as verdades individuais sem perder de vista o contexto sociocultural. Dizem seus biógrafos que essa foi a atividade que fundou a psicoterapia de grupos. Moreno "acreditava que uma pessoa podia mudar pelo que chamava *insight da ação*, um processo de experimentação e re-experimentação do comportamento com a subseqüente reflexão sobre ele. Importante notar que atuação é feita no palco [...]" (palco do psicodrama).[42] Era é a invenção do que hoje se chama de

---

42. Marineau, R., 1992.

role-playing, usado largamente em processos educativos, em treinamentos e em psicoterapia.

Durante o projeto, fomos adaptando técnicas de psicodrama para questionar "conservas culturais", confrontar e entender preconceitos, viver ou contracenar com personagens presentes no imaginário da epidemia da Aids, da contracepção ou gravidez, das vivências sexuais, produzir e ensaiar com teatro espontâneo novos *scripts*, novas cenas, novas atitudes ou ações que se encaixassem no desejo, aceitáveis na história de cada um, no jeito de viver naquelas comunidades. A ***cena sexual*** tornou-se o principal conceito operacional para nossa investigação e portanto para refletir sobre a ação, para pensar em grupo sobre as dificuldades de colocar em prática o sexo seguro, talvez como a palavra e o tema gerador nos círculos de alfabetização e conscientização dos anos 60. Compartilhar com os jovens que participaram da pesquisa o que aprendíamos sobre as dificuldades, nossas mesmas dificuldades e descobertas, marcou um salto na qualidade do trabalho, e é uma inspiração herdada tanto da tradição psicodramática como da pedagogia do oprimido.

Para encerrar esse capítulo, em que esboçamos os parâmetros de nossa proposta, é importante dizer que decidimos que nosso principal objetivo em projetos de prevenção deve ser estimular e colaborar para a autoconstrução do sujeito sexual e do cidadão (com direitos a serviços públicos de qualidade e a tomar decisões informadas). Definimos que o objetivo, mais que mudar comportamentos tratando os outros como "massinha de modelar", deve ser fomentar o ***sujeito sexual***, definido como a dimensão do sujeito que regula vida sexual,[43] em oposição a ser objeto dos desejos e *scripts* sexuais de outros. Pode-se permanecer sujeitável e não sujeito se permanecermos atores inconscientes dos papéis e *scripts sexuais femininos e masculinos* que a cultura sexual prescreve, ou então como o alvo sem iniciativa e sem prazer do desejo dos parceiros. O campo do ***sujeito sexual*** na prática inclui:

a) desenvolver uma relação consciente e negociada com as normas da cultura para os gêneros e para a atividade sexual;

---

43. Rafael Diaz fala de um *self-regulating agent* e de um *empowered individual*, que tem a capacidade e a habilidade e apoio para formular e colocar em prática (ENACT) suas intenções, de pessoas autodirigidas. Diaz, R., 1996 e 1998.

b) desenvolver uma relação consciente e negociada com os valores familiares e do grupo de pares e amigos;
c) explorar (ou não) a sexualidade independentemente da iniciativa do/a parceiro/a;
d) ser capaz e ter o direito de dizer "não";
e) ser capaz de articular práticas sexuais com seu prazer, consensuais e aceitas pelo parceiro;
f) conseguir garantir sexo mais seguro e protegido; e
g) conhecer e ter acesso aos meios materiais (camisinha e contraceptivos) e aos serviços para garantir o cuidado de sua saúde de qualidade e para fazer escolhas reprodutivas e sexuais (serviços de saúde, testes, aconselhamento, informações isentas).[44]

O sujeito sexual compõe um domínio psicodinâmico e é também um campo específico do exercício da cidadania. Deve ser considerado na sua singularidade.

O que demonstraremos nos próximos capítulos é que a capacidade e possibilidade de ser sujeito vai depender do contexto em que a relação sexual acontece, da *cena sexual* singular que representa esse contexto (do tipo de vínculo e qualidade do afeto, do momento, do parceiro, do lugar, do ritmo, do gênero, dos poderes em jogo, da adesão às normas sexuais, da classe etc.) O contexto é observado em qualquer nível: da intenção intelectual ou da experiência, da percepção da vulnerabilidade à prática sexual. O indivíduo terá de aceitar que a epidemia existe, que existem formas comprovadas de transmissão, formas de se proteger aceitáveis para si mesmo, e se perceber em risco. Será um caminho que leva tempo e tem necessariamente de passar por rever e desconstruir preconceitos em relação aos "personagens" que habitam o simbolismo da Aids, e que como dizem, mata mais que a Aids.

Como o leitor acompanhará nos próximos capítulos, usaremos alguns recursos educativos no espírito da pedagogia pensada como prática para a liberdade, da tradição latino-americana de educação popular e do movimento de mulheres: o debate e o diálogo, a concretização dos *personagens da Aids*, o uso da *massa* onde modelam a sua visão de corpo sexual e reprodutivo, o exercício da *cena sexual*

---

44. Paiva, V., 1996 e 1999a. Sobre direitos sexuais e reprodutivos ver Sen, G., Germain, A., Chen L., 1994.

onde encenam o contexto em que sua vida sexual acontece, o *fazer arte com a camisinha* que materializa a relação com o sexo seguro. Produzidos pelos participantes, todos são códigos que representam a realidade sociocultural dessa comunidade. Nosso papel tem sido colaborar para que sejam decodificados, admirados a distância em seus aspectos parciais associados à epidemia da Aids (os gêneros, o contexto social, os prazeres, a falta de direitos reprodutivos, o simbolismo da Aids, a falta de informação, os preconceitos, o poder de e a falta de poder etc.), e depois admirados como uma nova totalidade a ser re-inventada.[45]

Essa definição de sujeito sexual e processo será a referência de sucesso de nosso trabalho, mais que a contagem pura e simples da freqüência de uso de camisinha, ou da adesão ao sexo seguro, difíceis de manter por muito tempo, mesmo em grupos em que a prevalência do HIV é alta. Não encontramos ainda formas definitivas de quantificar todas essas idéias, nem sei se seria o caso. Como disseram H. Daniel e R. Parker, tal clareza talvez seja invisível para os olhos frios da ciência que procura ser exata.[46]

---

45. Sobre os conceitos (códigos/decodificação) ver Freire, P., 1970, Capítulo 3 e Torres, C., op. cit.
46. Parker, R., e Daniel, H., *Sexualidade, política e Aids no Brasil*, London, Falmer Press, 1992.

2
Construindo as oficinas de sexo seguro: estudos preliminares, piloto e treinamento

Neste capítulo descrevo os passos da construção do programa de oficinas em suas linhas gerais, lembrando que esse projeto estava ao mesmo tempo testando se essa proposta era adequada para as escolas públicas paulistanas. Dependendo do ponto de vista, esse foi um programa de prevenção da Aids que se desenvolveu em permanente avaliação ou uma pesquisa-intervenção que não foi planejada integralmente antes de começar. Foi uma iniciativa que cresceu e se modificou no decorrer dos anos que durou. Contando a sua história a partir da "cozinha" em que foi preparada, espero inspirar outros pesquisadores e educadores.

O primeiro programa de oficinas era destinado a alunos do ensino fundamental noturno, de 4ª a 8ª série, 80% deles com mais de 14 anos e menos de 22 anos, faixa etária que representa o período entre o início da vida sexual e o início da vida conjugal. Nesse texto chamarei esse grupo de "jovens" e não de "adolescentes", e essa foi uma decisão tomada durante o projeto.[1] No primeiro ano do projeto iniciamos uma pesquisa piloto para conhecer os jovens com quem íamos trabalhar e nos anos seguintes fomos ampliando, tanto a pesquisa quanto a diversidade das abordagens. Em cada etapa sistematizáva-

---

1. Sobre essa discussão ver também Paiva,V., 1996.

mos o que havíamos aprendido para planejar a iniciativa seguinte, aprender com os erros ou rever os instrumentos.

Na mesma época, outras entidades trabalhavam com adolescentes em programas mais extensos, conduzindo grupos de orientação sexual de longa duração que eram menos adequados aos jovens que estudam à noite e ainda bastante incipientes em relação à prevenção da Aids. A idéia de "sexo seguro" como estratégia para prevenção do HIV havia sido produzida pela comunidade gay americana e já testada no Brasil entre mulheres adultas no contexto das iniciativas que promoviam a saúde reprodutiva, não por grupos que trabalhavam com adolescentes. Precisávamos adaptar o que havíamos aprendido dessas duas fontes pioneiras.

Sem *objetivos* claros, definidos para cada passo, é impossível desenvolver um programa coerente e avaliar seu impacto. O objetivo geral desse primeiro programa de pesquisa-intervenção que durou mais de três anos (1991-94) era fazer diferença onde a epidemia crescia, em bairros mais pobres e entre jovens mais vulneráveis ao HIV. Queríamos demonstrar:

- que era possível superar o modelo educativo baseado na ameaça de morte e crítica da promiscuidade, desafiar o preconceito contra as pessoas afetadas pelo HIV, e criar uma resposta solidária que permitiria aos jovens finalmente perceberem a necessidade de se proteger do vírus;
- que era possível desenvolver um programa baseado no diálogo e na colaboração a longo prazo com a comunidade e que não fosse apressado, colonizador ou "bancário"; que tivesse como produto final a organização daquela comunidade escolar para dar conta dos desafios que a epidemia da Aids apresentava, sem que a nossa presença fosse indispensável;
- demonstrar o valor de uma abordagem construtivista da sexualidade e dos gêneros (nem biomédica, nem essencialista, nem "sexologista"), que pressupõe uma análise da cultura sexual da comunidade e sua conscientização; e
- que era necessário incorporar o conceito de direitos sexuais e reprodutivos na análise da expansão do HIV e nas propostas de controle da epidemia da Aids.

Em 1990 iniciamos o processo de formação da equipe que tornou possível esse projeto. Escolhemos as escolas da prefeitura, já que Paulo Freire era o secretário da Educação do Município e teríamos o apoio institucional para o projeto que faltara até então. Foi um caminho como qualquer outro na história da epidemia: definimos nossa "população-alvo" e "fomos sensibilizá-la". Poucas comunidades exigiam providências em relação ao crescimento da epidemia da Aids, com a rara exceção dos ativistas de direitos humanos e dos que participavam de movimentos populares por saúde, que se somavam às pessoas já afetadas diretamente pelo vírus HIV. Contavam-se nos dedos os grupos que se organizaram espontaneamente no Brasil e a maioria das iniciativas surgiu como a nossa: trabalhadores ou profissionais de classe média, que eram diretamente afetados pelo HIV por circunstâncias profissionais ou pessoais, tentavam convencer as autoridades e lideranças da comunidade que a desgraça batia na porta, para depois oferecer propostas educativas. Era uma urgência que o público em geral não podia perceber como veremos no Capítulo 4. Hoje em dia, as iniciativas se multiplicam e muitas pessoas em posição de liderança procuram educar sua comunidade – na empresa, na escola, nas igrejas, em associações – para viver em tempos de Aids.

Descobrimos logo que se desenvolvia um projeto de orientação sexual nas escolas, coordenado pelo Grupo de Trabalho e Pesquisa em Orientação Sexual e o "Projeto Aids" (de educação para a Aids),[2] que não conseguiam chegar às comunidades mais vulneráveis do centro histórico da cidade. Os alunos do curso noturno da rede municipal quase não participavam dos projetos, nem as escolas da região central, que tinham na época 30% dos casos notificados de Aids da cidade.[3] Estabelecemos uma colaboração produtiva com os dois projetos e aprendemos de sua experiência nas escolas e com os professores envolvidos, assim como, mais tarde, esses dois grupos puderam aproveitar a nossa abordagem. Desenvolvemos em seguida um lento processo de aproximação com os coordenadores e diretores das escolas municipais escolhidas na região central e que haviam resistido aos dois projetos em curso, o que constituía um desafio extra. Depois de uma longa negociação, a equipe técnica da escola localizada na Baixada do Glicério, centro de São Paulo, foi a primeira a aderir ao projeto. A região era conhecida pela alta incidência de Aids, pela

---

2. Sobre esses projetos ver APTA (1994) e Suplicy, M., 1993.
3. Centro de Vigilância Epidemiológica. Aids no Estado de São Paulo.

concentração de trabalhadores do sexo e de usuários de droga e foi um dos epicentros da epidemia.

Estudo preliminar e piloto do programa

Depois de informados pelas reuniões com a equipe de educadores e professores da escola, começamos um estudo rápido sobre quem eram os jovens que estudavam no Glicério, nem sempre confirmando as impressões dos seus professores. Os detalhes, roteiros e discussão da metodologia desse estudo ficam para outro texto.

O objetivo mais específico do estudo preliminar era conhecer melhor os jovens – sua linguagem, suas preocupações espontâneas e mais relevantes, o que faziam e pensavam sobre sexualidade e os gêneros, o que associavam com Aids e a prioridade da prevenção nas suas vidas. Levantamos informações para desenvolver um programa educativo e um questionário que pôde depois ser respondido por jovens em outras escolas, instrumentos que serviram mais tarde para observar se os resultados eram transferíveis e representativos de outros jovens e, mais adiante, avaliar o programa. Começamos pelo sorteio de 15 rapazes e 15 moças que foram entrevistados por uma pessoa do mesmo sexo deles. A partir de um roteiro preestabelecido, primeiro falavam livremente sobre a sua vida e só depois respondiam a perguntas sobre namoro, sexo, drogas e Aids.[4]

Dois dos temas centrais que surgiram das entrevistas haviam sido sistematicamente ignorados por tudo o que conhecíamos da literatura de prevenção da Aids da época: as normas para os gêneros que influenciam no conhecimento, nas atitudes e crenças diferentes de homens e mulheres sobre sexo e Aids, e o fato de a Aids ser menos prioritária na vida deles do que a violência, a pobreza, o desemprego, a falta de futuro e a gravidez não planejada. A conscientização das normas sociais para a vida sexual e o sentido cultural atribuído aos gêneros masculino e feminino foram sendo incorporados de várias formas à nossa proposta a partir dessa experiência piloto, e nos aproximou definitivamente da experiência do movimento de mulheres por direitos reprodutivos. As condições de vida desses jovens foram mais bem entendidas e incorporadas só no segundo ano do projeto como

---

[4]. Metodologia que aprendi com a mestra Araccy Martins Rodrigues.

tema das oficinas, do processo de avaliação e das iniciativas que foram possíveis fora da escola.

Os 30 jovens entrevistados também participaram das primeiras duas oficinas piloto que testamos depois da análise das entrevistas, uma masculina e outra feminina, e criticaram a primeira versão do questionário usado na pesquisa. A seguir apresentamos as principais idéias que tiramos das entrevistas e da oficina piloto, já publicadas de forma mais extensa,[5] e que seguem representando bem o *cenário sexual* dos jovens de baixa renda até hoje:

a) A Aids era livre-associada com medo, horror, mas era problema dos outros. A percepção da própria vulnerabilidade, de que eles corriam o risco de se contaminar com o vírus HIV era bem pequena. Muito maior era a freqüência de sexo arriscado que deveria estar drasticamente reduzida numa comunidade com alta incidência de HIV. O horror não gerava conversas sobre o assunto que permitiam aprofundar o que se sabia sobre Aids, nem resultava numa busca ativa para aprender a se proteger do vírus. Aqueles jovens sabiam genericamente que sexo transmitia Aids, mas não sabiam como o vírus não se transmitia, ou não tiravam daí a conseqüência óbvia da necessidade de usar a camisinha. (É importante lembrar que nenhuma campanha de mídia falava abertamente sobre a camisinha.) O amor e a confiança no parceiro racionalizavam a negação do risco. O destino diante dos riscos estava para muitos nas mãos de forças que nunca conseguiam controlar (o sexo que "sobe pra cabeça", a vergonha de impor sua vontade), e para outros, nas mãos de Deus "que vai me defender" ou porque "já tava escrito que era pra pegar de qualquer jeito".

b) O uso da camisinha confrontava noções básicas de feminilidade e masculinidade dos jovens, hoje em dia bem descritas também em diferentes pesquisas em outros lugares do Brasil. Como veremos nos Capítulos 5 e 6, alguns deles já questionavam a noção essencialista de que o papel de homem prove-

---

5. A análise preliminar dessas primeiras entrevistas foi pela primeira vez apresentada por Antunes, M. C., Bedoian, G., Silveira, F., Stempliuk, V., Serrano O., 1992, bolsistas de iniciação científica na equipe. Os resultados da experiência piloto estão publicados em Paiva, V., 1993, 1994, 1995c.

dor-ativo e mulher doméstico-passiva é da natureza da diferença entre homens e mulheres, mas as diferenças nas vivências sexuais eram ainda totalmente naturalizados: o homem tem naturalmente menos controle de seus impulsos, é mais sexual, deve saber tudo sobre sexo e ser superexperiente (ou fingir que é), quanto mais cedo melhor; a mulher é naturalmente mais controlada, deve ter o controle da paixão, deve ser sexuada mas não muito, deve aprender tudo com seu amante atual, portanto deve ser (ou fingir que é) ignorante e inexperiente. É a responsável pela contracepção e controle do sexo.

c) O nível de desconhecimento sobre o próprio corpo e sobre o corpo do sexo oposto era muito alto. Reproduziam mitos e crenças erradas sobre o corpo sensual e reprodutivo, sobre a gravidez e contracepção, e sobre a camisinha.

d) O veículo público mais comum de informações para assuntos de sexo e Aids eram as revistas femininas, a TV, o cinema e a mídia em geral. Mas a fonte mais legítima eram os amigos e os familiares jovens e a informação se espalhava sob a forma de narrativas de casos e não a partir de discussões mais estruturadas ou orientadas por adultos.

e) A diversão era o elemento mais ausente e reivindicado de sua vida de jovem, segundo eles mal vivida e curta. "Os outros jovens têm e nós não." Felizes são os ricos "que têm muita diversão e o prazer que podem comprar, sem a nossa responsabilidade". Eles não se sentiam nada parecidos com os adolescentes de livro ou da TV. Por outro lado, o clima de "sacanagem" e bom humor era sempre bem-vindo, especialmente pelos meninos.

f) A violência e as precárias condições de vida eram um tema fundamental na vida deles, e o fato de sentirem que sua socialização para a vida adulta ocorria no limite entre o cidadão e o "marginal", de perceberem que o pobre marginalizado dificilmente tem volta e "tá perdido", era um dos eixos da construção da sua identidade quase-adulta. As drogas, a discriminação de classe ou raça e o "homossexualismo" eram sinônimos de seqüelas sociais definitivas e sem futuro, fantasma de abandono e da perda de cidadania que afetava o que eles pensavam e sentiam sobre a ameaça da Aids. A adesão a grupos fundamentalistas, nessas entrevistas e em outras experiências do Núcleo, parecia um seguro contra a ameaça de ter a vida (cidadania) "perdida".

g) Um grupo importante e crescente de evangélicos e cristãos fundamentalistas, de famílias ou indivíduos recém-convertidos, fazia o contraponto do ambiente de "sacanagem" nos grupos masculinos. A maioria justificava a conversão recente em razão de situações familiares ou pessoais limítrofes aos caminhos da "perdição": desemprego, desilusão, "vida pervertida" cheia de tentações da carne, muita bebida e drogas. Importante para quem trabalha com prevenção é saber que esses jovens pertencem ao grupo dos mais vulneráveis ao HIV por conta das muitas histórias de passado recente de "tentações e quedas". Numa pesquisa recente com mulheres portadoras que foram infectadas pelos seus maridos[6] – únicos parceiros na vida – muitas conheceram esse marido na igreja ou no culto, sem ter idéia de sua vida anterior. Sua identidade como membro desses grupos religiosos mais fundamentalistas pode tornar proibitiva sua participação nos programas educativos, falar sobre esses assuntos para algumas seitas é pecado, a não ser que possam "pregar". Os programas de prevenção precisam encontrar um espaço para eles.

Realizar essa experiência piloto foi fundamental para desenvolver todas as outras etapas do projeto de pesquisa e do programa educativo. A urgência e a pressa de criar uma proposta não permitiu que incorporássemos logo essas duas últimas descobertas (f, g). Com algumas hipóteses em mente, desenvolvemos o roteiro básico da oficina que descreveremos a seguir e o questionário, conseguindo tirar bem-sucedidas conseqüências dos primeiros cinco pontos levantados anteriormente.

O questionário foi um dos primeiros do Brasil a detalhar informações sobre as práticas e orientações sexuais de jovens e adolescentes desse grupo socioeconômico no contexto da Aids. Era importante testarmos se um projeto desse tipo, que falava abertamente sobre coisas como "sexo oral", "sexo anal", freqüência de práticas sexuais, preferências sexuais, poderia ser desenvolvido sem maiores problemas numa escola, mesmo que numa situação de cuidadosa prepara-

---

6. Paiva, V., *et al.*, 1998a.

ção com a comunidade escolar. A aplicação ampla desse questionário e a observação anotada de todo o trabalho, que chegou a atingir milhares de jovens no segundo e terceiro ano do projeto, tinham como *objetivos específicos* fazer um teste de generalização dos achados das entrevistas e da oficina piloto da primeira fase.[7]

Os resultados demonstraram que são transferíveis para todas as quatro regiões da cidade onde o projeto foi conduzido nos anos seguintes com alunos do ensino fundamental noturno (Centro, Interlagos, Butantã e Ermelino Matarazzo), e comparáveis nos vários grupos jovens de classe média mais escolarizada com quem trabalhamos no mesmo período. Observamos que apenas quando o nível de escolaridade aumenta significativamente, como já discutimos num texto anterior,[8] jovens de mesma idade e geração têm comportamentos, crenças e atitudes básicas no campo da sexualidade e da Aids tão diferentes a ponto de exigir programas diversos. As condições de vida e os passos que constroem a passagem para a vida adulta numa classe média mais estável e com mais recursos são os elementos marcantes dessa diferença de qualidade, como veremos nos últimos capítulos.

Quem eram os jovens do primeiro projeto?

Os alunos que participaram nas chamadas "oficinas longas" (que duravam cinco ou seis períodos de três horas cada uma) foram sorteados de um universo pré-definido, já que queríamos testar a proposta

---

7. Nesse projeto começamos a experimentar a abordagem metodológica que entende que precisamos sempre *qualificar antes de quantificar*. Pesquisas quantitativas, ou seja, que analisam com recursos da estatística a "contagem" de eventos, ações, práticas, percepções e respostas verbais, precisam ser precedidas de um estudo qualitativo em que se tenha mais certeza do sentido e significado de cada resposta ou de que estamos usando a linguagem e investigando fenômenos *nos termos* em que o grupo pesquisado os define. Não há outra forma de ser rigoroso nas conclusões, para que consigam validade interna ou externa, e aplicabilidade para programas de prevenção que envolvem grupos maiores, por exemplo. A quantificação é, nessa perspecativa, sempre um estudo de prevalência (de freqüência, probabilidades e das associações possíveis) do que observamos e categorizamos anteriormente com estudos com abordagens qualitativas em grupos menores – usando entrevistas abertas, estruturadas ou semi-estruturadas, em grupo, ou mediante etnografia ou metodologias participantes. Ver Minayo, M. C. S., 1994 e Silva, R. C., 1998.

8. Paiva, V., 1995b.

com um grupo representativo de rapazes e moças daquela população. Para participação nas "oficinas curtas" (realizada em dois períodos), as classes também foram sorteadas. A participação era voluntária e a proporção de alunos sorteados que se recusou a participar de qualquer atividade do projeto nunca excedeu 10%.

O desenrolar das oficinas mostrou que a *idade* não afeta o tipo de valores que orientam a vida sexual, a atitude diante das pessoas que têm Aids ou o nível de informações sobre prevenção, mas muda significativa-mente a dinâmica do grupo porque quanto maior a idade, maior a proporção dos que têm mais experiência sexual. Quando decidimos organizar as oficinas dividindo os jovens em três faixas etárias mais homogêneas, os temas emergentes foram mais uniformes, respeitaram graus de experiência equivalentes, e foi mais fácil trabalhar num modelo mais aberto de acordo com o ritmo e os interesses de cada grupo, mais coerente com um trabalho não prescritivo. Com a faixa etária mais larga usada no primeiro ano (grupos compostos indistintamente por jovens de 14 a 22 anos), as oficinas que começavam com 15 a 18 pessoas acabavam com 30-40% a menos de participantes no último encontro. No terceiro ano do projeto e divididos por faixa etária as faltas diminuíram para menos de 10%.

Sem propor nenhuma generalização definitiva, as experiências acompanhadas no Nepaids têm confirmado que nos grupos mais jovens (14-15 anos) temas como "a primeira vez", "a virgindade", o que acontece na relação sexual, o hímen, a dor, o uso de contraceptivo desde a primeira vez, se o sexo se aprende ou é natural etc. são mais emergentes. Os grupos de jovens de 16 e 17 anos são os mais tensos, já que têm alguma experiência mas ainda não o suficiente para ter tornado a atividade sexual confortável. Dependendo do grupo e do contexto das primeiras experiências sexuais, os sentimentos parecem muito intensos e difíceis de compartilhar. Eles temem o julgamento e não têm ainda uma posição definitiva sobre experiências íntimas difíceis de elaborar e que podem perturbar muito a auto-estima: vergonha de ter sido rejeitado/a pelo parceiro sexual, susto com alguma experiência dolorosa ou violenta, culpa, medo de perder o parceiro, expectativas fortes demais ou frustradas de prazer etc. É o grupo que mais debate as diferentes opções para o prazer ("será que sou normal?"). O grupo mais velho – com mais de 18 anos – parece mais aberto para olhar de fora a sua experiência sexual, refletir e falar sobre ela e em média parece mais confortável. É o grupo que discute mais focalizadamente o sexo seguro. Esse roteiro de oficina é mais apropriado e exige menos modificações entre os mais velhos ao passo que acaba variando mais entre os mais novos.

A maioria das pessoas acha que a *religião* influi na forma como as pessoas percebem a sexualidade e a Aids. Nesse projeto só as respostas de cristãos praticantes, em especial dos evangélicos, foram significativamente diferentes e, ainda assim, mais o discurso do que as práticas como veremos. Pertencer a algum grupo fundamentalista pode ter sido um motivo para a desistência de alguns jovens que foram sorteados para as oficinas longas, fato que não pode ser mais pesquisado por nós já que o motivo alegado era outro (não perder aulas). Mas muitos evangélicos participaram do começo ao fim.

A categoria de *raça ou cor* na qual eles se incluíram nunca apareceu como fator importante na dinâmica do grupo, não surgiu espontaneamente como tema a ser encarado ou discutido, e na análise dos questionários não afetou as respostas. As várias escolas em que trabalhamos tinham a mesma composição racial e quando pedimos que definissem sua raça/cor, entre os que responderam 6% se percebiam "orientais", 5% "negros", 44,5% "brancos", 43% se consideravam "mulatos/morenos", e 1,5 % "indígena". Cerca de 4% dos jovens não responderam essa questão. A dinâmica das oficinas tem indicado em vários projetos que a reação ao programa, assim como as atitudes diante da sexualidade e da Aids dependem mais do fato de ser ou não migrante e estar ainda vinculado ao contexto cultural de origem rural e de outros estados, sem dominar bem os recursos sociais disponíveis em São Paulo que da cor/raça autodefinida. Na segunda fase do projeto investigamos onde nasceram os pais deles: cerca de 29% dos pais nasceram no interior do Nordeste, 18% em capitais do Noroeste, 8% no interior de São Paulo e 10% no interior de outros estados, 12% em capitais de outros estados e apenas 23% na capital de São Paulo.

Grupos separados de garotos e garotas

Do primeiro grupo piloto e das várias experiências subseqüentes, aprendemos que os pares do mesmo sexo são importantíssimos para julgar, avaliar e valorizar o quão apropriado o jovem se apresenta. Para a maioria dos jovens, o grupo é definidor e juiz dessa identidade, especialmente em tudo o que diz respeito à construção da *identidade de gênero* (masculino/feminino), o que inclui identificação ou atribuição pelo outro dos rótulos dos vários personagens da cultura associados a ser sexuado (macho, feminina, o/a vagabundo/a, o/a galinha, o/a atraente, o/a casadoiro/a...bicha, sapatona).[9] Para os atributos sexuados da identidade, mais do que para os outros numa cultura que prega a heterossexualidade, a aprovação e a afirmação diante do sexo oposto é definitiva e ocorre numa dinâmica própria. A aprovação pelos pares do mesmo sexo também é importante, mas segue outra dinâmica, que é mais confortável para eles.

As atividades aconteciam em grupo *separados por sexo* e os monitores – auxiliares de pesquisa – eram na maioria das vezes do mesmo sexo dos alunos participantes. A dinâmica dos grupos, pequenos ou grandes, era muito afetada pela presença ou não do sexo oposto, pelas normas diferentes para *os gêneros feminino e masculino*, o que a maior parte das experiências publicadas na época nem mencionava. Anos depois ainda consideramos muito difícil garantir sigilo, espontaneidade e seriedade quando garotos e garotas permanecem juntos o tempo todo, nessa faixa etária e nesse contexto cultural. Todas as experiências com grupos mistos que temos feito antes de cinco ou seis reuniões extensas (o que significa muitas horas em grupos segregados por sexo), e em grupos com mais de oito jovens foram de desastrosas a difíceis, no mínimo pouco produtivas. Quanto mais jovem o grupo, mais complicado. Apenas depois de muito "esquentamento" e só em grupos pequenos foi possível garantir espontaneidade maior nos grupos mistos, ou maior produtividade na tarefa de pensar sobre sexualidade e Aids.

Muitas vezes voltamos a discutir a opção de separar homens e mulheres. Com o grupo de monitores mais experiente e confortável com a tarefa, conhecendo melhor aquela comunidade de jovens, foi possível estruturar um espaço misto e criativo mais cedo. Concluímos que as duas formas devem ocorrer: um espaço onde só jovens do mesmo sexo se encontrem, onde mais intimidade e espontaneidade sejam possíveis; e depois outro espaço onde homens e mulheres estejam juntos para fomentar justamente a discussão das diferenças de gênero de forma menos enviesada pelo grupo unissex. De qualquer maneira, mantendo essa forma até o final pudemos explorar como aparecem em universos segregados. Em grupos segregados sofisticamos a nossa compreensão de como se constroem os femininos e masculinos e a formulação da idéia de *scripts femininos e masculinos* para o sexo, coerente com as normas para cada gênero.

---

9. Paiva, V., 1994a.

É possível generalizar que nessas atividades os meninos são sempre mais agitados, têm mais dificuldades para fazer perguntas, ficam fazendo brincadeiras; as meninas são mais "comportadas", ficam mais tempo sentadas, perguntam e escutam mais facilmente. Nos próximos capítulos daremos vários exemplos de como essa dinâmica, coerente com as normas para cada gênero, acontecia nesse projeto.

Integrando as experiências e modelos internacionais para a prevenção da Aids

A literatura disponível sobre prevenção de Aids já descrevia características das pessoas estudadas nos grupos mais vulneráveis ao HIV, indicando as mais relevantes para explicar seus comportamentos arriscados, suas atitudes e seu nível de informação sobre a Aids. No jargão acadêmico essas características são chamadas de variáveis capazes de predizer o "sexo arriscado". Vários modelos que discutiam como promover comportamentos saudáveis povoavam a área da psicologia da saúde na década anterior, e começavam a ser experimentados na prevenção da Aids no início dos anos 90.

Das múltiplas experiências internacionais publicadas no campo da Aids a mais interessante e representativa era o Aids Risk Reduction Model (ARRM).[10] Esse modelo não está exatamente no campo da reflexão social e sobre o caráter simbólico da sexualidade, mas não é "essencialista", já que não define a sexualidade como instintiva ou natural ou a define dentro de qualquer parâmetro *a priori* de normalidade. Tanto que pensa na possibilidade de mudança de comportamento como um processo não necessariamente linear e em estágios que pareciam descrever bem o processo de mudança que eu conhecia da clínica psicológica com pacientes querendo adotar sexo mais seguro. Foi um modelo desenvolvido por pesquisadores trabalhando na cidade de São Francisco, Califórnia, exemplo internacional de sucesso rápido atribuído a um casamento importante entre a pesquisa, a mobilização dos serviços de saúde e da comunidade, e principalmente ao esforço da comunidade gay mais atingida.

O primeiro estágio do ARRM, que traduzimos para estágio de *percepção do risco*, pressupõe que a pré-condição para mudar comportamentos que trazem riscos à saúde é poder nomeá-los

---

10. Catania, J., Kegeles, G. e Coates, T., 1990.

como pertinentes à vida do sujeito.[11] Quando essa motivação é associada com o conhecimento das causas concretas da ameaça (no caso da Aids, as práticas que podem transmitir o vírus HIV) o indivíduo pode formular um plano para diminuir o risco admitido (decidir que ter Aids é indesejável, pensar em fazer sexo seguro, usar camisinha).

O segundo estágio, *compromisso com a mudança*, pressupõe a firme decisão de usar camisinha (ou parar de fazer sexo) e fazer do sexo mais seguro um aspecto consistente de sua prática sexual. Não é fácil, significa interromper a inércia e acreditar que o novo hábito é eficaz (que a camisinha de fato protege), que o benefício é maior do que o custo (vale a pena adiar o prazer, arriscar menos conforto, conversar com o parceiro). Depende de as pessoas acreditarem que terão apoio de seu grupo, ou pelo menos de seus prováveis parceiros sexuais, e depende também da certeza de que vão conseguir, vão saber ou vão ser capazes de usar camisinha ou de convencer o parceiro a usar (chamada por Bandura de "*self-efficacy*").[12]

O terceiro estágio implica agir, *fazer sexo seguro*, significa conseguir ativamente as informações e o apoio necessário para a mudança, solucionar obstáculos no caminho, conseguir comunicar-se com o(s) parceiro(s), gradual ou definitivamente incorporar práticas seguras no cotidiano.

O quarto estágio é *manter a mudança*, ou seja, se a situação for duvidosa ou arriscada, independentemente do contexto e do parceiro, do clima e do ambiente, sempre fazer sexo seguro. Esse estágio já foi uma ampliação do modelo original.[13]

As teorias e modelos da psicologia da saúde mais conhecidos, tal como o ARRM,[14] focalizavam esses elementos descritos como pertencentes ao domínio sociocognitivo, observados a partir do ângulo do indivíduo. Nesses modelos, as práticas (sexuais) são sempre função do valor subjetivo que o indivíduo atribui aos produtos e subprodutos do comportamento, e da expectativa de chegar a um resultado ou objetivo (conquista, amor, prazer, família, gravidez). Resumindo bem grosseiramente, para os autores desse campo que se dedicaram à prevenção do HIV, o "sexo arriscado" será resultado:

---

11. Weinstein, N., 1989.
12. Para uma elaboração mais recente sobre *self-efficacy*, ver Bandura, A., 1994.
13. Prochaska, J. O., Di Clementi, C. C. e Norcross, J. C., 1992.
14. Aids Risk Reduction Model, ver Catania, *et al.* 1990.

a) das *crenças* do indivíduo, de que ele perceba a gravidade do risco que corre, que, por sua vez, vai interferir nas suas escolhas racionais e na capacidade de balancear riscos (custos e barreiras) e benefícios (saúde) que surgem ao evitar ou mudar um comportamento (Health Belief Model);[15]
b) da *percepção de auto-eficácia*, de que o indivíduo será competente e eficaz para regular seu comportamento que se traduz na capacidade de auto-observação (entender as causas pessoais e interpessoais de seu comportamento), de julgamento (avaliar o comportamento segundo seus valores), de incorporar sua avaliação na observação. A auto-eficácia (*self-efficacy*) depende do processo de aprendizagem social, influenciado pela interação com os outros e pelo ambiente, que moldam o comportamento ou depois apoiam a mudança (Social Cognitive Theory);[16]
c) das *intenções* em relação aos comportamentos que são identificados como de risco. As intenções dependem da percepção que a pessoa tem das pressões sociais para se comportar dessa ou daquela forma (normas subjetivas) e de seus sentimentos (positivos ou negativos) em relação àquele comportamento. Os comportamentos em questão devem ser definidos muito especificamente em termos da ação envolvida (sexo vaginal com camisinha), do objetivo (descarregar o desejo), do contexto (encontro casual), da freqüência no tempo (todas as vezes/nunca). As intenções variam sempre que cada um desses elementos variar (Theory of Reasoned Action).[17]

Todas essas teorias e o ARRM, portanto, recomendam corretamente que se pesquise o valor que cada comunidade atribui aos comportamentos focalizados, se distribuam informações adequadas e detalhadas a respeito do risco que se corre, e sobre os benefícios de incorporar práticas mais seguras. Estimulam a produção de técnicas e espaços educativos para *treinar* as habilidades necessárias (de comunicação com o outro e de recusa) para que as pessoas vulneráveis possam traduzir suas intenções na prática. Em geral, sugerem campanhas de mídia para desafiar as normas "pouco saudáveis" naquela comuni-

---

15. Rosenstock, I., Strecher, V. e Becker, M., 1994.
16. Bandura, A., 1994.
17. Feinsbein, M., Middlestaad, A. e Hitchcock, P., 1994.

dade (fumar, dirigir alcoolizado, fazer sexo sem camisinha), sugerindo a incorporação de práticas mais saudáveis e, quando é possível, sanções sociais explícitas (prisão, proibição). Esse tipo de atividade tem grande penetração na classe média americana, e mais recentemente na brasileira, que organiza treinamentos para tudo: aprender a falar em público, escrever, conviver com o marido/esposa, cuidar de filhos, ter segurança, emagrecer, parar de beber etc. Multiplicam-se agora no país os grupos de auto-ajuda, em que se organiza o apoio do grupo para a mudança: Vigilantes do Peso, Alcoólatras Anônimos etc.

Queríamos também produzir "oficinas", tradução que o mundo latino-americano faz da idéia de *workshops*. Estimularíamos um comportamento saudável, ensinando o consumidor a usar os artefatos (camisinha, contracepção), criando campanhas de mídia com modelos de comportamento para serem imitados. Mas nessas comunidades com quem trabalhamos, o único instrumento e referência de grupo para apoiar mudanças de atitude e comportamento eram os cultos religiosos. A outra referência de apoio e ajuda, que aparecia sempre rota e rasgada, ainda era o serviço público, "o governo".

Esses modelos pressupõem a existência do indivíduo que se percebe como "sujeito psicológico", ou pelo menos um cidadão com direitos, como alguém que existe independentemente do coletivo, com responsabilidades individuais sobre a sua comunidade e sobre si mesmo. Nossa experiência tem demonstrado que esse não é um domínio muito claramente construído, principalmente entre muitas pessoas que pertencem a grupos menos escolarizados e de baixa renda no Brasil, que tem uma história social e política muito diferente do contexto histórico e ideológico que construiu esses modelos norte-americanos. No caso da sexualidade, quando o comportamento é inadequado, esses modelos analisam o indivíduo "culpado" e as condições individuais para atuar, porque o espaço social para ser cidadão e exercer a criatividade individual está dado. Essa evidentemente não é a condição da maioria dos jovens com quem trabalhamos, nem das minorias pobres norte-americanas – a epidemia americana é a que conta com mais recursos e relativamente a mais descontrolada...

Como critica recentemente R. Diaz,[18] a maioria dos modelos de mudança de comportamento[19] focaliza como os indivíduos formulam as intenções para incorporar o sexo seguro mais do que as circunstân-

---

18. Diaz, R., 1996.
19. Um bom inventário das teorias americanas pode ser encontrado em Di Clemente, R. J. e Peterson, J., 1994.

cias nas quais as intenções podem (ou não conseguem) ser atuadas. Como veremos na descrição das oficinas, a maioria das circunstâncias que geram o sexo arriscado pode ser descrita como inflacionadas de forças competindo em cada cena individual "pela cabeça" do sujeito, para usar uma analogia com o candomblé. Pensando o uso da camisinha na comunidade de homens que transam com homens entre os hispânicos nos EUA, Diaz considera que tanto "variáveis interpessoais" (p. ex., pressão do grupo de pares, ameaça de rejeição e coerção sexual) como "variáveis pessoais" (p. ex., a camisinha diminui o prazer, dá desconforto sexual ou impede o forte desejo por intimidade e contato) são barreiras relevantes que atrapalham o grupo que estudou: encontrou fortes intenções para fazer sexo seguro mas pouca ação de fato[20] nesse grupo que convive com alta prevalência de HIV.

A distância entre a intenção e a prática também era uma questão desde os primeiros projetos no Núcleo, somada à hipótese de que para mudarem o comportamento e se proteger da Aids os jovens tinham de ser informados de forma diferente (para além do amedrontramento) e que as informações de como *não* se pega Aids na relação sexual deviam ser as mais detalhadas possíveis. Também era pressuposto desse projeto que os jovens não se perceberiam em risco se o preconceito contra o "aidético" persistisse, e não usariam camisinha se algumas normas de gênero inerentes aos nossos *scripts* sexuais não fossem conscientizadas. Estávamos, portanto, atuando também no mesmo domínio que essas teorias, mas querendo bem mais e defendendo a idéia de que os jovens deveriam inventar novas soluções que não podiam ser apenas as receitadas ou "treinadas" por nós.

Acrescentamos que existe um nível de funcionamento subjetivo que não se treina, porque é um nível de organização, como diz Rafael Diaz, que o chama de *executive self*. O *executive self* necessita de "colaboração", não de treinamento, já que mesmo durante a primeira socialização da infância qualquer internalização é uma ativa co-construção, não um treinamento. Na nossa experiência, esse *executive self* tem uma tradução específica para cada domínio da vida, por isso o nomeamos no caso da sexualidade de *sujeito sexual*, definido esquematicamente no primeiro capítulo. Achamos também que essa função executiva pode se generalizar de um para vários domínios da vida cotidiana, e é mais provável que uma pessoa com um alto grau de iniciativa na vida profissional, por exemplo, possa traduzir

---

20. Diaz, R., 1996, p. 2.

esse nível de competência e funcionamento para a vida familiar ou sexual. Mas quantos são os exemplos de que essa generalização não é automática? Ser capaz de ser sujeito da vida profissional ou esportiva, transformar a intenção de atingir metas em uma tarefa do trabalho, não significa traduzir em ação os novos planos para a dieta ou resistir a um cigarro como se decidiu na festa do Ano-novo. Mais complicado é cumprir as decisões na vida sexual que dependem também do parceiro.

De qualquer maneira, esse é um nível e um padrão de funcionamento da consciência que não é inteiramente treinado como assume a maioria das teorias de "mudança de comportamento", é desenvolvido. Falamos não em "treinamento de comportamentos", mas em "coconstrução do sujeito sexual", e então não há treinador ou professor, mas colaborador. O contexto social (e a vulnerabilidade social) é o problema maior que escapa a esses modelos e é um dos elementos essenciais para gerar experiências bem ou malsucedidas. É mais complicado do que parece à primeira vista, mas são interessantes as soluções produzidas com o uso da *cena sexual*.

Menos discutido ainda na literatura sobre "mudança de comportamento" no campo da Aids foi o peso dos movimentos de solidariedade e defesa dos portadores do vírus que, na opinião de muitos, têm sido até hoje o instrumento mais poderoso de mudança de hábitos.[21] Modelos derivados do ARRM não garantiram a manutenção do compromisso a longo prazo com sexo seguro em todas as comunidades.[22] Por outro lado, o ativismo criou sujeitos e cidadania, apressando o demorado processo de mudança de cenários em que a vulnerabilidade aumentava. Foi o movimento social solidário que avançou sobre os limites estruturais e culturais, criando propostas de políticas de saúde e questionando ministros e permitindo que os esforços individuais fossem bem-sucedidos. Foi o ativismo que criou a legitimidade de propostas educativas para prevenção da Aids, conseguindo espaço para falar e distribuir a camisinha e para as oficinas de sexo seguro.

Como discutiremos nos últimos capítulos, modelos como o ARRM são limitados porque têm uma visão de mudança de comportamento que focaliza apenas o indivíduo, acham que as escolhas são racionais, ou que a intenção prévia é o determinante das práticas sexuais, além de serem muito comprometidos pela idéia de que todos esses estágios

---

21. Odets, W., 1995 e Van Gorder, D., 1994.
22. Stall, R. e Ekstrand, M., 1994.

podem ser treinados, ensinados, modelados por um modelo educacional de mesma base teórica. Embora nem todas essas críticas fossem claras de início para nós, incluímos no nosso programa educativo outros elementos que tentavam dar conta do que havíamos aprendido nas entrevistas: o peso do preconceito para que as pessoas se percebam vulneráveis e a necessidade de gerar um movimento solidário com os portadores, a impossibilidade de dissociar prevenção da Aids e decisões sobre a gravidez, a marca das normas para os gêneros, a existência de uma hierarquia de riscos em que a Aids vem depois da gravidez e da violência. Consultando também as pesquisas brasileiras disponíveis na época sobre comportamento sexual e uso de camisinha[23] acrescentamos muitas informações descritivas sobre outras amostras de jovens brasileiros às nossas primeiras observações do estudo piloto, mas sem chegar a nada muito diferente das idéias apresentadas, já que a maioria desses estudos é descritiva e sem muita referência a uma teoria que ajude a iluminar uma prática educativa.

Finalmente, considero que a base teórica do formato final da "oficina" e do questionário é resultado de várias fontes: experiências bem-sucedidas de prevenção americana, as noções de educação como prática de liberdade da tradição de Freire e as técnicas de trabalho que adaptamos do psicodrama e do movimento de direitos reprodutivos latino-americano discutidas no primeiro capítulo. Noções nem sempre fáceis de conciliar.

Parâmetros éticos

Além das referências teóricas, e de objetivos bem definidos, qualquer projeto que envolva pessoas precisa de um contrato e princípios éticos discutidos e aceitos pelos participantes. No Brasil e em vários países do mundo há leis que regem esses contratos.[24] O compromisso com a confidencialidade e participação voluntária, que qualquer equi-

---

23. Parker, R. "Sexo entre homens: consciência da Aids e comportamento sexual entre os homens homossexuais e bissexuais no Brasil", em Parker et al. (1994). BENFAM (1992). Elza Berquó e Marta Rovery de Souza (1991). Consultamos várias pesquisas publicadas pelo jornal, mas nossa referência nesse texto é o Relatório do DataFolha, julho de 1993, Gustavo Venturi, diretor (comunicação pessoal).

24. No Brasil, é regulamentada pela Resolução 196 de 10 de outubro de 1996, Conselho Nacional de Saúde regulamenta pesquisa envolvendo seres humanos (CNS 196/96).

pe coordenando um projeto sempre deve honrar, deve ser assumido por todos os participantes, especialmente se desenvolvemos atividades em grupo.

Qualquer aluno tinha o direito de sair da sala e do grupo, ou de se retirar quando quisesse. A base desse trabalho era o respeito à multiplicidade de escolhas possíveis para a vida sexual segundo o julgamento e os valores de cada pessoa, para que cada um pudesse ser sujeito de sua própria vida sexual e responsável pelas escolhas que faz. Achamos também, e alguns vão discordar, que uma abordagem pluralista é sempre mais saudável em qualquer ambiente, mesmo nos mais conservadores, porque estimula as escolhas mais conscientes e menos dogmáticas. O contrato feito com o grupo estimulava o respeito às diferenças de opinião entre os jovens, a confidencialidade do que cada um dissesse. Participar do projeto significava respeitar um princípio de nosso projeto: *desde que não se machuque ninguém, não se force a vontade de ninguém, não se use da violência, as pessoas têm o direito de escolher como viver a sua vida afetiva e sexual, e chegar a um consenso de como viver a dois.*

Os resultados foram surpreendentes, embora o contrato devesse ser relembrado sempre durante as oficinas, inclusive para os monitores de grupo que tinham, às vezes, dificuldade de controlar o ativismo em relação às suas próprias escolhas, mais conservadoras ou mais liberais. Acho que de todos os grupos de conscientização de que participei em mais de duas décadas, com temas tão variados como qualidade de vida, direitos humanos e da mulher, esta pareceu a experiência mais generalizável para outras esferas da vida, porque é sempre onde é mais difícil aceitar as diferenças. O compromisso deles com o sigilo foi memorável, a ponto de criar mal-estar nas escolas quando os outros alunos que não participavam do projeto não conseguiam saber nem o tema do trabalho. Os professores que conheciam os objetivos e o tema, não conseguiam dos alunos nem uma lista das atividades. Quando descobrimos o mal-estar, tivemos de desfazer a impressão de que, como disse um professor "[...] algo muito estranho se passava dentro da sala de aula quando aquele povo da USP estava aqui, que eles não podem nem falar sobre isso".

Como os participantes foram mais realistas que o rei, nas escolas ou etapas seguintes tivemos o cuidado de esclarecer o que era sigiloso e o que não era, falamos genericamente do projeto em todas as salas de aula, comentando com o restante da escola essa regra.

Fazia parte do nosso compromisso ético atender individualmente qualquer aluno que precisasse de apoio, ou encaminhá-lo para outros serviços de aconselhamento psicológico ou médico. Os temas desses encontros individuais foram experiências difíceis, histórias de violência e estupro, relação complicada com pais, abortos ou angústias por conta de vivências sexuais "diferentes". Fomos convidados a treinar profissionais da rede básica de saúde na região para onde os jovens pudessem ser encaminhados, ou tomamos iniciativa nesse sentido, ao mesmo tempo que a equipe esteve disponível para sessões de aconselhamento na escola onde as oficinas se desenvolveram. A demanda quase não apareceu nas escolas onde fizemos uma intervenção mais curta e onde o contato com a comunidade da escola não se aprofundou. Isso indica que as comunidades precisam de mais tempo para se sentir à vontade e para procurar apoio e aconselhamento, o que fala a favor de projetos de orientação sexual integrados na grade escolar e durante o ano todo.

Treinamentos de professores e da equipe

Durante o projeto organizamos várias reuniões nas escolas onde desenvolvemos as oficinas com professores e coordenadores, conversando sobre os dados que íamos levantando, fazendo a nossa avaliação do projeto em andamento e escutando a deles, respondendo a perguntas, organizando aulas especiais e treinamentos. Além de relatar o trabalho e responder a perguntas, os professores eram estimulados a, segundo sua disposição e conforto, trazer os temas para a sala de aula. Mesmo num tempo em que Aids ainda era tabu nas escolas, alguns encontros de trabalho comum com os professores realizaram-se em horários do fim de semana ou fora do horário de aula. A maior parte das reuniões se realizava antes do início do período, em horário e reuniões regulares na sala dos professores ou enquanto os jovens monitores e auxiliares de pesquisa desenvolviam atividades com os alunos nas salas de aula. Todos os professores tiveram a oportunidade de participar de pelo menos uma Oficina de Sexo Seguro e Aids (curta), no mesmo modelo desenvolvido com os alunos, de assistir vídeos, ler folhetos de informação mais sofisticada sobre a epidemia da Aids, ouvir respostas para suas perguntas. Essa colaboração com os professores contribuiu de forma definitiva para o sucesso do projeto.

Paralelamente, a equipe de universitários dispostos a experimentar e inovar ia se ampliando no Instituto de Psicologia da USP. Decidimos contar com um número igual de homens e mulheres, além de buscar compor a equipe com diversos níveis de experiência e preferência sexual.

Para selecionar a equipe, entrevistei alunos de graduação com um roteiro que cobria os fatos marcantes da sua história de vida, sua vida sexual e afetiva, a visão sobre sexo, Aids e drogas. Cada aluno transcreveu sua entrevista e essa experiência serviu para escolhermos as pessoas que fariam parte do núcleo da equipe, deixando claro que os assuntos abordados nas entrevistas eram os que enfrentaríamos durante o projeto, e que eles deveriam se sentir à vontade com tais temas e com rever sua própria história, para saber escutar as histórias dos jovens com quem iam trabalhar.

A primeira lição do treinamento foi entender que falar da sexualidade e da Aids mobiliza muito, que é difícil escutar e refletir sobre nossa própria história e temos de estar atentos para acolher ou indicar aconselhamento. Uma atenta supervisão em grupo é essencial para quem começa no campo da Aids – mobilizadora de tantos tabus. Com essa descoberta inaugurávamos o tom do projeto: passamos a testar na equipe todos os instrumentos ou propostas que levaríamos para os jovens nas escolas, e isso não foi um detalhe. Trabalhávamos em fronteiras ainda não navegadas, precisávamos ter o máximo de certeza do que íamos propor, para causar o mínimo de dano ou controvérsia se estivéssemos errados. Longas reuniões semanais e, mais tarde, as supervisões com profissionais externos ao projeto marcaram a reelaboração de cada passo, de cada mudança nas propostas. Num campo ainda pouco explorado, fazíamos também *role-playing* das propostas nos colocando no lugar dos jovens da escola, avaliando como cada encontro com os grupos que completávamos nos instruía, e também nos afetava, nos transformava e nos emocionava. Esse trabalho de grupo foi fonte de muitos *insights* que também se traduzem em hipóteses e conclusões neste livro.

Portanto, a relação *nós* e *eles* tentava ser diferente da visão "marketeira" dos primeiros anos da Aids, fugindo de ilusões do tipo "nós trazemos nossos produtos sedutores ou ameaçadores e pré-embala-dos e vocês saem fazendo tudo direito". Essa nova postura foi essencial para conquistarmos legitimidade, cumplicidade e confiança das pessoas e comunidades com quem trabalhamos. Tentamos sempre respeitar o ritmo de cada escola, na medida do possível atender às demandas (que sempre ultrapassavam nosso orçamento e objetivos) e incorporar as sugestões feitas pelos professores. Por exemplo, adiamos a nossa intenção original de trabalhar com a comunidade do bairro, ajudando os alunos da escola a se constituírem em lideranças multiplicadoras também fora da escola, já que professores e coordenadores não se sentiam à vontade com essa proposta. Essa maleabi-lidade do projeto só foi possível porque pudemos não usar uma proposta rígida que sai do papel e da cabeça "para o campo". Segundo relato de alguns diretores de escola, foi uma experiência diferente das anteriores em que haviam-se sentido "ratos de laboratório" ou objetos de manipulação política. Não escapamos de cometer algumas insensibilidades... mas nossa tentativa era sermos cúmplices e colaboradores.

Uma das maiores dificuldades do grupo de monitores foi sua inexperiência com abordagens menos "bancárias" e receitadas que se somava à dificuldade dos alunos das escolas noturnas de se verem como sujeitos ou participarem de um formato mais interativo e democrático. Foi um dos fatores que estimularam a ambigüidade do projeto e, como tende a acontecer com todas as equipes que começam esse tipo de trabalho, ficamos num movimento pendular entre uma prática colaborativa e outra prescritiva. Nos próximos capítulos vamos dar exemplos concretos dessa ambigüidade, descrevendo trechos inteiros da oficina, tal como foram anotados pelo relator ou pelo auxiliar, tal como foram transcritos nos encontros gravados, ou como registrei no meu "diário de campo" a partir das supervisões. De todo modo queríamos ser treinados pelas pessoas que já trabalhavam nas escolas, ao mesmo tempo desenvolvendo nessa interação uma visão crítica de quem está de fora, devolvendo nosso maior "conforto" para lidar com temas como sexo, drogas e Aids. Compartilhar o que aprendíamos ajudou-nos a estabelecer uma colaboração produtiva, e só depois de estabelecida a cumplicidade com a comunidade de profissionais da escola é que começamos nosso trabalho educativo com os alunos.

Vários treinamentos para a equipe de monitores foram aprofundados. Além das técnicas e roteiros usados nas oficinas, aprofundamos leituras e treinamentos sobre doenças sexualmente transmissíveis, sobre vários aspectos da epidemia da Aids, sobre sexualidade e gênero, sobre abordagens para orientação sexual.[25] Segundo a sua própria ava-

---

25. O treinamento sobre DSTs (doenças sexualmente transmissíveis) foi feito na Secretaria Estadual da Saúde, o treinamento sobre Orientação Sexual, voluntariamente por Yara Sayão, a quem agradecemos. O treinamento no modelo do CRT-Aids por Camila Perez, que depois entrou no grupo como monitora do projeto. Oficinas de sexo seguro foram coordenadas por Veriano Terto Jr. e Alma Aldana, que têm artigos sobre o tema em Paiva e Alonso (1992). Sobre o corpo reprodutivo e erótico contamos com Regina Barbosa, do NISM – Instituto de Saúde.

liação, conhecer jovens portadores do HIV foi o evento mais marcante na sensibilização da equipe sobre o impacto da Aids no Brasil e na sua própria vida, mais que qualquer treinamento formal. A experiência de conhecer um portador para alguém que já se dispôs a encarar o assunto quase sempre significa dar uma face e humanizar a epidemia.

Nós e eles, algumas lições inesquecíveis

Enquanto analisávamos as entrevistas e as primeiras oficinas piloto, o sentimento que construía antes um abismo de diferença entre "nós", classe média universitária, e "eles", jovens estudando em escolas primárias noturnas, já não era o mesmo. Com empatia percebíamos muito mais as semelhanças do que as diferenças. O primeiro eixo de identidade era o imaginário compartilhado sobre a Aids, e as emoções e atitudes que apareciam quando falávamos sobre Aids. A negação, os medos, os preconceitos, as dificuldades com os "personagens da Aids" (o homossexual, o drogadito, o "aidético"), as dificuldades com as novidades a serem enfrentadas depois que se decidia pelo "sexo seguro" (de comunicação, camisinha, teste HIV etc.) eram dinamicamente parecidas.

O segundo eixo de identidade, mais visível nas dificuldades para "mudar o comportamento", era o fato de compartilharmos da mesma gramática básica nas vivências sobre o sexo, concordando com Richard Parker que existe algo de comum nas vivências sexuais dos brasileiros. Enquanto ficávamos no discurso sobre o que fazíamos ou deixávamos de fazer, ou no debate de opiniões sobre sexo, parecia haver diferença, e nós, universitários, éramos mais igualitários nas relações homem-mulher, mais bem informados, mais confortáveis para conversar sobre sexo. Na hora de se prevenir da Aids, conversar sobre sexo e incorporar as práticas mais seguras, especialmente nos contextos imprevistos, as vivências de negação do risco pelo amor e a paixão, pelo fogo do desejo que nubla a consciência eram parecidos, assim como os efeitos do álcool. Percebíamos, também, as diferenças de discurso nesse universo compartilhado e a existência de subculturas sexuais tanto entre nós, grupo universitário, como entre eles, grupo de educandos-pesquisados.

As diferenças entre nós, entretanto, não desapareceram. Permaneceram na diferença de acesso a serviços, no fato de nosso mundo ter mais "diversão", de sermos mais protegidos da violência urbana, econômica e policial. Sentimo-nos mais cidadãos, reivindicamos ou pagamos profissionais que dão conta das dificuldades que enfrentamos no campo da saúde e dos direitos reprodutivos, temos acesso a um elenco de serviços como os da área PSI que nós apóia. No caso de jovens, os pais de classe média alta terão dinheiro para "resgatar" seus filhos de uma gravidez indesejada, do vício das drogas, mudá-los de colégio, consultar especialistas para "corrigir" práticas indesejadas ou melhorar a auto-estima. Muitos jovens dessa classe média procurarão sozinhos a ajuda para elaborar insatisfações com os seus caminhos, ou lidar com confusões e dúvidas existenciais. Mais que tudo, quando pensamos em sexo e em prevenção da Aids, temos um pouco mais de apoio do discurso igualitário para sermos mutantes na nossa tradição cultural patriarcal e na estrutura social ainda androcentricamente organizada. Há mais apoio e direitos sociais para "individuar", para ser sujeito e cidadão.

Essas diferenças e semelhanças construíram a mágica da experiência. Perdi a conta de quantas pessoas se inspiraram nesse programa e nos devolveram comentários. Sei que mais de cem pessoas participaram como monitores e pesquisadores, consultores, monitores de eventos e multiplicadores nos anos desse primeiro projeto. Além desta autora, nenhum deles trabalhara com Aids antes de seus subprodutos começarem a acontecer, e, para nossa alegria, a grande maioria trabalha nesse campo até hoje. No final do segundo e terceiro anos eu tive dificuldades de lidar com todas as variáveis mobilizadas pelo projeto, e as supervisões clínicas das oficinas ajudaram bastante a entender a partir da gramática comum que nos confundia, a semelhança e a diferença entre nós e eles, entre os próximos passos do projeto e a variedade de novas propostas que foram nascendo dele.

Os *insights* desse texto são fruto dessa interação e desse partilhar de semelhanças e diferenças que pesquisadores e pesquisados, educadores e educandos, supervisores e supervisionandos puderam criar. A responsabilidade de compilá-los, articulá-los num modelo e defendê-lo é minha.

3
Oficinas de sexo seguro, reprodução e Aids

Nos anos do projeto mantivemos um mesmo roteiro orientador que fomos aprimorando depois de identificar suas virtudes e seus defeitos, na relação com cada grupo de jovens. Chamamos esse roteiro que descreveremos a seguir de "Oficina de Sexo Seguro, Reprodução e Aids", para ser desenvolvido em cinco sessões, que muitas vezes se estendiam para seis com duração de cerca de três horas cada uma. Para não transformar a proposta no modelo prescritivo criticado no primeiro capítulo, esses exercícios não devem ser obrigatórios, mas deve-se manter objetivos claros para permitir a avaliação.

Nosso objetivo geral com as oficinas era estimular o *sujeito sexual* que permite ao indivíduo viver positivamente seus valores e opções, se defender do abuso e do sexo indesejado, que escolhe se e quando ter filhos, e se protege de doenças. Cada credo e opção sexual deveria encontrar no grupo todas as informações necessárias e um leque diversificado de opções para se proteger do vírus da Aids. Partíamos do pressuposto de que qualquer grupo de jovens numa escola poderia estar incluindo pessoas com diferentes preferências sexuais – mais recatadas, mais liberadas, virgens ou celibatários, com opções hetero ou homoeróticas.

1º encontro: a Aids tem a ver comigo?

1 – Apresentação (20-30 minutos)

Os coordenadores recebiam os participantes, descreviam os objetivos gerais e o formato da oficina e todos discutíamos as regras de respeito à diferença, sigilo e confiança – o contrato que era o *objetivo* mais específico desse primeiro momento. Os participantes eram encorajados a participar livremente, desde que respeitando as decisões do grupo. Deixávamos espaço para que todas as perguntas para entender a proposta fossem respondidas. As regras deviam ser aceitas por todos, reinventadas por eles se necessário e o trabalho evoluiu melhor quando as regras propostas foram escritas no quadro-negro ou em um cartaz. Por exemplo:

1) Respeitar todos que falam, ouvir com atenção, dar sua opinião.
2) Todas as opiniões são válidas para a discussão, não devem ser ridicularizadas.
3) Todo mundo tem direito de perguntar, *qualquer* pergunta é bem-vinda.
4) Todo mundo é livre para participar ou não de cada atividade, ninguém é obrigado a falar, a participar de todas as atividades, desde que não atrapalhe o andamento do grupo. O coordenador vai estimular a participação, mas não há "obrigação".
5) Os coordenadores e os participantes podem decidir não fazer ou responder a uma pergunta na frente do grupo todo. Pode-se propor outra hora, ou uma conversa individual.
6) O grupo deve encontrar seus próprios limites para a linguagem, todo mundo deve se sentir bem com os termos usados.
7) Muitos assuntos são íntimos, e é normal ficar sem graça, vermelho, ou não saber as respostas para todas as questões.
8) Para todo mundo se sentir à vontade para falar, o sigilo sobre detalhes do que é compartilhado no grupo deve ser mantido. Isso não quer dizer que não se pode "contar nada" do que acontece. Podemos comentar com outros colegas sobre os temas, conversar com os pais e professores. Mas nunca se deve "dar nomes aos bois": Maria falou isso, José faz aquilo. O que se fala sobre a vida privada deve ser mantido no grupo, é confidencial.
9) Todas as regras servem para coordenadores e participantes.

Depois de discutir ou modificar as regras, pedíamos para cada um dizer se queria participar do grupo, por que, e se aceitava o compromisso estabelecido. Sempre sentávamos em círculo aproveitando para quebrar o modelo de "aula" a que estavam acostumados. Vários modelos de apresentação dos participantes foram usados:

- sentar em círculo e se apresentar, dizendo por que e se aceita participar do grupo;
- sentar em duplas e conversar sobre a motivação para estarem ali, depois apresentarem-se uns aos outros de modo que cada membro seja apresentado ao grupo todo pelo seu par;
- brincadeiras como jogar uma bola de papel de um para o outro, como estímulo para aquele que recebe a bola começar a falar e se apresentar.

2 – *Questionário, inventário de dúvidas sobre Aids (40-60 minutos).*

Assim que estabelecíamos um acordo sobre o funcionamento do grupo, laços de confiança e respeito e um ambiente criativo e produtivo, iniciávamos com um exercício cujo *objetivo* era a sensibilização individual. Depois do "contrato", os participantes se espalhavam pela sala de forma a garantir a privacidade.

Nas oficinas que eram parte da pesquisa, responder ao questionário[1] foi o exercício de reflexão individual utilizado. Realizavam assim um inventário bem completo das suas crenças, posturas, práticas de risco, atitudes com relação às pessoas vivendo com o HIV, rever suas dúvidas e certezas sobre Aids. "A gente fica sabendo mais coisa depois que responde" como disse uma garota, é um momento para "parar para pensar, e aprender", comentaram vários participantes na avaliação. Um questionário estimula a reflexão sobre eles mesmos com um roteiro produzido por nós.

Em oficinas mais curtas, em treinamentos de jovens multiplicadores ou com jovens que não passaram da 4ª série do primeiro grau para quem preencher as respostas num questionário é muito difícil ou toma muito tempo, escolhemos sempre um exercício que ajude as pessoas a se concentrarem nas suas práticas ou dúvidas sobre Aids. Por exemplo:

- Liste numa folha todas as dúvidas que você tem sobre Aids. Circule suas dúvidas por outros (grupos ou pessoas).
- Liste as várias situações em que você pode estar exposto ao vírus da Aids. Alguma delas já aconteceu com você?

---

1. Paiva, V., 1996b.

- Onde você estava e o que estava fazendo na última vez que você poderia ter-se infectado com o vírus HIV?

Depois desse tipo de esquentamento fica mais claro quais os assuntos que esse tipo de oficina abordará, ao mesmo tempo aumenta a ansiedade dos participantes em obter imediatamente algum esclarecimento sobre as dúvidas que o exercício torna conscientes. Não é bom ignorar essa ansiedade.

3 – Dúvidas mais emergentes e vídeo (60 a 90 minutos)

A fórmula mais produtiva para lidar com a ansiedade, que nunca cabia inteiramente no tempo que sobrava, foi responder oralmente a algumas dúvidas, lembrar que outras ficariam para a continuidade das oficinas e encerrar passando um videoteipe. Materiais prontos com começo meio e fim, que oferecem um pacote de informações de como se contrai e como não se contrai Aids, com exemplos visuais fortes e instrutivos e que não perdem muito tempo com informações "científicas" incompreensíveis são os melhores para esse momento. De preferência contemplando todos os contextos possíveis pertinentes àquele grupo (no caso, de jovens) e que trate os participantes como seres pensantes, de igual para igual.

Durante o projeto experimentamos vários vídeos, mas o preferido dos jovens foi "Amor, Viva a Vida",[2] que dura 25 minutos e discute o preconceito, mostra alguns artistas de TV ensinando como usar a camisinha masculina e limpar seringas, e entrevistas com portadores do HIV (adultos, jovens, homens e mulheres). É especial, segundo a avaliação dos jovens, porque podem ver gente como eles (negros e brancos), ou pais de família cujos filhos se parecem com eles contando como se infectaram. Não é um vídeo "baixo astral" e fala de coisas sérias numa linguagem "MTV". Depois que viam o vídeo podiam ir para casa menos ansiosos. Hoje existe muito material de boa qualidade.[3]

---

2. Produzido pela Associação Brasileira Interdisciplinar de Aids (ABIA).
3. A Biblioteca do Instituto de Psicologia da USP tem uma coleção de materiais e vídeos.

2º encontro: avaliando a vulnerabilidade e o simbolismo da Aids

1 – Retomando (15-30 minutos)

Retomávamos o grupo, perguntando "E aí? Quais são as novidades?", ou pedindo comentários sobre as atividades do primeiro encontro. Quando essa conversa se esgotava, em geral depois de responder a mais algumas dúvidas, introduzíamos a proposta do dia.

2 – Dinâmica sobre simbolismo da Aids (30 minutos):

Com o *objetivo* de estimular os participantes a associarem livremente idéias relacionadas à Aids, falar do medo, do preconceito e pensar na sua vulnerabilidade, utilizamos uma técnica de "aquecimento" adaptada do psicodrama. Por exemplo:

Coordenador fala – "Todos em pé! Vamos levantar e andar, livremente, em círculo pela sala. Agora vamos sair do círculo e ocupar todos os espaços da sala."

Neste momento os jovens que não estavam acostumados a tais exercícios riam muito, não sabiam bem como fazer, andavam em fila num círculo. Mas aos poucos era possível fazê-los entrar no clima. Acrescentávamos propostas mais ativas como:

Coord. – Agora vamos correr, sem trombar com os outros! Agora mais devagar!... Mais devagar, em câmara lenta... mais rápido, mais rápido... devagar, devagar... em câmara lenta...

Quase todos entravam na atividade, sem pressionar os que decidiam ficar de lado ou ficavam pouco à vontade. O exercício continuava:

Coord. – Agora vamos andar normalmente, devagar, respirar fundo... e pensar, sem falar, respirar fundo, cada um consigo mesmo... quando penso em Aids, qual a primeira coisa que me vem a cabeça, sem falar, só pensar. (Oito segundos de silêncio para dar tempo de eles pensarem...) Quando penso em Aids o que me vem a cabeça? (Mais oito segundos de silêncio.) Vamos parar, retomar o círculo. Pode falar, um de cada vez... O que te veio à cabeça?

Um auxiliar do coordenador anotava as palavras e frases associadas em um papel grande pregado na parede ou no quadro-negro. Comentávamos então o que foi associado à Aids, começando a decodificar o que eles produziram. Pedíamos então para escolherem uma cena, experiência ou palavra além da sua. A mais votada era discutida, começando com os comentários da pessoa que a produziu, desde que ela/ele aceitasse compartilhar sua cena ou imagem e falar de seus sentimentos. Se não quisesse, outros voluntários que também votaram nesse tema eram convidados a falar sobre seus sentimentos e associações que o grupo debatia.

Emergiam apenas associações com medo, solidão, preconceito, morte, sofrimento etc. como veremos em mais detalhe no próximo capítulo. No início desse projeto a camisinha e a prevenção não apareciam, *nunca*! Sem comentar esse fato e depois de discutirmos um pouco, pedíamos para eles se levantarem.

(Coordenador/a, dividindo o grupo em dois) – "Vocês desse lado da sala agora vão ser o HIV falando com eles ali, do outro lado, que vão ser vocês mesmos." (Os dois grupos estão de frente um para o outro.) "Vocês deverão conversar com eles, representando o HIV, e vocês respondam o que quiserem, reagindo ao grupo que representará o vírus, e vice-versa."

Em geral, o "grupo do vírus" virava meio monstro, fazendo a cara que imaginavam que a Aids tem (assustadora, assassina). Em alguns grupos, sugeríamos isso mesmo, fazer a "cara da Aids". Faziam cara de mau: "Eu vou te pegar" (frase da campanha da era Collor), "Ha! Ha! vou entrar em você e vou te matar!". O "grupo das pessoas" em geral ficava meio sem ação diante do "vírus". Nos anos iniciais do projeto, demorava muito para aparecer alguém com uma resposta ao vírus como: "Não vai não! Vou usar camisinha sempre". Depois que as campanhas começaram a mudar e a mídia começou a falar abertamente em camisinha, a reação tornou-se mais rápida e a impotência, menor.

Comentávamos depois o tempo de reação ou quantos deles ficaram impotentes de cara com o vírus ou com a Aids, ou sobre o que tinham sentido com a experiência. Decodificávamos a Aids que eles tinham em mente, lembrando que era também produto da construção coletiva e discutíamos as campanhas de prevenção da época que diziam: "Cuidado, a Aids vai te pegar". Discutíamos o medo como recurso educativo (funciona com vocês?) e o quanto esse medo esteve presente nas vezes em que eles preferiam nem ver que a Aids existia no cotidiano deles, ou deixaram de se informar. Quando o tema estava quente, eles começavam espontaneamente a avaliar sua vulnerabilidade: "Eu posso pegar Aids", "Mas comigo não acontece!", "As pessoas que pegam são...". Introduzíamos então o último exercício do dia: o "Labirinto".

3 – Labirinto (60 minutos):

Essa técnica foi produzida para ser usada em trabalhos com mulheres da periferia de São Paulo. O *objetivo* do exercício era desconstruir a idéia de "grupo de risco" e da Aids como problema do outro. Segundo suas autoras:[4] "Fixar os conhecimentos sobre as formas de transmissão e práticas de risco, facilitar a percepção da complexidade das atuais cadeias de transmissão, propiciar um espaço para a discussão e reflexão de situações do universo dos participantes, levantar elementos para a discussão de possíveis preconceitos em relação a grupo específicos, como homossexuais e prostitutas".

Dividíamos os participantes em subgrupos com uma cópia dessa figura chamada "Labirinto" para criar uma história a partir dela. A única instrução era a obrigação de incluir no roteiro uma pessoa contaminada com o HIV. Na figura, como o leitor pode observar, há lugares da cidade como bares, hospitais, motéis e alguns personagens-caricatura. Quando acabavam, mais ou menos meia hora depois, cada grupo relatava a sua história, discutíamos se era verossímil e por que (exemplos nas pp. 92-3). Corrigíamos todas as informações erradas que apareciam no roteiro, os mitos e preconceitos, introduzindo novamente mais algumas informações sobre Aids.

Além desse exercício ou em lugar dele, hoje eu usaria o vídeo "Vulnerabilidades",[5] em que se estimula uma visão mais sofisticada da vulnerabilidade individual, social e programática.[6] A construção das histórias pode ser feita a partir do vídeo, sem reforçar nenhuma caricatura, sem estimular estereótipos e fornecendo uma visão mais sofisticada.

---

4. Núcleo de Investigação de Saúde da Mulher do Instituto de Saúde/Casa da Mulher do Grajaú (1992).
5. Ayres, J. R., 1997. Disponível no Nepaids.
6. Ver comentário sobre esse vídeo em Paiva, V., 1998a.

Labirinto

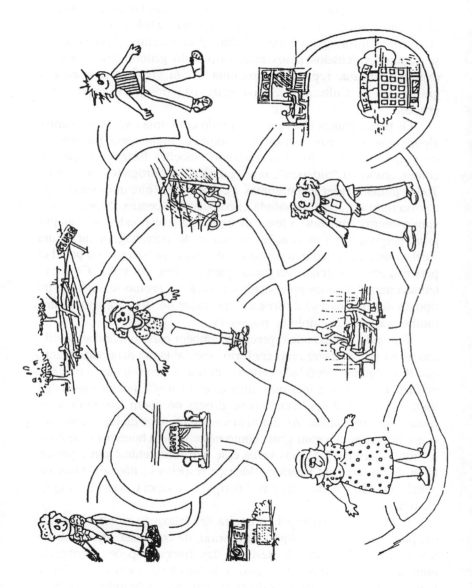

4 – Personagens da Aids e Roda Viva *(45 a 90 minutos)*

Aos poucos, ficou claro que deveríamos aprofundar essa discussão em alguns grupos, com o *objetivo* de confrontar alguns estereótipos que apareciam nas histórias e que não ajudavam a construir ativamente informação e desconstruir preconceitos. Alguns jovens se sentiam rejeitados pelos estereótipos do grupo. Usávamos um exercício em que reproduzíamos uma *"Roda Viva"* (alusão ao programa da TV Cultura-SP), uma entrevista dos *personagens* pelo grupo.

Os participantes ficavam em círculo com uma cadeira no centro, algum objeto representava sobre a cadeira o personagem que emergiu no grupo com mais força provocando emoções fortes, rejeição, incompreensão (o "aidético", o/a "galinha", o "drogado", a "puta"). Todos podiam fazer as perguntas e comentários que quisessem, para a coisa (garrafa, livro, almofada...) colocada no centro. Depois ocupavam o centro, tomando o lugar da coisa, para responder às suas próprias perguntas e provocações no lugar do personagem-caricatura. Acabavam respondendo a perguntas de outras pessoas, e, no papel do personagem, devolviam perguntas para o grupo em volta. Com essa técnica trabalhávamos preconceitos contra "o" (como se existisse um tipo só de) homossexual, drogado, portador do HIV, homem sacana, mulher galinha (exemplo na pp. 96-7).

Tem sido um exercício precioso também para humanizar as diferenças no grupo, trazer mais conforto especialmente para participantes que têm alguma identidade com as "minorias promíscuas" colocadas no meio da roda: meninas mais liberais e "rueiras", meninos mais "galinhas", consumidores eventuais de drogas ou quem tem práticas ou fantasias homoeróticas. Ao dar vida a estereótipos e dialogar com eles, esses personagens viram gente como nós e podem humanizar-se como o "outro-diferente". Muitas vezes esse outro-diferente é um representante de um conflito interior: "Mereço respeito se não sou mais virgem?", ou "Sou ainda respeitável porque eu chupei o do meu amigo, e ele o meu?".

É um exercício que pela primeira vez falava de escolhas, ou falta de, para ser sujeito ou objeto do destino, de como ser sujeito ou objeto da regra do grupo, do desejo e das diversas opções identitárias num ambiente cosmopolita como o de São Paulo. Uma experiência inédita para algumas pessoas do grupo cuja noção de indivíduo, direito individual ou de sujeito psicológico era difusa.

3º encontro: os gêneros do corpo sensual e reprodutivo

1 – Retomada (no mesmo espírito do segundo encontro) (15 a 30 minutos)

2 – A "massa" (2 horas)

Essa foi uma técnica educativa originalmente desenvolvida pela organização não-governamental SOS Corpo e adaptada para esse grupo e oficina.[7] Dividida em várias sessões pode ser usada em aula por professores, especialmente os de arte ou de ciências, desde que se separe inicialmente garotos e garotas com menos de vin-te anos (fica impossível em grupos mistos).

O *objetivo* dessa proposta era trabalhar com os participantes construindo com o grupo um inventário das informações que acumulamos no cotidiano sobre o corpo sexual e reprodutivo. Não era apenas uma aula sobre anatomia ou fisiologia do sexo, mas estimulávamos a conscientização da dimensão erótica e reprodutiva de partes do corpo feminino e masculino (orifícios, membros, órgãos e líquidos do corpo) que têm sentidos variados nas subculturas sexuais brasileiras. Também um exercício de decodificação do uso da informação transmitida pela mídia, família, professores e no "boca-a-boca".

Começávamos com uma atividade "melequenta", uma das palavras que eles escolhiam para qualificar fluidos classificados como sexuais, reprodutivos ou patológicos ("o escorrimento") e significativamente a camisinha lubrificada. Colocávamos no meio do círculo uma bacia (latão, tigela de cozinha, balde), dois sacos de farinha de trigo, um de sal e uma garrafa cheia d'água (uma garrafa plástica de refrigerante de dois litros reciclada cumpre essa função). Voluntários misturavam o sal e a farinha e acrescentavam água, até a massa dar liga, ficar macia e consistente o suficiente para a modelagem. Eles ficavam bastante animados com a tarefa que ajuda a diminuir a excitação e a aumentar a concentração. Depois que ficava pronta, dividíamos bolas de massa entre os participantes e pedíamos para que buscassem um lugar na sala:

---

7. Técnica desenvolvida pelo SOS Corpo/Recife na década de 1980, em trabalhos de conscientização corporal e cidadania junto a comunidades.

Coord. – Agora vamos todos – inclusive os coordenadores – fazer com essa massa uma peça, um órgão sensual ou reprodutivo, do homem ou da mulher, interno ou externo, grande ou pequeno... O valor artístico do modelo não importa, nem se está certo ou errado. Trabalhem sobre essa folha de jornal...

Eles riam muito, falavam muita besteira, demoravam um tempo para se concentrar na tarefa, espiando o modelo dos outros e comentando. Quando alguns começavam a fazer, todos acabavam produzindo: seios, pênis, peles, ovários, vulvas, corpos inteiros, línguas, vaginas, ânus, bundas etc. Em geral o auxiliar também modelava, fazendo sempre os órgãos reprodutivos internos masculinos ou a vulva que quase nunca apareciam espontaneamente. Os modelos prontos eram colocados no meio da sala, em exposição. Os comentários eram livres por um tempo e depois pedíamos para cada um explicar o que havia feito.

Confundiam a vulva e a vagina, menos conhecidas que o pênis, tinham pouco conhecimento do corpo reprodutivo feminino e desconhecimento absoluto do corpo reprodutivo masculino, com diferenças notáveis entre os grupos de homens e o de mulheres (ver pp. 112-4). Procurávamos então decodificar o corpo sensual e reprodutivo.

As perguntas dos coordenadores eram: O que o grupo sabe e não sabe? O que significa saber e não saber cada coisa? Sobre o que ninguém costuma falar? O que costuma ser segredo só para homens ou só para mulheres? O que é erótico, o que é reprodutivo, o que é erótico-reprodutivo?

É importante sempre deixar o grupo contribuir com o que sabe ("quem pode responder a essa pergunta?") antes de corrigir se for necessário. Trazíamos também para esse encontro pranchas ou modelos tridimensionais do corpo reprodutivo em acrílico[8] que, junto com os modelos produzidos por eles, usávamos para corrigir informações anatômicas, explicar a reprodução e o funcionamento do corpo sexual e reprodutivo. Sintomaticamente só é fácil de encontrar no mercado o modelo tridimensional do corpo reprodutivo feminino...

---

8. Esses modelos e outros materiais para educação sexual são encontráveis na Semina, em São Paulo.

Um exemplar de cada método contraceptivo circulava pelo grupo: DIU, diafragma, pílula, camisinhas – hoje dever-se-ia incluir a camisinha feminina, à venda no Brasil. Concepção, período fértil, menstruação, ciclo feminino, diferenças entre corrimento normal e o corrimento que devia ser examinado pelo médico (exame que as garotas odeiam), a ejaculação masculina e feminina eram temas de conversa espontânea. A importância de cuidar da saúde reprodutiva, de fazer pré-natal, de visitar o médico para fazer Papanicolau ou confirmar diagnósticos, no caso dos garotos muitas vezes feitos pelo farmacêutico, não deve ser esquecida nesse trecho da oficina. As doenças sexualmente transmissíveis são co-fatores, que aumentam muito a vulnerabilidade ao HIV.

Durante a conversa, corrigíamos informações sobre anatomia, discutíamos a qualidade reprodutiva e/ou sensual do corpo, chamando a atenção para como ser homem ou mulher implicava um tipo e estilo de conhecimento sobre sexo e reprodução. O caráter cultural (e não natural) da sexualidade e dos gêneros tornava-se mais consciente, ao mesmo tempo que a diversidade de experiências, opiniões, gostos e prazeres iam sendo comentados enquanto apareciam. Entrávamos na discussão, às vezes acaloradas, pedindo que suspendessem sua posição pessoal para observar a diversidade e notar que opiniões e gostos não violentam ninguém se não há imposição da vontade ou violência, se incluir a comunicação e o consenso. Era muitas vezes um difícil exercício democrático. A delicadeza e ao mesmo tempo a franqueza são essenciais e pouquíssimas pessoas ficavam incomodadas a ponto de se retirar. Os mais puritanos, cristãos ou não, posições minoritárias (como o menino que tem desejos homoeróticos) ou menos falantes nesses grupos foram estimulados, nunca obrigados, a se manifestar. Tendiam a ficar mais silenciosos.

Finalmente, trazíamos nesse contexto as informações sobre como o HIV se transmite, usando a linguagem, os nomes e os valores que eram utilizados por eles.

3 – Os fluidos do corpo e o vírus HIV (30 minutos)

Usávamos os modelos do corpo produzidos por eles com o *objetivo* de localizar onde está o vírus da Aids e explicar as formas de transmissão. Era mais fácil para os que tinham baixo nível de escolaridade, embora seja uma técnica adequada a todos os níveis educacionais e idades, sempre melhor que usar o quadro-negro e modelos bidimensionais.

Coord. – Onde estaria o vírus se aquele pênis, vulva, ânus, seio, boca, mão fossem de um portador do HIV? Como e por onde ele sai da pessoa, como ele entra no parceiro sexual? E no bebê a partir da mãe que tem o HIV?

Sintetizamos essa discussão, fazendo uma lista dos fluidos corporais, e discutimos os que têm maior ou menor concentração do vírus. Montamos um quadro:

Se a pessoa estiver com o HIV...

TRANSMITE	NÃO TRANSMITE
Muco cervical	Lágrima
Sangue	Xixi
Sangue menstrual	Cocô (mole)
Esperma	Remela
Lubrificação masculina	Pus
Lubrificação feminina	Suor
Ejaculação feminina	Espirro
Leite materno	Saliva

Depois conversávamos sobre os efeitos do vírus no organismo, de novo sobre a diferença entre ser HIV positivo e ter Aids. O que acontece com quem tem Aids. Principalmente como *não* se pega ou se transmite Aids.

Não pego HIV
- sendo amigo de um portador do HIV
- vivendo na mesma casa
- abraçando...
- usando a mesma cama
- beijando...
- cuidando... fazendo carinho...
- conversando...
- comendo junto...
- usando a mesma privada
- usando os mesmos talheres
- usando o mesmo copo
- transando com camisinha com alguém que é positivo ou não sabe
- usando o mesmo batom
- por picada de bicho
- trabalhando no mesmo lugar
- doando sangue
- dando a mão

Posso pegar o HIV
- compartilhando seringa
- recebendo sangue com HIV+
- recebendo derivados de sangue HIV+
- fazendo sexo oral sem camisinha
- fazendo sexo vaginal sem camisinha
- fazendo sexo anal sem camisinha

Da mãe para o bebê
As chances de transmitir o vírus HIV são menores que 10%:
- se a grávida portadora tiver feito pré-natal e fizer o teste do HIV e descobrir que é portadora;
- se a futura mãe usar adequadamente um esquema de drogas anti-HIV, disponível gratuitamente no Brasil, antes e durante o parto que, se o bebê não for amamentado, diminui muito a taxa de transmissão vertical (da mãe portadora para seu bebê);
- se o bebê ao nascer também tomar a medicação apropriada;
- se a mãe portadora não amamentar.

Até hoje quase nunca se lembra da transmissão vertical (da mãe para o bebê), a única forma de transmissão para a qual temos quase uma vacina... Com o uso do "coquetel", que não cura mas melhora a qualidade de vida dos portadores, e dos esquemas de medicação que evitam a transmissão para o bebê ou a infecção por acidentes de trabalho, vale a pena fazer mais uma sessão e dar todas as informações mais recentes, mais pausadamente.

4 – Lição de casa ou sessão extra

Era muito difícil terminar esse encontro, eles sempre querem mais informações e debate, apesar de durar sempre mais de três horas. Sugeríamos que deixassem as dúvidas que ainda restavam para um próximo encontro extra, mas temos preferido treinar professores para discutir esses temas em sala de aula.

Coord. – Como lição de casa, pensem: vocês têm todas as informações que necessitam para se proteger ou proteger o/a parceiro/a do vírus HIV? Sabem como engravidar só quando quiser? Como proteger seu nenê da Aids?

4º encontro: sexo seguro – fazendo arte com a camisinha

1 – Retomando (no mesmo espírito do segundo encontro) (20 minutos)

Coord. – Onde está o vírus HIV?, Quais as suas vias de transmissão?, Por onde o vírus entra e por onde ele sai do corpo de alguém que tem o vírus?, Como não se pega Aids na transa sexual?

Os participantes começavam a se lembrar do último encontro e usávamos o quadro-negro para listar o que lembravam.

2 – Fazendo arte com a camisinha (20 minutos)

O que se convencionou chamar de "Oficina de Sexo Seguro" tem o formato desse encontro que retoma as formas de transmissão do HIV e tem como *objetivo* definir quais práticas são mais seguras, banalizar a camisinha e torná-la uma coisa normal, como escovar os dentes ou usar fio dental (na boca...). A camisinha catalisa e concentra tudo o que é projetado no sexo e na Aids e esse exercício ajuda a "decodificar" todos os símbolos materializados também no sexo seguro (exemplos na p. 120-1). Para mudar a imagem que se tem da camisinha e a reação de nojo ("argh!", "eca!") da grande maioria que nunca viu uma camisinha, fazíamos arte com ela. Trazíamos camisinhas para serem manipuladas (a camisinha feminina deve estar no pacote) e tínhamos de lembrar que aquele preservativo tinha saído da fábrica, "não foi usado!", para eles se sentirem à vontade de pegá-la, superando a má impressão da camisinha lubrificada ("melecada!"). Brincávamos muito, eles faziam várias "macaquices" com a camisinha cheia feito balão, brincando com ela por entre os dedos, "fazendo arte". Incorporar a camisinha nos *scripts* eróticos tem sido a forma mais bem-sucedida de incentivar seu uso no mundo inteiro, e particularmente no Brasil, onde o prazer e a "sacanagem" são um aspecto central da cultura sexual.

Apesar da opinião dos grupos mais conservadores, as experiências em escolas que distribuíram e falaram da camisinha, inclusive em regiões do mundo onde o puritanismo é expressivo, não aumentaram a quantidade de sexo ou incentivaram a promiscuidade. Ao contrário: segundo estudos recentes feitos pelas Nações Unidas, têm estimulado o adiamento da primeira relação sexual, comportamentos responsáveis e seguros que evitam doenças sexualmente transmissíveis e gravidez indesejada.[9]

Avaliando as oficinas seis meses depois, um garoto insistia na importância dessa atividade e disse: "Foi muito bom aprender a fazer arte com a camisinha!". O conceito que queríamos passar e que essa expressão captou tão bem era: *você tem direito de "fazer arte" à vontade, mas se proteja e proteja os outros, faça arte com a camisinha.* Incorporamos a idéia como técnica educativa! Fazer arte, literalmente, com a camisinha é uma atividade que pode ser reproduzida em qualquer escola, nos cursos regulares de arte ou ciências, usando camisinhas vencidas, tesoura, papel, sucata, tinta, canetas coloridas, durex, e tudo mais que o bolso permitir:

> **Coord.** – Usem o material que quiserem, em grupos ou individualmente, para criar alguma obra ou forma de expressão artística: obras de artes plásticas (montagens, esculturas, pinturas, pôsteres, cartazes, fotos, desenhos etc.), música, vídeo, cinema, dança, arte culinária, moda, decoração... o que a imaginação permitir. A única obrigação é usar, literalmente, uma (ou várias) dessas camisinhas.

Essa idéia foi sofisticada e adotada na comemoração do Dia Mundial da Aids (também aproveitável em qualquer comunidade), organizada pelo Núcleo em 1992.[10] Artistas, escritores, músicos, profissionais de saúde ligados ao programa de Aids, a Secretaria Municipal e Estadual de Educação e Cultura, e muitos alunos da USP deram sua contribuição voluntária participando do evento: na organização, como júri, na divulgação. Num lindo domingo de sol, desde cedo milhares de jovens foram à Praça do Relógio, na USP, participar da apre-

---

9. Unaids, 1997. Ver também número 1/98 da série *Fatos e Notas* editada pelo Nepaids, 1998. "Devemos promover só a abstinência em programas de educação sexual para prevenir a infecção pelo HIV?". Disponível em www.usp.br/nepaids

10. Contou com a contribuição especial e organização da Escola de Comunicações e Artes, coordenados por prof. Angelo Piovesan, de Edival Pessoa, do Museu de Arte Contemporânea, do Nepaids em geral e uns 30 alunos voluntários do Instituto de Psicologia. Além do apoio da reitoria da USP, das diretorias do MAC/USP, FAU/USP, a ECA/USP e IPUSP que patrocinaram o evento com a Levis-Strauss, a MTV, a Rádio 89 FM, a *Folha de S. Paulo*, o curso Yázigi e a Escola Panamericana de Arte.

sentação gratuita de bandas de música e grupos performáticos. Beberam, cantaram e dançaram. Participaram de gincanas e ganharam prêmios durante o show respondendo a perguntas sobre prevenção de Aids, contando histórias de solidariedade com os portadores, sobre como pôr e tirar a camisinha, como convencer o parceiro a usar camisinha, escrevendo frases para incentivar o uso da camisinha. Assistiram interessados a demonstrações no palco de como pôr e tirar a camisinha. A imprensa presente divulgou bastante o evento, impressionada com a facilidade de se falar abertamente sobre a camisinha e com o interesse respeitoso dos jovens. Paralelamente, no prédio da Faculdade de Arquitetura e Urbanismo, centenas de jovens divididos em ensino fundamental, médio e terceiro grau participaram de uma oficina de artes. Produziram e concorreram ao prêmio para a melhor "obra de arte feita com camisinha". A equipe de jurados julgou e elegeu as melhores obras que, em seguida, ficaram expostas no Museu de Arte Contemporânea – SP por duas semanas.

Várias iniciativas semelhantes se multiplicaram, com a mesma abordagem e corajosamente falando sobre camisinha e sexo seguro mais abertamente, o que o Ministério da Saúde relutava em fazer. Nessa festa de massa, interativa e participativa, nosso *objetivo* era ampliar a base social de um movimento nacional que queria legitimar uma nova maneira de falar sobre Aids. Ficou claro logo depois que era possível: em 1993 as campanhas começaram a falar abertamente sobre a camisinha.

Nas oficinas e depois de fazer bastante arte com a camisinha, perguntávamos: "E vocês sabem usar a camisinha?". "Mais ou menos..." era a resposta mais freqüente.

3 – Como se usa a camisinha? (60 minutos)

Distribuíamos uma camisinha masculina para cada um, todas com prazo de validade vencido para evitar desperdício. Começávamos seguindo a lista a ser conferida no uso da camisinha, justamente com o prazo de validade:

Usávamos um pepino (uma cenoura, uma banana) para fazer a demonstração, e depois todos podiam "treinar". É mais delicado que usar um pênis de borracha, que alguns usam com adultos.

Discutíamos como e por que a camisinha lubrificada protege melhor e como o lubrificante pode aumentar a sensibilidade e diminuir o desconforto com o látex.

DEZ PASSOS PARA UTILIZAR BEM A CAMISINHA MASCULINA

1 - Onde está escrito o prazo de validade? Deve estar escrito na camisinha, senão, não use! Camisinha velha não funciona direito.
2 - Olhar se tem o símbolo do INMETRO que atesta a qualidade.
3 - Deve ser guardada protegida do calor, de perfuração, no bolso da frente, "num porta camisinha".
4 - Prefira as lubrificadas, não use nenhum lubrificante a mais. Só se for a base de água!
5 - Usar duas é pior, o atrito ajuda a furar!
6 - Abrir a camisinha com a mão, sem arriscar mordê-la com o dente ou cortá-la com a tesoura. A mão é melhor.
7 - O pênis deve estar ereto. Ela se adapta ao tamanho do preservativo. Dependendo do comprimento do pênis, não precisa desenrolar até o fim!
8 - Ir desenrolando no pênis, segurando a pontinha, deixando espaço sem ar para o esperma se depositar.
9 - Tirar o pênis com a camisinha, antes de amolecer. Depois de retirado o pênis, pode-se tirar a camisinha a qualquer hora.
10 - Jogar fora higienicamente, não no vaso sanitário porque entope. Nunca reutilizar!

Insistimos no uso de lubrificantes recomendados (a base de água) e não recomendados (óleos em geral). Usando pedaços de látex cortados em forma de quadrado feitos da própria camisinha distribuída para eles, todos passavam o lubrificante apropriado nas costas da mãos (existem duas marcas), colocando o retalho de camisinha por cima para perceber o efeito, desmistificando o famoso "usar camisinha é como chupar bala com papel".

4 – Mais sexo seguro (40 minutos)

As perguntas seguintes eram:
"Usa-se camisinha em todas as situações? Com qualquer parceiro?". "Há outras formas de sexo seguro além do sexo com camisinha?". "Quais as práticas de sexo mais arriscadas que existem, as práticas que vocês conhecem e que ouviram falar?".

O *objetivo* do exercício é detalhar cada prática segura. Veja uma resposta típica à última pergunta (transcrito de oficinas):

Grupo masculino: "Sexo oral, dedal, anal, grupal, surubal, a famosa chupeta, peital, bucetal".

Grupo feminino: "Beijo, sexo oral, beijar a nuca, sexo anal".

Como veremos no Capítulo 6, a quantidade de sexo "não convencional" era bem significativa entre eles, mesmo entre os mais jovens e conservadores. A melhor abordagem foi deixar que eles mesmo listassem as diferentes práticas sexuais, com toda a liberdade, mas com respeito. Nas oficinas longas tínhamos mais tempo e já contávamos com um certo conforto no grupo. Começávamos discutindo a definição do que é "sexo seguro" em oposição ao sexo arriscado e quando a discussão esquentava, dividíamos os participantes em três subgrupos, reunidos em cantos diferentes da sala.

Coord. – Cada grupo sorteia um, entre três papeizinhos, onde está escrito: homem-homem ou então mulher-mulher, ou então homem-mulher. OK? Agora cada um imagina três situações de sexo seguro para seu casal?[11]

Esse exercício é importante, especialmente porque os jovens que têm experiências ou fantasias homoeróticas, mesmo se não se percebem como homo ou bissexuais (como discutiremos no Capítulo 6), podem ter acesso à informação relevante. Para sermos coerentes com nossa proposta de trabalho em escolas públicas, ou em comunidades geográficas, temos de levar em conta que se qualquer religião pode estar ali representada, as diferentes preferências eróticas também estarão, e que qualquer um é livre para se retirar ou não participar. Mesmo sem falar ou assumir publicamente, o que raramente acontece, o jovem que passou por uma experiência homossexual pode tirar as dúvidas em relação às práticas sexuais com o mesmo sexo, de forma anônima, sem necessariamente se expor.

---

11. Esse exercício foi experimentado pela primeira vez pelo grupo de pesquisadores e monitores na Oficina de Sexo Seguro coordenada por Veriano Terto Jr., no "I° Encontro: Aids, repercussões psicossociais".

Era um exercício que provocava reações intensas. O grupo naturalmente voltava a discutir preferências: homo, hetero e bissexualidade, preconceitos e crenças pessoais. Nesse momento podia-se discutir o preconceito por meio da "cena" ou de entrevista de personagens no "Roda Viva". Como veremos no próximo capítulo é um tema indissociável da discussão da Aids e um exercício imprescindível quando se treina multiplicadores, que devem estar mais confortáveis com qualquer prática sexual, independentemente de sua preferência pessoal. Para públicos muito jovens ou muito desconfortáveis, sugere-se o mesmo exercício de forma menos explícita, ou seja, pedir que lembrem de três possibilidades de sexo seguro além do uso da camisinha, que é o modelo usado nas oficinas curtas.

Discutíamos também o adiamento da primeira relação sexual até o casamento como uma alternativa escolhida por muitos jovens e a importância de usar a camisinha desde a primeira vez, propostas que devem fazer parte do leque de opções individuais. Lembrávamos que podemos escolher formas de sexo protegido diferentes dependendo da fase da vida, da situação. Falávamos do "teste HIV" como requisito para se ter certeza de que é seguro deixar de usar a camisinha no caso de casais que tiveram mais de um parceiro na vida.

Hoje os jovens têm mais experiências com a camisinha já que seu uso, embora insuficiente, se difundiu. A conversa será mais interativa. Contamos também com mais um recurso, a camisinha feminina, vendida com bula em farmácias e supermercados, mais cara, mas que é uma alternativa para a camisinha masculina.

5 – Lição de casa: é fácil fazer sexo seguro?

Encerrávamos a discussão perguntando: "É fácil fazer sexo seguro?". Sugeríamos lembrarem de experiências anteriores, ou prestarem atenção nas dificuldades de usar camisinha, nas vezes em que não deu certo, em que a camisinha furou, por exemplo, ou que não conseguiu usar. Agora seria diferente??

5º encontro: não é fácil combinar e fazer sexo seguro

1 – Retomando (15 minutos)

Voltamos à lição de casa: conseguiriam realizar as intenções de fazer sexo seguro?

2 – A cena sexual: negociando o preservativo e as normas de gênero (60 minutos)

O *objetivo* desse último encontro era fornecer pistas para os jovens se conscientizarem de que existem regras e normas embutidas nos *"scripts sexuais"* que usamos e que devem ser confrontadas para se protegerem do HIV. E que o contexto socioeconômico também limita as alternativas para se proteger do HIV.

> **Coord.** – Agora vamos continuar andando e pensar, quando foi a última vez que eu estive exposto/a ao vírus da Aids?... Pensa, não precisa falar... Você deve ter uma cena na cabeça, um lugar, quem está nesse lugar nessa cena?... Dá um título para essa cena, como se fosse um nome de um filme, ou de um livro...

Todos, em pé, num círculo face a face, falavam o nome da cena ou a palavra que veio à cabeça. Cada um indicava a palavra ou cena que escolheria, além da sua, encostando a mão no ombro de quem a falou. Eleita a mais votada, montávamos a cena num palco imaginário no centro da sala. Depois da primeira encenação, poderíamos prosseguir produzindo soluções para as dificuldades com a ajuda do grupo. Exercícios de comunicação e negociação com o parceiro estimulam a observação de agentes da sua atividade sexual, dizendo "não!" eventualmente para o sexo e o uso de álcool ou drogas. O exercício com as cenas (ver Capítulos 7 e 8) tem sido usado para desvendar os sentidos atribuídos à atividade sexual que para a maioria dos jovens é associado ao prazer e ao vínculo afetivo como veremos no Capítulo 5.

Cenas da vida deles compartilhadas voluntariamente ajudam a ilustrar como se fazem coisas diferentes dependendo do contexto, do tipo de vínculo com o parceiro, dos sentimentos, do local, da educação que recebemos em casa, se bebemos ou usamos drogas, se estamos mais ou menos carentes, mais ou menos dependentes, apaixonados, inseguros etc.

Os exercícios com as *cenas* foram a matéria-prima de todas os encontros de avaliação e a fonte mais interessante de *insights* sobre as dificuldades de se fazer sexo seguro, sobre a dinâmica da cultura sexual, a complexidade das relações entre os gêneros e nos diferentes contextos afetivos. Trabalhar com a *cena sexual* exige um certo treino dos coordenadores na técnica; de qualquer maneira parece que é mais fácil para nós, latino-americanos em geral, onde o "drama" é relevante na tradição de educação popular ou nas novelas de televisão. Coordenadores com menos treino podem ficar na discussão verbal das cenas, sem encená-las, embora o efeito seja menos interessante.

3 – Discussão sobre a metodologia da oficina e o processo de mudança (20 minutos)

Ao final de toda a oficina explicitávamos a metodologia do trabalho retomando o *objetivo* de cada atividade, aproveitávamos para trazer alguns exemplos do que acontecia em outros grupos e oficinas. Na primeira pessoa do plural, falávamos mais explicitamente das dificuldades em agir segundo "nossas" intenções, o longo caminho de tentativas bem e malsucedidas para usar a camisinha por exemplo, de fracassos e sucessos para combinar o sexo seguro com o parceiro até transformar o hábito do sexo seguro em um hábito como o de escovar os dentes. Sem compartilhar detalhes da experiência, ou as preferências de cada um, discutíamos o esforço e processo pelo qual *todos nós* passamos depois que surgiu a Aids, humanizando tentativas e os erros do caminho. Não criamos assim uma ilusão de competência ou incompetência imediata, irreal. Nem a ilusão de mudança da noite para o dia cujo efeito tem sido apenas promover a desistência rápida e o abandono da intenção de mudar. Ao mesmo tempo, incluíamos a dimensão de que todos nós fazemos parte de um movimento para fazer do sexo responsável uma norma alegre e prazerosa e não a obrigação "corta-tesão".

Esse último momento de conscientização sobre o processo tinha também como *objetivo* aprofundar a reflexão entre os participantes sobre o envolvimento deles, de cada um deles, como multiplicadores do que aprenderam. Sempre surge o comentário inevitável de algum deles da necessidade de estender o trabalho para mais gente, da adaptação desta oficina para outros grupos (na igreja, clube, turma, escola de samba). Ou, no mínimo, o dever de incorporar na corrente do boca-a-boca as novas coisas que aprenderam.

4 – Encerramento. Temos condição e apoio social para fazer sexo seguro?

No caso de jovens de baixa renda, podia ser difícil desafiar o espaço social e cultural e as possibilidades dos serviços de saúde, para cuidar da saúde sexual e reprodutiva, ter acesso ao teste HIV, gratuito e anônimo ou buscar camisinha para toda vez. São questões que os encontros da oficina não podiam resolver e dependia-se de organizar a comunidade onde cada um estava para reivindicar direitos ou criar soluções coletivas. Depois do extenso trabalho de avaliação que fizemos, a discussão sobre as condições sociais para conter a epidemia, sobre a maior ou menor vulnerabilidade pessoal e coletiva inerente à posição que ocupamos na estrutura social se mostrou cada vez mais relevante e passou a ser o foco de todo o esforço pós-oficina. No último encontro queríamos apenas levantar a questão.

Várias abordagens foram usadas para encerrar a oficina sem perder de vista as dimensões individuais e as coletivas. No plano individual pedíamos de cada um algum compromisso.

Coord. – Vamos levantar e ficar de frente para nossa cadeira vazia. De frente para a cadeira, imagine você mesmo no dia em que a gente começou esse trabalho... Imagina você sentado ali... olhe para você naquele dia, não precisa dizer nada, só observe como você estava antes desse trabalho que fizemos juntos. Veja agora o que mudou em você, você que está em pé. Não precisa falar nada, só observe e tome consciência do que mudou em você. Agora sente-se na cadeira, junte-se de novo com você mesmo, e escreva um bilhete dando um conselho bem importante para você. Se quiser, escreva um bilhete para nós com a lista de tudo que você acha que aprendeu. Mas o mais importante é dizer para você mesmo, fazer um compromisso com você mesmo.

Sobre o compromisso com eles mesmos escreviam: "Não desligar da turma", "Transa com camisinha!", "Continue desse jeito", "Use o capacete", "Continua esse esquema", "Não deixa o esforço daqui em vão", "Coragem", "Continue assim", "Vê se agora aprende, tá?".

O jeito mais gostoso e criativo de terminar do ponto de vista coletivo era acolher a idéia de algum trabalho na comunidade. Uma das técnicas que usamos foi juntar o grupo num grande abraço coletivo, como o círculo da quadrilha de São João, face a face e braços na cintura um do outro. Os coordenadores tomavam a palavra e com a ajuda de todos relembravam o que vivemos juntos, nomeavam cada tarefa, retomando alguns comentários típicos daquele grupo. Depois, encerrando:

Coord. – Dá para cada um seguir esse movimento e esse exercício de comunicar o que aprendeu sem esse nosso projeto da USP? Esse grupo, ou subgrupos, pode continuar dando apoio um para o outro, é possível continuar criando respostas para as dificuldades sociais e culturais de fazer sexo seguro, responsável e alegre? Dá pra se organizar, sem a nossa ajuda mais sistemática, para conquistar juntos coisas que beneficiem a comunidade?

Eles começavam a se encarar... Aos poucos, o coordenador, depois o auxiliar, se despedem e saem da roda, deixando o grupo face a face, abraçados, apenas entre eles. Eles falavam e então incentivávamos a despedida desse contexto, na verdade um recomeço.

Oficina de sexo seguro e Aids (modelo curto)

Desenvolvemos também uma versão resumida, que foi aprimorada durante o projeto e que chamamos de "modelo curto", para salas de aula e grupos maiores. O *objetivo* dessa iniciativa era fornecer para a comunidade escolar um programa mínimo de prevenção de Aids, que formasse uma massa crítica de jovens e adultos multiplicadores.

A principal diferença de um roteiro para o outro é que não fazíamos toda a discussão de reprodução e contracepção, sem aprofundar a discussão sobre a cultura e os gêneros, por isso a chamamos de "Oficina de Sexo Seguro e Aids". Os professores estão mais acostumados e treinados a dar informações básicas na área da reprodução, pelo menos o professor de ciências está, e incentivávamos os alunos a levantarem esses temas nas aulas regulares. Focalizávamos nas informações sobre Aids, na discussão de alguns preconceitos que impedem uma adequada percepção de risco, no detalhamento do que é sexo seguro e inseguro, fazendo a demonstração bem-humorada de como pôr e tirar a camisinha e a lista das dicas de como comprar, carregar e preservar a camisinha. Descartávamos da oficina longa alguns exercícios e discussões que exigem um grupo menor para ser produtiva: a massa, os três tipos de parceria sexual, o "Roda Viva".

O percurso era feito em três-quatro horas em classes divididas por sexo, e precedido de um esquentamento feito pelos professores treinados. Na atividade organizada e coordenada por professores da classe, os alunos se dividiam em subgrupos femininos ou masculinos (as classes têm cerca de 30-35 alunos). Recebiam então um roteiro impresso para discussão sobre suas associações e suas dúvidas em relação à Aids. Nas escolas que tinham aparelho de videocassete antes da oficina eles também assistiam a um vídeo para esquentar a discussão. Muitos fizeram uma redação contando a história de "Alguém que pegou Aids". Quanto mais horas e atividades os alunos realizaram antes do encontro com nossa equipe, mais proveitosa foram as três horas da "Oficina Curta".

Mesmo curta, essa oficina era ainda bem mais interativa que a esmagadora maioria dos programas de Aids que existiam na época, restritos a "palestras" de especialistas, em geral pouco treinados para aquelas platéias. Os alunos foram incentivados a continuar a exploração de suas dúvidas com seus professores, comparecer aos serviços de saúde ou a ligar para o Disque-Aids. A limitação óbvia do modelo curto é que os alunos são menos espontâneos que na oficina longa, onde os grupos são menores e se reúnem mais, criando um clima de intimidade e uma confiança difícil de ser reproduzida num grupo grande que se reúne para esse tema uma só vez.

As reuniões de avaliação

Seis meses depois das oficinas do primeiro projeto, cerca de 60% dos alunos discutiram em pequenos grupos sua avaliação sobre a oficina (curta ou longa) da qual tinham participado.[12] A desistência na escola noturna é de 30% ao final de cada semestre e várias turmas se formaram na 8ª série nesse período, saindo das escolas que eram do ensino fundamental. Os alunos que participaram da oficina longa, além disso, foram convidados para um processo de avaliação mais extenso e participaram de cerca de quatro sessões de grupo face a face que duravam em média três horas. Embora a rotatividade nas escolas noturnas seja grande, cerca de 65% deles depois de nove meses e 30% depois de um ano e até o final do projeto continuaram participando de grupos de avaliação e do seguimento do programa. O processo variou de escola para escola, e durou bem mais na Baixada do Glicério, onde finalmente decidimos trabalhar na comunidade como veremos no Capítulo 8. As reuniões de avaliação tiveram vários formatos:

> **Reunião mista** – O *objetivo* era rever a repercussão da oficina numa dinâmica que incluísse o sexo oposto. A pergunta era: *ter participado da oficina mudou a vida de vocês?* Divi-

---

[12]. Não pudemos trazer os que estavam fora da escola naquele dia ou tinham desistido da escola.

dimos os alunos por salas diferentes com cerca de 18 alunos. Depois das boas-vindas, dividimos os jovens em subgrupos de seis (três homens e três mulheres) convidando-os a discutir o que aprenderam, como avaliavam a experiência, e o que teriam de dizer um para o outro. Esse é um formato bem produtivo, mas antes de chegar a ele, tentamos fazer a avaliação numa festa de encerramento ou num grande debate onde estavam presentes os monitores da equipe, todos que participaram do projeto, em grupos mistos de 30 alunos. Foi uma experiência desastrosa: transformou-se numa "guerra dos sexos", como se a consciência da questão de gênero construída por eles nos grupos segregados por sexo os deixasse mais agressivos do que necessário para serem criativos. Os meninos, por exemplo, encurralaram as meninas com perguntas pouco respeitosas sobre "Como é o seu prazer", "Como você gosta mais". As meninas ficaram furiosas com esse tratamento e retrucavam acusando os meninos de irresponsáveis diante do sexo, "crianções", perguntando por que tinham essa mania de classificá-las o tempo todo e dizendo que "Por isso preferimos homens mais velhos, que não são tão bobos". Foi muito difícil retomar um debate mais sério e a dinâmica de grupos grandes e mistos foi abandonada nessa faixa de idade.

Obstáculos para o sexo seguro – Depois da reunião mista convidamos para voltarem, para grupos separados de garotos e garotas. O *objetivo* era aprofundar as dificuldades com o sexo seguro. A pergunta a ser respondida pelo grupo era *"Por que não conseguimos?", "Quais os obstáculos concretos para falar de sexo ou combinar sexo mais seguro?"* Os resultados estão nos Capítulos 6 e 7. Explorando os temas no grupo verbalmente e usando as "cenas sexuais" emergentes no grupo. A gravidez indesejada apareceu como tema mais importante que a Aids, um elemento essencial no processo de decisão sobre o sexo. Decidimos explorar esse tema, na reunião seguinte, ainda mantendo a separação por sexo, mais ou menos dois meses depois.

Sexo seguro, filhos e contracepção – Nessa reunião sobre gravidez e ter filhos, ficou mais claro ainda o erro de desmantelar o ato sexual, como se a saúde sexual, o prazer ou a reprodução acontecessem separadamente, em atos distintos. Usando os exercícios de andar pela sala e associar perguntamos:

Coord. – Quando você pensa em filhos o que vem a cabeça? Imagina a pessoa com quem você transou ou ficou com vontade de transar dizendo para você: estou grávida! O que te vem a cabeça? ou Imagina você dizendo para o último cara com que você transou ou imaginou namorar que está grávida... O que te vem a cabeça?

Os resultados dessa atividade estão no Capítulo 4.

f) **Obstáculos institucionais** – Fizemos uma reunião final, abertos para o que emergisse no grupo e cujo *objetivo* era conversar sobre a continuidade do projeto. Levantamos de novo o tema das dificuldades socioeconômicas para fazer sexo seguro, que não surgem espontaneamente. Perguntamos:

"Que fazer com o preço da camisinha, e as condições do sistema público de saúde do qual vocês dependem? Esse é um fator na dificuldade de vocês?"

No Glicério, a partir dessa discussão, continuamos colaborando com um grupo de alunos em várias iniciativas e construímos outros projetos na comunidade.

Finalmente

As oficinas nem sempre foram assim, modificações foram introduzidas pelos coordenadores e pelos grupos que variaram principalmente por causa da idade. Todas foram mais apressadas em alguma das sessões, por causa de dificuldades materiais, porque tinha jogo do Corinthians ou jogo do Brasil, porque tinham prova no dia seguinte, porque o coordenador estava num mal dia ou com cólica, por tudo o que pode acontecer na vida real.

Os vários encontros e as oficinas desse projeto foram a janela de observação e o campo para experimentação de nossas hipóteses a respeito da relação dos jovens com a sua sexualidade e com a Aids. Foi o material mais dinâmico para sofisticar a compreensão sobre a cultura sexual e para os gêneros, sobre as atitudes e crenças a respeito da

Aids sobre a sexualidade, reprodução e o sexo seguro, sobre a forma como esses jovens usavam a informação. Analisaremos cada encontro das oficinas e o que aprendemos com cada um. Detalhando com exemplos nossa experiência de construção e utilização dessa proposta, esperamos contribuir para que outras propostas e idéias sejam divulgadas ou desenvolvidas, sem que os abnegados da luta contra a Aids tenham de reinventar a roda toda vez.

4
É difícil
se perceber vulnerável

`Apesar dos doze anos de epidemia de Aids no Brasil, das quase 400 ONGs/Aids distribuídas pelo país e das milhares de pessoas que se empenham, diariamente, nessa luta, continuamos a perceber nitidamente atos de discriminação coletivos e individuais, públicos e privados, contra ilustres desconhecidos ou até mesmo contra parentes ou entes queridos. Seria todo nosso trabalho em vão? Estariam as nossas estratégias de luta produzindo resultados pouco eficientes? Que elementos seriam necessários para motivar de fato as pessoas, a partir das informações que recebem, a se conscientizarem? Será preciso um número muito maior de pessoas infectadas ou mortas para suscitar uma consciência coletiva? Será que o HIV será eliminado de nosso organismo antes mesmo de derrotar as epidemias do preconceito e da discriminação? É pouco provável, pois a realização do primeiro depende do sucesso do segundo.*

EDITORIAL-BOLETIM PELA VIDDA/RIO DE JANEIRO, ANO VI, NÚMERO 23, ABR./JUN. 1995

Os fatores que têm dificultado a conscientização pelos jovens da sua vulnerabilidade à infecção sexual pelo HIV começam a ser abordados neste capítulo. Focalizo o segundo encontro da oficina em que tentávamos elevar o nível de informações a respeito da Aids ou discutir a postura que tinham em relação às pessoas portadoras do HIV. Como a Aids foi construída na cabeça desses jovens? Como o portador do vírus foi integrado à visão que tinham sobre a epidemia? Eles podiam se imaginar como parte de uma comunidade vulnerável? Que sentido atribuíam ao sexo, com quem conversavam, quais os agentes e instrumentos da socialização sexual dos estudantes nas escolas públicas de São Paulo? Começarei a descrever e analisar os significados atribuídos à sexualidade em geral e aos gêneros em particular (discussão principal do próximo capítulo).

"Ameaça de morte" e "combate à promiscuidade": as dificuldades para iniciar o projeto

A história da Aids é um dos melhores exemplos de como emoções, idéias, atitudes e comportamentos são também construídos coletiva e historicamente – e desconstruídos, ainda bem! A epidemia explodiu na década de 1980 e a maioria dos que são hoje adultos testemunhou seu nascimento e nomeação. Um conjunto de símbolos foi inventado e assimilado a outros que já existiam no nosso imaginário antes da existência da Aids: praga mortífera, contaminação, punição moral, sexo normal ou anormal, perigos do sexo, perigos da droga, pecado. A Aids gerou também negação e paralisia porque colocou em xeque o que grupos de diversas cores ideológicas assumiam como exemplos de grandes conquistas do século XX: o poder médico e da pesquisa médica, a neutralidade das verdades biomédicas, a revolução sexual, a recente liberação feminina, o sexo com poucas complicações e as suas conseqüências indesejadas corrigidas pela intervenção técnica (antibióticos e aborto disponíveis e mais seguros para a classe média). A Aids também fez *strip-tease* de eventos que no Brasil se mantinham invisíveis: pessoas transando com pessoas do mesmo sexo, a dupla moral dos homens, a falta de poder que as mulheres ou que os passivos em geral têm na vida sexual, o *boom* de temas sexuais e eróticos consumidos pela mídia mas ainda acompanhados pelo silêncio entre parceiros, pais e filhos. Tornou visível um problema social que surgiu sincronicamente à epidemia da Aids: o tráfico e o consumo da cocaína, consumida nas classes mais baixas por injeção na veia e seringas compartilhadas, e mais recentemente a praga do crack. Para não falar da precariedade da nossa saúde pública que se aprofundou justamente enquanto a Aids crescia.

Muito já se falou sobre o absurdo de transformar toda pessoa portadora do HIV em "morto-vivo" ou "não-cidadão".[1] Já discutimos no Capítulo 1 como nesses anos fomos passando da idéia de "grupo de risco" para a de "práticas de risco", de "vítimas e culpados" para a idéia de "solidariedade". A luta pela afirmação desta última alternativa demorou e as primeiras idéias sobre a Aids tiveram repercussões nas comunidades e grupos com quem trabalhamos. Alguns novos personagens da vida social foram inventados: o "aidético", mais tarde o "soro-positivo" ou "portador". Nenhuma dessas reinvenções e associações dos primeiros anos contribuiu para evitar novas infecções, para melhorar a sobrevida dos doentes e a qualidade de vida das pessoas com o HIV ou diminuir o impacto da epidemia e a transmissão do vírus para todos os cantos do planeta. Muito ao contrário.

Mas depois de passados o pânico e a paralisia finalmente pudemos encontrar um espaço nunca dantes imaginado: para a educação sexual, para pesquisar a sexualidade, para um discurso que fala de responsabilidade de forma menos repressiva e para sofisticar a transformação das relações entre homens e mulheres – com a necessária ampliação da participação masculina mais consciente. No segundo momento da epidemia da Aids, quando começamos a superar a idéia de grupos de risco com a proposta de sexo seguro e de luta contra o preconceito, começamos a livrar dos estereótipos alguns dos seus personagens, com uma discussão mais aberta e franca sobre a homossexualidade, por exemplo. Foi a Aids que apresentou para a maioria dos brasileiros os conceitos de homossexual e bissexual, portanto, o heterossexual – que temos de explicar até hoje em muitos grupos. Num dos grupos, quando falávamos que o homem heterossexual também era vulnerável ao HIV perguntaram: "ET quê?" Escreviam, por exemplo, "homem sexual" ou "OMO sexual" ou "o mosessual", ou "sexo anual".

As reações mais produtivas, infelizmente, aconteceram muito mais lentamente que a transmissão do vírus. Resistência, negação, humanização, tolerância, discussão também marcaram o processo desse projeto e as primeiras reuniões com professores e técnicos das escolas onde o projeto começou ilustram as dificuldades de quem queria trabalhar pela prevenção de novas infecções pelo HIV. Desde a primeira reunião na Secretaria da Educação do Município de São Paulo, por exemplo, sentíamos uma resistência ambígua quando con-

---

1. Ver, por exemplo, Daniel, H. e Parker, R., 1991, ou Paiva, V. 1992.

versávamos com o corpo profissional das escolas. Dizia uma coordenadora:

– "Sabe, é um tema difícil, um trabalho que vai criar alguma resistência, confusão, é novo, ninguém sabe direito o que será. Mas tem de ser feito, precisa... Mas não pode ser por qualquer um!"

Essa frase é sempre repetida: *não pode ser qualquer um!* Para a maioria das pessoas para enfrentar a Aids necessita-se de um lugar excepcional, de uma formação especial, de horas e horas de treinamento para "uma tarefa com certeza complicada". Achar que é uma coisa "do outro mundo" é atitude comum a todas as áreas em que atuei desde o início da epidemia. Nas mesas-redondas em sociedades de psicoterapeutas eu tinha de confrontar a impressão de que pacientes com Aids são *diferentes dos outros*, são especiais para atender, cuidar, acompanhar... Muitos educadores sexuais trabalhando nessa área de repente esqueciam tudo o que sabiam para repetir o discurso dos infectologistas – e a maioria só sufocava a audiência com informações pouco inteligíveis e medo (muitas vezes extremamente deturpada por uma moral conservadora).

A Aids não inventou a morte lenta de gente jovem, que parentes ou profissionais já enfrentavam no caso de outras doenças degenerativas; nem as vivências sexuais menos ortodoxas, que existiam antes do HIV; ou o uso de drogas e a prostituição, problemas que já afetavam escolas e consultórios. Portanto, não faltariam brasileiros treinados para lidar com esses "problemas". Faltava ousadia para enfrentar todos esses problemas constelados num só, associados a um vírus transmissível que se espalhava invisivelmente. Como ficava esquisito culpar um vírus, era fácil culpar e responsabilizar pela solução só a própria vítima. "O aidético é responsável e não eu!", preferiam pensar.

Quando mostrávamos aos professores os números de casos de Aids na região da sua escola, o susto reforçava o medo de mexer com "essas coisas", mas, ao mesmo tempo, imprimia uma face mais legítima para a nossa proposta, estabelecia uma certa cumplicidade com a nossa firmeza, estimulando a coragem desses mestres já tão sobrecarregados com os problemas da educação e com baixos salários. Reconheciam a necessidade daquela comunidade ter acesso a algum projeto nessa área, mas sem ainda lidar com os seus fantasmas e preconceitos.

Era interminável a lista de obstáculos para qualquer iniciativa no campo da Aids: o lugar não é adequado, as pessoas não são capacitadas, as condições para a comunidade aceitar são mínimas ou problemáticas, idéias que imobilizavam de ministros a acadêmicos. Alguns fantasmas específicos dos professores foram bem surpreendentes para nós:

- "As famílias das crianças e jovens que freqüentam a escola são meio perigosas, vocês sabem como é essa região da Baixada, tem muita gente promíscua mesmo. É difícil."

- "Essa região é cheia de prostitutas, drogados, travestis... Muitas mães e pais são assim, perdidos. Não vão gostar que a gente fale disso. Depois, a gente tem tanto trabalho em trazer esses meninos para cá, separar eles dessa coisa da vida deles, dar uma coisa diferente... Vamos ter que... trazer esse mundo também para escola???"

Várias descrições do ambiente violento em que vivem as crianças nas comunidades do Centro se confirmaram nos relatos dos jovens. Mas se a preocupação com "os lares desproporcionalmente desestruturados" desses jovens é legítima, a verdade é menos dramática do que alguns professores pressentiam. Dos jovens adolescentes que participaram das oficinas, cerca de 60% viviam numa família tradicional (com os pais e irmãos). Lares não-tradicionais são de fato um pouco mais freqüentes no Centro da cidade do que nos outros bairros que estudamos, e o número de estudantes migrantes (principalmente nordestinos) que vieram sozinhos para São Paulo é maior. Mostramos para os professores que a maioria dos jovens com quem trabalhamos no Centro ou nos bairros vivia, sim, em condições difíceis, entre a sobrevivência e a vida digna, mas que suas famílias lutavam bravamente para que os filhos estudassem, se tornassem "trabalhadores" e respeitáveis cidadãos.

A discussão sobre a incidência de Aids no bairro, por exemplo, reforçou a idéia de que "os alunos dessa região têm famílias desestruturadas", são "muito mais safadinhos e promíscuos (que nós), desde pequenos já fazem isso ou aquilo", como diriam os professores. Depois de divulgarmos os resultados preliminares da pesquisa, os técnicos da escola começaram a redimensionar suas impressões e a tirar conseqüências do que aprenderam até para outras áreas do seu trabalho. Ainda assim, tivemos de modificar nossa proposta inicial que queria imediatamente treinar multiplicadores entre os alunos e trabalhar com as comunidades de jovens fora da escola, usando o espaço escolar como "base". Era inaceitável pelos professores. Como vimos, "faziam um esforço grande para criar e manter um ambiente sadio, responsável e limpo dentro da escola, para transformar aqueles meninos e meninas, tirá-los daquele ambiente podre e violento; nós queríamos colocá-los de volta? Isso podia estragar tudo..."

Parecia difícil mostrar aos já atarantados habitantes de São Paulo mais um problema. Lidar com a Aids, até então, estava na categoria daqueles assuntos dos quais dava para fugir se não se estava diretamente afetado, se não atrapalhava a vida cotidiana. Aquele grupo de professores, em geral os mais velhos, estava querendo manter um cordão sanitário em volta da escola que também os defendia de coisas que não queriam ver, que não se sentiam preparados pessoalmente para enfrentar e, como sempre no caso da Aids, era problema do "outro". Tínhamos antes de mostrar que sabíamos lidar com o tema de forma adequada.

Segundo a mentalidade mais comum até hoje, para estar trabalhando com sexo e Aids "tem de ter um motivo especial", talvez possuir um dom, uma história, não pode ter nada a ver com a carreira de educador. Colocar a Aids como "mais uma das prioridades da lista", importante o suficiente para valer o esforço de quem não tem nenhuma história era um problema. Os argumentos mais poderosos para que aceitassem o desafio de arriscar uma "intervenção" nas suas escolas, mais uma vez, foram os que tocavam diretamente a vida dos ouvintes. A grande maioria do corpo docente era sempre de mulheres e desconfiava da fidelidade dos homens e da inocência sexual dos seus filhos por princípio. Quando apresentávamos os dados sobre o crescimento da Aids entre mulheres casadas repetiam: "Todos os homens são iguais e assanhados", escutava sempre das mulheres adultas, e "todos os adolescentes, nós sabemos, se sentem imunes, são incontroláveis e irresponsáveis...". É fácil discordar dessa generalização, mas é uma crença poderosa que naquela época acabou funcionando a nosso favor.

O binômio "promiscuidade e ameaça de morte" então funciona, nos perguntávamos? Descobrimos que no mundo dos adultos sensibiliza, mas só funciona *se e somente se* for acompanhado por uma discussão sobre o que é possível fazer, além do discurso do "Cuidado que a Aids vai te pegar". A ameaça é esquecida na inércia familiar, na primeira paixão e tentação, num processo de negação tipicamente engendrado pela impotência diante dos "monstros", a sexualidade e a Aids, que ficam então só mais perigosos e incontroláveis.

A repercussão entre os jovens: "a cara da Aids"

Ficamos impressionados com a quantidade de jovens que ao responder aos questionários concordava com a frase "Aids não tem nada a ver comigo": 60%. Quanto mais alto o nível de preconceito em relação aos portadores do HIV, mais eles achavam que a Aids não tinha nada a ver com eles. O nível de preconceito[2] também era significativamente mais alto entre os jovens que concordavam com a afirmação "Não há nada que se possa fazer para prevenir-se do vírus da Aids" (17% dos jovens) ou que acha que a "Aids é um castigo de Deus" (30%). A proporção nas respostas era a mesma entre homens e mulheres, e os evangélicos eram um pouco mais preconceituosos e fatalistas do que a média.

Nas oficinas colhemos exemplos de como entre adolescentes e jovens adultos a Aids era algo extraordinário, complicado, distante. As oficinas começavam sempre com essa pergunta: "Quando você pensa em Aids, o que te vem à cabeça?". Essa pergunta foi feita de várias formas durante o projeto: na sala de aula em grupo pequeno e por escrito, nas entrevistas individuais, oralmente como parte de um exercício de esquentamento feito com o grupo já separado por sexo. Encontramos os mesmos resultados sempre.

Em 100% dos grupos as expressões mais associadas com Aids eram "morte", "morrer", "mata". A categoria mais associada em segundo lugar com a Aids, em 75% dos grupos era "doença", "dor", "sofrimento", "agonia". Em terceiro lugar estava o "medo", "medo de pegar Aids". Garotos e garotas diferiam um pouco nas respostas menos freqüentes: no grupo de homens junto com o "medo" começava a aparecer "se cuidar", "se prevenir", ou "sexo". No grupo de mulheres as categorias menos freqüentes eram diferentes: "preconceito", "discriminação", "solidão" – que aparece só em quarto lugar para os homens.

No conjunto, "prevenção" era lembrada em apenas 25% dos grupos, mas só em 10% deles associavam medidas concretas como "camisinha" (mais freqüente nos grupos de homens) que empatava com frases do tipo "é difícil prevenir" (mais freqüente entre as mulheres). Pouco mais de 10% dos grupos associava Aids com drogas ou sangue, e falavam da "falta de informação" e da "solidariedade".

---

2. O nível de preconceito foi medido numa escala que contou as respostas às perguntas que se referem à convivência social com portadores do vírus.

Ou seja, até o final de 1993 a prevenção tinha pouco espaço, mesmo depois de começarmos as oficinas falando sobre a importância desse trabalho "para ajudar vocês a se prevenirem da Aids", ou que a participação deles na pesquisa era para "nos ajudar a melhorar os programas de prevenção de Aids". A idéia de prevenção só aparecia nos exercícios de "fazer a cara da Aids", "sejam o HIV!". O grupo que fazia a cara da Aids virava monstro, ameaçava matar, avançava com cara de mal para o outro grupo, assustado, de "gente comum diante da Aids". Só depois disso eles reagiam com a "prevenção". Veja um trecho do relatório de duas oficinas sorteadas ao acaso (a numeração das frases indica a ordem em que foi falada):

1ª oficina com mulheres, bairro Butantã, setembro de 1993

Coordenadora – (Dividindo a sala em dois grupos) Agora vocês aí desse grupo vão ser o vírus da Aids e vocês são gente, é sendo vocês mesmos, dando de cara com o vírus. *Participante*: Vixe!

Falas do grupo "pessoas"	Falas do grupo "vírus da Aids"
	1 – Eu vou te pegar!
2 – Não vai!	
3 – Eu acho que o vírus não tá com nada!	4 – Que é isso! Nós somos a curtição do momento. Você deu mole, e eu entrei! Abre a porta Mariquinha!
5 – Você vai ficar longe de mim!	6 – Olha só o ânimo de vida: que venha...
	7 – Bobona! Não usou camisinha e eu entro de gaiato!
	8 – Êô! Êô! O vírus é um terror!
9 – Aqui não tem vez!	10 – Tem sim. O seu parceiro tava usando camisinha, ela furou e eu entrei.
	11 – Tu tá dormindo com a consciência tranqüila, né amor? Mas tu não sabe que eu tô no teu sangue!
12 – Some desaparece da face da terra!	

13 – Seus nojentos
15 – Vocês são maus!
17 – Quem disse que vocês vão conseguir?
18 – Nós somos fortes!
20 – Aqui tem prevenção!
22 – Vocês não são de nada, são uns babacas!

14 – A gente quer pegar vocês, levar vocês a morte!
16 – Nós gostamos do mal, da morte!
19 – Nem sempre o bem vence o mal!
21 – Nem todos se previnem!
23 – Vocês sofrem, ficam se acabando, ficam fracas..

(A **coordenadora** inverte o grupo, "Agora pessoa vira vírus, vírus vira pessoa")

1 – Nós vamos acabar com vocês!
2 – Acharemos um meio de destruí-los
3 – Estão acabando com o prazer da gente!

4 – Destrói um, vem mais outro vírus!
5 – Vocês não têm inteligência!
6 – Vocês são umas bestas!
7 – Bestas são vocês que não se previnem!
8 – Mas vocês não conseguem assim tão fácil!
9 – Muitas pessoas falavam assim e pegaram!
10 – Se um dia eu descobrir um meio de destruir você!
11 – Se as pessoas forem conscientes, não transmitem!
12 – Sua cambada de porcos! A gente no bem-bão!
13 – Isso mesmo, nós no bem-bão e vocês na pior!
14 – Queremos destruir vocês, quando vocês pensarem...
15 – A gente tá pensando!
16 – Mas não conseguiu!
17 – A gente vai se prevenindo, se cuidando.
18 – E se um dia vocês sofrem um acidente? Recebem sangue e estamos lá? Qual seria a reação?
19 – Eu ia me matar!

2ª oficina com homens, Centro da cidade, setembro de 1993

Coordenador – (Com os grupos postos, em pé, frente a frente, se dirigindo ao grupo de *pessoas*) Se você pudesse falar com a Aids, o que você diria?

Falas do grupo "pessoas"	Falas do grupo "vírus da Aids"
1 – Agora é a disputa!	2 – Vou te pegar e levar!
3 – Não tenho nada a falar, se não é pra ajudar... Eu não tenho preconceito, não falo nada!	
	4 – Eu explicaria para ela como eu peguei ela pra ela tomar cuidado!
	5 – Vocês têm que tomar cuidado com nós.
	6 – Evita que a gente é perigoso!
7 – Pra fugir dela vou sair correndo!	
8 – Eu uso camisinha...	
9 – Não uso droga injetável...	
10 – Você é resistente, mas eu sou mais eu, estou com Deus!	11 – Se é uma loura, quero ver se resiste!
	12 – Em alguma opção eu te pego! Tem tantas! Sexo, drogas...
13 – Eu Aids não pego.	14 – O negócio é esse, a crise tá muito ruim, vou te levar!
15 – Nós somos fortes!	

Nesse momento o **coordenador** interveio fazendo com que os alunos invertessem o papel. As falas que surgiram foram:

Falas do grupo "pessoas"	Falas do grupo "vírus da Aids"
1 – Agora eu vou soar o barraco!	
	2 – Se você bobear, já era.
	3 – A garota que vou arrumar não usa camisinha!
	4 – Ela se previne, eu fico fora, ela usa DIU!

6 – Tenho uma parceira só, não tem risco!

5 – Sem camisinha é mais gostoso!

7 – Você é inseguro, como todo mundo!
8 – Você não é super-homem, eu sou a Aids!
9 – Quem tem cu, tem medo!
10 – Quando bebe umas e outras, não se previne!

11 – Minha cabeça é forte desde que nasci. Não é porque tomei umas a mais que vai virar a minha cabeça!

12 – E se a camisinha for fraca?

A idéia de prevenção demorava para aparecer e surgia primeiro no grupo que "representava o vírus" e não no grupo das "pessoas", que ficavam negando, fugindo, se dizendo fortes e inatingíveis, paralisada e olhando sem reação ao ataque do "vírus". O grupo que representava o vírus era sempre mais agressivo e paradoxalmente era quem trazia a idéia de prevenção: enxergava, antes que "sua vítima", a possibilidade de ela se proteger. O mesmo grupo quando trocava de posição, de "vírus" para "pessoa", ficava mais passivo; vice-versa, os jovens que faziam papel de "pessoas" ficavam mais agressivos no papel de "vírus", como uma força poderosa do mal.

Observar esses exercícios e a reação dos grupos era como reviver pela milésima vez o que eu assistia há anos: paralisia, medo, desconforto, depois pura negação: "Não vai me pegar não!". E as pessoas que falavam de prevenção (nós!) eram as que "têm algum motivo", "que estão do lado do vírus", os "aidéticos-vírus". Quem foi mesmo afetado pelo HIV (é portador, trabalha no campo ou é familiar de alguém com Aids etc.) tem sido confundido na imaginação das pessoas com o próprio vírus... Quando eu comentava que atendia portadores do HIV, muita gente instintivamente dava um passo atrás... Também é fato que os diretamente afetados pela Aids foram os que primeiro se preocuparam em alertar para a prevenção e reinventar a vida pós-Aids. A boa notícia é que nas oficinas realizadas pelo Nepaids, a partir de 1994, o tempo de reação nesse mesmo exercício da "cara da Aids" antes de surgir a idéia da camisinha e da prevenção tem sido cada vez menor e o fatalismo também,[3] resultado da mudança no tom das campanhas e do apoio da mídia que, desde então, começou a falar finalmente do preservativo e da solidariedade aos portadores.

Um experimento simples demonstrou o peso de uma abordagem mais positiva e menos preconceituosa para os professores que pediram aos alunos uma redação sobre Aids. Comparamos a redação de um grupo de 190 deles que viu antes o filme educativo e positivo produzido pela ABIA, "Amor: Viva a vida", com as dos outros 850 alunos que a fizeram sem ver o vídeo. Os alunos que não viram o filme quando iam dissertar sobre a Aids reagiam como sempre associando Aids com morte, medo, preconceito e muito raramente com prevenção. Os alunos que viram o filme antes não mudaram a ordem dos temas mais associados (morte, preconceito, sofrimento) mas aumentaram significativamente a freqüência de associações com prevenção e camisinha, e diminuíram bastante a associação com "medo", "solidão", "culpa" e "vergonha". Só no grupo que viu o filme surgiram algumas sugestões de solidariedade e perguntas mais específicas: "Como pegou?", "Há jeitos de pegar e de não pegar?". A informação positiva e pouco preconceituosa com os portadores fornecida no vídeo fazia desaparecer a diferença entre as respostas femininas e masculinas.

Quando perguntados sobre quais as vias de transmissão do vírus (pergunta aberta do questionário) apenas 30% dos jovens citaram mais de uma, quase 20% citaram vias incorretas de transmissão do vírus, e 4% responderam "não sei". Metade dos jovens tinha nível baixo de informação, com menos da metade das respostas corretas quando estimulados com a descrição de cada uma. Apenas 23% dos jovens acertavam mais de 90% das respostas, considerado um nível alto. Por outro lado, os jovens tinham noção de sua ignorância: encontramos uma relação estatisticamente significativa entre como os jovens se avaliavam ("sei pouco") e nossa avaliação de seu nível de conhecimento ("baixo"). Estavam prontos para perguntar *qual* prática concreta evitar ou qual sexo é mais seguro, um passo essencial para saber *o que* fazer, embora esse projeto tenha confirmado outros estudos que indicavam que só a informação correta não faz as pessoas usarem mais camisinha...

---

3. Comunicação pessoal de Cristina Antunes, Camila Perez, Cely Blessa e minhas próprias observações.

As informações mais incorretas estavam nos detalhes concretos que fazem muita diferença. Embora a maioria respondesse corretamente que Aids se transmitia do homem para a mulher e da mulher para o homem na relação sexual, pelas seringas ou sangue contaminados, 38% achavam que o HIV *não era transmitido* pelos líquidos vaginais, 32% que sexo anal *não* transmitia, 20% que o sangue menstrual e o esperma *não* transmitiam ou que uma pessoa que aparenta saúde não pode transmitir o HIV. Ter ou não atividade sexual não afetava essas respostas específicas e os mais experientes sexualmente acertavam mais apenas as respostas mais genéricas ("pelo sexo", "pelo sangue").

As mulheres tendiam a negar significativamente mais que os homens que a menstruação e o sêmen podem transmitir o HIV. Chamava a atenção a proporção de pessoas que negava que a Aids se transmite pelo sexo anal, embora comprovadamente seja a prática sexual mais arriscada para a transmissão do vírus, seja em relações sexuais entre homens e mulheres, seja entre homens. Não adianta saber que a Aids se transmite pelo sexo se não se sabe *como*! A falta de informações detalhadas fazia com que eles colocassem a camisinha depois do que deveriam, desconsiderassem os riscos do sexo anal, especialmente o sexo anal heterossexual confundido com "seguro" porque não engravida. Portanto, se o jovem não passar por um programa específico de educação sexual e em Aids coordenado por pessoas mais confortáveis com esses temas, não chegará aos detalhes da informação que necessita ter para se proteger.

Essas taxas de conhecimento específico parecem não estar se alterando depois da mudança na ênfase das campanhas mais recentes que passaram a falar abertamente de camisinha. A confiança na camisinha tem aumentado, as campanhas e a mídia têm caprichado nos últimos anos estimulando o uso da camisinha. Entretanto poucos programas, quase nunca o rádio e a TV, falam abertamente em temas como sexo anal, dos líquidos da vagina (que é diferente da "porra", não tem nem nome popular...), engolir sêmen, sexo oral etc.

O nível de informação foi associado estatisticamente com o nível de preconceito. Nossa observação nas oficinas mostrou que as pessoas mais preconceituosas em relação ao portador e aos personagens associados à Aids tendiam a desacreditar nas evidências científicas sobre as vias de transmissão ou deturpá-las para colocar a Aids (que é personificada no "aidético") o mais distante possível da sua vida. Muitos doutores ou líderes religiosos fazem isso até hoje mas, graças à história do movimento da Aids, têm cada vez menos espaço na opinião pública. Numas das oficinas curtas que a equipe considerou das mais difíceis entre as várias que coordenou nesse projeto nas escolas noturnas, um grupo de mulheres com uma média de idade um pouco mais alta e em séries iniciais do ensino fundamental (até a 3ª) mudou o rumo da discussão e roteiro mais comum porque simplesmente "não concordava" com as informações. Um trecho do relatório:

(Grupo de mulheres, grupo mais velho estudando na 1ª, 2ª e 3ª série)
"Nessa semana a televisão e os jornais estavam apresentando e explorando o caso de um rapaz nos EUA que havia sido processado por uma das namoradas por ter passado conscientemente o vírus para as parceiras. Porém outra namorada não tinha pego Aids. Ela tinha tido relações com ele depois de fumar maconha. Quando falávamos sobre as formas de transmissão elas lembraram o caso e deu-se o seguinte diálogo:

- 'Porque ela não pegou?'
- 'Então, a gente pode não pegar durante a relação sexual. O *Jornal Nacional* da Rede Globo disse que ela não pegou.'
- 'O *Fantástico* mostrou também os dois bebês que não pegaram Aids da mãe que tinha Aids.'
- 'O *Globo Repórter* mostrou o jogador que está com Aids e a mulher dele não tem.'

As meninas só queriam discutir essas questões como uma forma de defesa, tipo:

– Será que Aids não é uma invenção, castigo de Deus para aquelas mulheres que precisam morrer mesmo... Por que a outra transou e não pegou?

A tensão e a resistência da oficina foram se dissolvendo no diálogo, aos poucos. Deixei claro que as informações que a gente trazia eram resultado de pesquisas e estudos de livros, nacionais e internacionais, falei da seriedade dos grupos que trabalham com Aids [...]. Ao final elas agradeceram e aplaudiram dizendo que gostaram de ter participado. Não houve tempo de se trabalharem outras coisas. Só isso, as vias de transmissão, foi superdifícil.

Veja como a informação é incorporada segundo a crença de que elas não correm o risco: o bebê não pegou, outras mulheres também não, só as "culpadas pegam". Na novela das 7 da mesma Globo quem usava e fazia propaganda da camisinha era a prostituta, ninguém mais (como elas não eram prostitutas...). Nas séries mais adiantadas (de 4ª a 8ª) o nível de preconceito parecia diminuir um pouco com a idade mas, como o nível de informação, não era afetado significativamente pela religião, raça, sexo e escola em que estudava e não mudava mesmo quando um familiar, vizinho ou conhecido estava com Aids. Um em cada três jovens afirmava que o fato de existir o HIV não mudava nada a vida deles, para 30% mudava pouco. Do restante que dizia que mudava muito sua vida, apenas 25% citaram o uso de camisinha ou o sexo sem penetração como uma atitude a tomar diante da existência da Aids. Ninguém citava a abstinência sexual e a maioria falava que passou a escolher melhor o parceiro, estabelecer vínculos e parceiros fixos, ou genericamente ser "mais responsável" em relação a sexo e drogas – que sabemos em si mesmo não protege da Aids. Esse dado é particularmente importante no caso das meninas, já que a maior parte das mulheres portadoras em São Paulo é mulher de um só parceiro, infectada antes dos 25 anos, não é prostituta nem consumidora de drogas.[4] Muitas meninas foram infectadas pelo primeiro parceiro sexual.

A **conclusão** a que chegamos é óbvia: o binômio "promiscuidade"/"ameaça de morte" gerou medo e negação mas não estimulou a curiosidade, a busca ativa de informação e muito menos o sexo responsável entre os jovens, mesmo numa comunidade bastante afetada pela Aids. Numa geração que foi socializada com a banalização do sexo nos meios de comunicação, que acha que sexo é bom (no mínimo, repetem, "dizem que é bom") e associado a amor e prazer, essa abordagem teria poucas chances de ser bem-sucedida.

Quem fazia a cabeça desses jovens?

Os jovens e adolescentes que participaram da pesquisa, cresceram quando a Xuxa e suas imitadoras – "adolescentes sexies" – foram as babás eletrônicas via TV. Martha Suplicy tinha o primeiro progra-

---

4. Santos, N., 1991.

ma de televisão bem-sucedido focalizando a sexualidade do ponto de vista da sexologia moderna e do feminismo. As revistas femininas eram consumidas avidamente como fonte de informação sobre assuntos sexuais, misturando opinião de especialistas, debates entre leitoras e conselhos.[5]

A análise da imprensa feminina da época, durante muito tempo a única informação de massa sobre sexo além da pornografia, mostrou que o tripé sexo/namoro/família sustentava essas revistas, nem sempre de forma coerente. Segundo o estudo de Dulcília Buitoni,[6] sexo foi capa em 20 de 22 revistas *Capricho* entre 1989 e 1990, em geral celebrando o prazer, o orgasmo, e gradualmente incorporando um pouco mais consciência sobre o sexo seguro, misturando matérias do tipo "Aborto, a dura realidade do dia seguinte" com "Sexo, o prazer sem risco". Cristina Cavalcanti, analisando outras revistas (*Cláudia, Marie Claire* e *Nova*)[7] entre 1984-94, mostra que com relação à Aids, por exemplo, as revistas começam negando que o risco existia e só bem mais tarde passaram a recomendar o uso de preservativo:

"Você deve estar pensando: isto não tem nada a ver comigo. *E não tem.* Mas pode ser um problema para um de seus amigos, que se divorciou recentemente".[8] (grifo nosso)

A maioria das revistas focalizava apenas o sexo genital, esquecia-se de outras formas de sexo ou de que o homem é quem usa a camisinha. A revista *Carícia*, por exemplo, com dois milhões de jovens leitores em todo o Brasil, basicamente adolescentes que estudavam e trabalhavam fora como os jovens de nossa pesquisa,[9] baseava seu conteúdo nas cerca de 5 mil cartas recebidas por mês. Os jovens das cartas pareciam perdidos, querendo sempre saber se eram normais: "Isso só acontece comigo?".

Os vídeos e filmes pornográficos são a outra forma de "informação" massificada para os rapazes que participaram de nosso projeto, e estavam mais disponíveis para esses jovens de São Paulo do que

---

5. Lopes, J., 1991.
6. Buitoni, D., 1991.
7. Cavalcanti, C., 1995.
8. Cláudia, citada por Cavalcanti, op. cit.
9. Trinta e seis por cento dos leitores de *Carícia*, a revista mais citada pelos jovens que pesquisamos, são da classe C. (Cavalcanti 1995).

nós imaginávamos. No final da década de 1990 a TV a cabo massificou definitivamente o gênero. Não conhecemos nenhuma pesquisa sistemática sobre o que está sendo mostrado nos filmes eróticos, que substituiu junto aos rapazes a revistinha pornográfica de outras gerações. Certamente as conseqüências do sexo, a camisinha ou o sexo responsável não estão entre os temas desse material.

A nossa experiência com a revista *Playboy*, que não é exatamente uma revista pornô, exemplifica a postura que existia na indústria do erótico até 1993. Orientada pelo banco de dados da USP, a *Playboy* brasileira nos procurou mais de uma vez para entrevistas sobre "masturbação" e outros temas de sexualidade. Condicionei minha entrevista ao tema de "sexo seguro e Aids", insistindo na responsabilidade dessas revistas de levantarem o assunto. O repórter me dizia que Aids era um tema *proibido* na revista, embora ficasse encantado com o conceito de sexo seguro, novo para ele. Só em 1993 e mais de dez anos depois do primeiro caso de Aids no Brasil, talvez finalmente ganhos pela idéia de sexo seguro já testada em outros espaços da imprensa, a *Playboy* resolveu quebrar o silêncio com uma matéria de qualidade para a qual acabamos contribuindo.[10]

Ou seja, nos mesmos anos em que o vírus da Aids se espalhava por quase todo o país, a imprensa e as novelas de televisão traziam a liberação sexual e suas repercussões para dentro de casa; mas situações difíceis (gravidez indesejada, por exemplo) continuavam sendo resolvidas magicamente (uma queda de escada que provocava o aborto, uma "produção independente" romantizada) e a Aids não existia. Enquanto isso, as campanhas repetiam que "A Aids vai te pegar" e o noticiário parecia estimular apenas as controvérsias e a curiosidade mórbida pelo "aidético". Só depois de milhares de casos de Aids (e bem depois do início desse projeto) é que o "sexo responsável", ou as conseqüências das decisões conscientes ou inconscientes a respeito do sexo, passaram a ser discutidas mais seriamente pelos meios de comunicação.

Até hoje é frágil e sazonal a discussão séria da situação dos direitos sexuais e reprodutivos dos jovens, das dificuldades de acesso a contraceptivos apropriados para sua idade. Os jovens começam a vida sexual muito cedo (ver Capítulo 5) sem discussões sistemáticas e orientadas para decisões mais conscientes. A distribuição de métodos con-

---

10. Leme, C., 1994.

traceptivos ou o preço da camisinha são ainda inacessíveis num país onde o aborto é ilegal e o sexo entre jovens e adolescentes abundante. Só recentemente e estimulada pelo medo da Aids, a educação sexual passou a ser respeitada e oferecida aos alunos das escolas, ainda que limitada às iniciativas de educadores mais progressistas.

"SEXO? DIZEM QUE É BOM..." AIDS NÃO PODE TER NADA A VER COMIGO...[11]

Mas o que é sexo para esses jovens, socializados nesse mundo, com essas fontes de informação e formação? É uma reposta marcada pelos gêneros e pela camada social a que pertencem.

O estudo piloto da primeira fase já tinha nos mostrado que os *garotos* aprendem sobre sexo na rua, conversando com os amigos e com as "mulheres da rua", têm de ser muito sabidos ou fingir que sabem tudo sobre sexo. É importante deixar de ser virgem o mais rápido possível, ser muito experiente e, portanto, não podem ter medo de Aids: separam mais freqüentemente sexo de amor porque têm uma urgência biológica a ser descarregada, "senão sobe pra cabeça". O cuidado para não engravidar qualquer menina ou pegar doença se resume a escolher com qual menina de rua transar. Já as *garotas* crescem escutando que sexo é bom mas é ruim, dói, é perigoso por causa da gravidez, que, por sua vez, é sublime. Escutam cada vez menos que têm de ser "assexuadas" e sem desejo, e mais que têm de "fingir" pelo menos, para não ofender e não ser abandonada pelo namorado, mas que se elas não desempenharem bem serão largadas por outra. Têm medo de violência, falam da violência dos meninos que é real, mas muitas vezes usam a "forçada" como parte do discurso de negação cínica do desejo, um álibi para não ser tomada como mulher da rua.

A esmagadora maioria dos garotos e garotas dizia no questionário que sexo é bom (95%), independentemente da idade ou religião. Atividade sexual era pecado apenas para 3,5% deles, independentemente do sexo, da idade e a freqüência dessa resposta era um pouco maior entre os protestantes (9%). Confirmando o que tínhamos encontrado nas primeiras entrevistas, o medo de fazer sexo era relevante apenas para os meninos mais novos (inexperientes) e para as mulheres: 57% das meninas e apenas 13% dos meninos têm medo de fazer sexo (independentemente da religião).

---

11. Resposta de uma menina virgem à pergunta: quando você pensa em sexo, o que te vem à cabeça?

Nesse universo em que sexo é bom, em que o medo é mais para as mulheres, em que o sexo masculino é uma imperiosa força biológica que deve ser "descarregada" (e o homem é que deve usar a camisinha...) como a Aids podia ser elaborada? O HIV só somou ambigüidades ao contexto feminino que já celebrava o "tudo bem do prazer" e a possibilidade de usar contraceptivos. No caso dos rapazes, que resolviam as mazelas do sexo com o antibiótico receitado pelo farmacêutico ou negando a responsabilidade pela gravidez, como veremos, ficava difícil incorporar a "responsabilidade" de usar camisinha.

Como promover mudança entre os homens ainda é a questão mais difícil de responder na formulação dos programas de prevenção de Aids. Nos lugares do mundo onde existe uma comunidade gay organizada, a identidade coletiva desses homens gerou respostas razoavelmente eficazes à ameaça da Aids. E os homens que preferem as mulheres, quem vai liderá-los? As mulheres têm nos vários movimentos de mulheres uma referência, um tipo-ideal. E os homens? Voltaremos a esse tema central muitas vezes.

As associações feitas pelos jovens com a Aids mostraram que o único resultado dos primeiros dez anos de construção simbólica da epidemia foi a sua perversa personificação no "aidético". A primeira década criou muito mais curiosidade pelos "doentes" (o que eles têm de especial, de diferente?) do que pela "doença". O vírus era menos importante do que as pessoas que o carregavam e mesmo os mais informados, ao saber que alguém estava com o HIV perguntavam: "Como ele pegou?". Ninguém pergunta como alguém pegou hepatite, gripe ou outras viroses, como dizia H. Daniel, mas no caso da Aids saber *quem é* ou *o que faz*, se é "culpado" ou não, faz parte de qualquer conversa. Portanto, perceber a própria vulnerabilidade era se identificar com a personificação da epidemia, acompanhada apenas de julgamento: "culpado!". Não havia no horizonte solidariedade e apoio. Ninguém que prezasse sua cidadania e liberdade, quisesse ser respeitado pelos seus e tratado como parte importante de um grupo, se auto-incriminaria. Prefere-se até hoje pensar que "a *outra* é mais promíscua que eu, eu não estou em risco, ela sim". Ou que *"ele* é mais galinha que eu, pode acontecer com ele e não comigo". Ninguém gosta de se identificar com a acusação. As oficinas e as observações clínicas têm-nos indicado que a idéia de promiscuidade é sempre subjetivamente definida numa escala pessoal. Para não aceitar o "rótulo" há sempre alguém mais exposto, por que se cuidar então? "O problema é deles e não meu." A conseqüência da abordagem "promiscuidade e medo" foi o crescimento criminoso da epidemia e o espalhar do vírus para todos os grupos da população brasileira.

Conversar com os pais e a orientação sistemática e prolongada fazem diferença!

As mães desses jovens, ou suas professoras, são da geração da pílula e da esterilização que foi convencida a fazer a revolução silenciosa dos padrões de fertilidade no Brasil comentada no Capítulo 1. Os pais foram abrindo mão de decidir quando e quantos filhos vão ter sem que tivessem, homens e mulheres, que negociar cada relação sexual. Uma geração que fez diferente mas não se sente ainda confortável para se posicionar abertamente, para falar de sexo com alunos ou filhos, não sabe bem o que é "certo" e "errado". Não é à toa que seus filhos, estimulados pelo caleidoscópio dos meios de comunicação querem sempre saber "se são normais". Não tivemos contato direto com todos os pais que, segundo avaliação dos professores e diretores das escolas, nunca reclamaram ou se manifestaram. Os poucos que nos procuraram nas escolas do Centro da cidade vieram pedir nosso apoio e buscar mais orientação e pareciam felizes que a escola fizesse algo, o que também foi observado por Martha Suplicy no caso do projeto de Orientação Sexual.[12]

Uma pesquisa feita pelo Datafolha[13] que ouviu adultos em dez capitais, já em 1993 sugeria que os pais são bastante liberais a respeito de educação sexual nas escolas. A maioria deles (82%) aprovava a educação sexual nas escolas e apoiava seu início na faixa dos 10 a 12 anos de idade. A análise dessa pesquisa sugere que esse apoio tem o caráter de transferência para a escola de uma responsabilidade difícil de assumir pelos pais. Significativamente, muitos (35%) nunca tinham falado sobre a Aids com seus filhos, metade dizia que conversa raramente ou nunca falou com os filhos sobre sexo ou drogas. A

---

12. Suplicy, M., 1993.
13. Essa pesquisa domiciliar foi feita "levantamento estatístico por amostragem estratificada, com cotas de sexo e idade, sendo que o conjunto da população adulta da cidade é tomado como universo da pesquisa". Relatório do Datafolha, julho de 1993. Comunicação pessoal de Gustavo Venturi, diretor do Datafolha.

grande maioria aceitaria a participação dos jovens na definição dos assuntos que devem ser discutidos, sem restrição a nenhum tema, e 96% achavam que educação sexual nas escolas pode ajudar a prevenir a Aids. Os pais tendiam a ser ligeiramente menos liberais no norte e nordeste do país, e nas faixas de renda e escolaridade mais baixas.

Essa tendência é confirmada pelas respostas dos jovens à pesquisa. Enquanto a grande maioria dizia que aceita a opinião da família sempre (90%), a maioria (83% das meninas e 51% dos meninos) *nunca* conversou sobre sexo com o pai. Conversar com a mãe sobre sexo era mais difícil para os meninos: 39% das meninas e 65% dos meninos *nunca* falavam com as mães sobre sexo. A freqüência com que conversavam sobre sexo com os pais não mudava significativamente em função da idade que tinham ao responder o questionário. A proporção de garotas que gostaria de falar com alguém sobre sexo, é importante notar, é significativamente maior que a proporção dos rapazes.

A maioria dos jovens conversava sobre sexo com os amigos sempre (56%) ou pelo menos de vez em quando (33%). Esses resultados são consistentes com outras pesquisas:[14] os amigos são de longe as pessoas com quem mais conseguem falar sobre sexo, seguido de parceiros (namorados, noivas) e irmãos. O grupo que conversava com os amigos ficava significativamente mais à vontade para falar sobre sexo em outras situações. Mas quase metade dos jovens dessa pesquisa nunca participara de nenhuma atividade de orientação sexual, na escola ou fora dela.

É importante notar que os jovens da nossa pesquisa que conversavam com os pais, além de conseguirem conversar mais que a média sobre sexo também com outras pessoas *usavam significativamente bem mais a camisinha*. Por outro lado, conversar sobre sexo com pais ou amigos não depende da idade com que os jovens iniciam a vida sexual (nem diminui, nem aumenta) e não atribui mais importância à atividade sexual.

Confirmamos assim a experiência internacional de prevenção da Aids com jovens e adolescentes e os projetos desenvolvidos para avaliar os efeitos a longo prazo de programas de educação sexual em países europeus ou nos EUA. Os adolescentes que participaram de programas de orientação por mais tempo e tiveram mais oportunidades de

---

14. Benfam, 1992.

conversar sobre o assunto do que estudantes que só participaram de aulas regulares (de "ciências") sobre sexualidade, mostraram melhores resultados em termos de adesão ao sexo seguro e o adiamento do início da vida sexual.[15] Ou seja, ao contrário do que muitos pais ou professores menos liberais acham, falar responsavelmente de sexo não aumenta a chamada promiscuidade ou a importância atribuída ao sexo.

A vantagem de programas organizados pela comunidade escolar, religiosa ou por pais confortáveis em conversar sobre sexualidade é a desmistificação e a discussão parametrizada por gente mais experiente. Programas sustentados teoricamente diminuem a incidência de gravidez em adolescentes e a quantidade de sexo, adiam o início da vida sexual, e aumentam a consistência do uso de camisinha, segundo vários estudos experimentais recentemente publicados.[16] Deixar para os amigos, ou para revistas, TV e vídeo não supervisionados, pode não estimular informações corretas sobre o funcionamento do corpo e dos métodos contraceptivos, e pode ser fonte de disseminação de mitos e preconceitos, dependendo de com quem se conversa, como veremos no próximo capítulo.

Escutar o silêncio, as dúvidas e os preconceitos mais comuns

Nas escolas em que tivemos a chance de trabalhar mais profundamente com os professores, estimulamos que pelo menos um professor, o mais confortável com o assunto e não necessariamente o sempre-escolhido-professor-de-ciências, fizesse uma atividade em que se estimulava a espontaneidade da garotada antes de aprofundar o tema e dar todas as respostas. Os professores propuseram redações sobre Aids, ou simplesmente dividiram os alunos em grupos de meninos e meninas para levantar o que pensam e associam com Aids, listar o que sabem sobre os meios de transmissão, e suas dúvidas. Uma tabulação dessas dúvidas de cerca de 900 alunos numa das escolas exemplifica o que aparecia nas oficinas. As perguntas mais comuns eram:

Muito freqüente:
- "Quais as outras maneiras de transmissão que eu não sei?"
- "Quais minhas dúvidas? Quero saber tudo!"

---
15. Choi, K. H. e Coates, T. J., 1994.
16. Unaids – Programa de Aids das Nações Unidas, 1997.

- "Beijo na boca é perigoso?"
- "Como é melhor se prevenir?"
- "Quando vai surgir a cura, por que é difícil?"
- "Já surgiu a cura?"
- "E o cuspe, a saliva, têm Aids?"
- "Como surgiu o HIV?"
- "Como a mãe passa pro filho?" ou "Como a criança pega?"
- "Como pega mais fácil, detalhe por detalhe!"

Frequência média:
- "Qual o remédio pra Aids?"
- "Sexo oral, com a boca, pega Aids?"
- "Camisinha é segura, não estoura?"
- "Quais os sintomas?" ou "Qual o primeiro sintoma?"
- "Quero saber mais como pega por sexo anal."
- "Aidético pode ter vida normal?" ou "Como eles se sentem?"
- "Viver na família, conviver pega? Que cuidados devemos ter?"
- "Quanto tempo leva pra morrer e por que leva esse tempo?" ou "Quanto tempo leva pra manifestar?"
- "Como lidar com o aidético?"
- "O que a Aids tem a ver com o macaco, ouvi falar uma coisa assim."
- "O que é o vírus?"
- "Se tiver um machucado, como transmite?"
- "No suor transmite?"
- "Dentista é perigoso?"
- "Em assento quente pega Aids?"
- "Que fazer se a camisinha estoura?"
- "Existe indenização ou punição para quem contaminou?"
- "Como identificar, como eles aparentam no começo quando acabaram de pegar a Aids?"
- "Inseto passa Aids?"
- "Por que existe essa reação das pessoas, esse preconceito?"
- "Gripe e espirro passam o vírus?"

Freqüência baixa
- "Por que a gente pega e não percebe?"
- "Animal pega Aids?"
- "Por que cai cabelo?"
- "A pessoa com vírus pode morrer de resfriado?"
- "Qual a reação da família?"

- "Qual a diferença entre ter o vírus e ficar doente?"
- "Cuidar de alguém com Aids transmite?"
- "Preservativo é seguro para a mulher?"
- "Dedo cortado, com dedo cortado, tipo pacto, pega?"
- "Xixi no machucado pega?"
- "Sem relação sexual há transmissão do vírus?"
- "Mulher passa pra homem?"
- "Que fazer se eu me descobrir com o vírus?"
- "Precisa usar duas camisinhas?"
- "Esperma na boca passa Aids?"
- "Se meu marido não sai com outra mulher, há possibilidade?"

Em qualquer programa de prevenção que visa criar sujeitos que façam escolhas conscientes sobre o sexo, decisões apropriadas para sua religião ou ideologia, idade ou preferência sexual, exercícios como esse devem iniciar qualquer atividade. Foi sempre melhor do que fornecer a informação (numa palestra) e "abrir para as perguntas". Veja por exemplo o mesmo exercício de levantar as dúvidas e associações sobre a Aids feitos pelos alunos **depois** de assistirem ao vídeo "Amor: Viva a vida" e antes da primeira reunião:

Mais freqüentes:
- "Como estão as pesquisas de cura?"
- "Como, quando e onde surgiu a Aids?"
- "Por que a mãe pode não transmitir?"
- "Se a camisinha estoura, pega Aids?"
- "Existe outra maneira de saber que se tem Aids além do teste?"
- "Sexo oral transmite Aids?" (o filme não fala disso...)
- "Machucado na boca pega Aids?"
- "Quero saber mais"

Menos freqüentes:
- "Por que as pessoas não se previnem?"
- "Como pega mais fácil?"
- "Como vive o aidético?"
- "Como põe o preservativo" (o filme mostra)
- "Como esteriliza seringa" (o filme mostra)
- "Sexo anal e oral dá gravidez?"
- "Diferença entre HIV e Aids, qual é?"
- "E o macaco, e os animais?"
- "Como não ter medo?"

- "O primeiro exame é confiscável?"
- "Saliva e beijo pega?" (o filme fala disso)
- "Pernilongo passa Aids?"
- "O que fazer se descobrir que é HIV positivo?"
- "Quais outras maneiras de pegar pouco conhecidas?"
- "Quem é responsável pelo sangue?"
- "Por que espalha pelo corpo?"

Falavam mais de HIV e não só da Aids, pareciam menos preocupados em saber a cara do "aidético" ou em como conviver com ele (viram isso no filme), e as perguntas eram mais específicas, pedindo dicas concretas de como se proteger (quem é responsável pelo sangue, como põe camisinha, sobre o exame HIV). De um lado, empurramos a discussão para um patamar diferente e mais sofisticado, de outro perdemos a oportunidade de exteriorizar e lidar com as dúvidas na forma em que estão na cabeça deles, ou na de outras pessoas com quem eles convivem e ajudam a informar. Ter a chance de falar e observar como cada dúvida é resolvida é sempre mais estimulante, preferimos sempre começar com o espontâneo e não com a nossa linguagem e definição dos coordenadores, ou com os nossos parâmetros do que é importante. Os temas emergentes e a "pauta" de um grupo em particular sempre vai emergir, e o grupo pode então observar passo a passo a solução de *suas* dificuldades, o que vai colaborar para serem multiplicadores mais conscientes no futuro.

A maioria respondia no questionário que "Aids não tem nada a ver comigo". Mas depois de algumas páginas, logo depois de responderem às perguntas sobre práticas de risco específicas, quase metade dos jovens afirmava que tinha grandes chances de "pegar Aids daqui para a frente". Coerentes com o fato de responderem que não usavam camisinha, apenas 18% diziam que não teria chance nenhuma de *pegar Aids* no futuro, independentemente do sexo, do nível de preconceito e se tinham ou não atividade sexual. A maioria (64%) reconhecia ter alguma chance de *já estar com o vírus*, uma proporção maior de homens que de mulheres. Se considerarmos apenas os que tinham atividade sexual, um número significativamente maior de homens que de mulheres já tinha ouvido falar do teste HIV e já tinha pensado em fazê-lo.

Esse é um bom exemplo de como depois de inventariar dúvidas – respondendo a um questionário ou listando numa atividade de grupo – a ansiedade deles aumentava. Percebiam a quantidade de coisas a aprender e ficavam perturbados com o amontoado inflacionado de perguntas complicadas e respostas nem sempre simples.

Como princípio geral, temos começado com o que o grupo tem de dúvidas e sabe resolver sem nossa interferência, de preferência completando ou ponderando suas respostas, aprofundando e sofisticando no ritmo deles. No modelo curto, como temos pouco tempo, muitas perguntas são encaminhadas de volta para os professores ou para o Disque-Aids. Na oficina longa, costumamos ponderar que os coordenadores têm um roteiro em que a informação poderá ser discutida aos poucos nos vários encontros: "Isso a gente vai ver com mais detalhes no terceiro encontro".

Os personagens da Aids: trazendo dúvidas e preconceitos para o contexto (labirinto)

Outro exercício que usamos no segundo encontro, o Labirinto, pretendia começar a confrontar os estereótipos e de outra maneira os obstáculos para a conscientização da vulnerabilidade ao vírus HIV, superando a idéia de "vítimas" e "culpados".

Na prancha do Labirinto (p. 79) é possível projetar uma prostituta na menina de calça apertada, o "drogado" e o "bicha" são projetados na figura de cabelo espetado ou no rapaz de cabelo encaracolado. Na maioria das histórias que eles inventam até hoje quando usamos esse exercício a partir da figura os rapazes são sempre "galinhas". A mulher gordinha é quase sempre uma "Dona" que é vítima do marido "Careca", que transa com outras. Essas figuras mais velhas são as vítimas preferidas do hospital onde receberam transfusão de sangue contaminado. O "Careca" ou os rapazes são as vítimas preferidas da puta, freqüentemente depois de ter bebido no bar ou na "boate". Mais raramente nas histórias, a menina é vítima do namorado mas os rapazes nunca são infectados pela namorada. Nunca foi usada a piscina presente na figura, e algumas vezes eles vêem um baile na parte do desenho que pode representar um ponto de droga, embora sempre incluam uso de drogas nas histórias.

O grupo que inventou o Labirinto[17] provavelmente desenhou o cenário mais comum para a Aids na cabeça da maioria das pessoas.

---

17. Casa da Mulher do Grajaú e NISM/Instituto da Saúde (1992).

Nesse exercício pedíamos para as pessoas reagirem a esse cenário escrevendo uma história e eles a escrevem com base na sua realidade e vivência. No caso das oficinas curtas, quando trabalhávamos com jovens ainda inseguros com a escrita (comum nos cursos noturnos) sempre misturamos em cada subgrupo pessoas de séries mais adiantadas com séries iniciais, assim todos produziam a história e tinham um relator mais à vontade para anotar. Levavam em média meia hora para elaborar e escrever, e cada subgrupo contava a sua história para os outros. Vejamos alguns exemplos de histórias criadas a partir do Labirinto e sorteadas ao acaso (corrigi apenas a ortografia):

a) **Grupo de mulheres**

- "Rita é uma garota de programa, que vive na capital, ela encontrou um rapaz, achou lindo! Não pensou duas vezes, deu em cima dele. Mas ele disse: "não pensei que as garotas de programa eram assim, mas você é muito bonita'. Ela perguntou: 'Vamos dar um passeio?', e 'Sim, para o hotel de luxo'. Ela quis tanto que ele aceitou rapidinho. Saíram dali feliz. No outro dia seu Júlio pergunta a Rita: 'Vamos sair? Eu pago o quanto você quiser', e lá foi ela outra vez, só que não por prazer e sim por dinheiro. Júlio saiu feliz, foi para casa, chegou lá, Ana, sua esposa, estava esperando para o jantar. Passou alguns meses, Ana passou mal, teve febre e diarréia. Foi ao médico, mas o médico pediu exame e principalmente o HIV. Ela fez, deu positivo, ficou super chocada e perguntou para o marido Júlio se ele saiu com alguém. Ele disse que sim, foi com uma garota de programa chamada Rita. Ele falou: 'Será que também estou?' Perguntou logo que viu Rita, e Rita disse que tinha saído com um belo rapaz, 'só pro prazer.'"

- "Simone conheceu Marcos e foi para o clube com ele e começaram a beber. Depois Marcos a convidou para ir para o Motel. Transaram e no outro dia Simone começou a ficar mal. Foi no hospital e o médico pediu para Simone fazer um exame, e deu positivo. Simone não acreditou. Marcos desprezou Simone, que não queria saber de mais nada e queria morrer de desgosto na vida, ligou para sua mãe e seu pai. O pai e a mãe não quiseram saber dela."

- "Gertrudes conheceu Júnior em uma lanchonete de um clube badalado. A partir desse dia Gertrudes começou a se encontrar com Júnior com mais freqüência. Levou-o até sua casa para conhecer seus pais. A princípio eles não gostaram de sua presença, pois acharam que era um cara meio estranho. Iam até as boates freqüentemente, quando um dia Júnior resolveu se encontrar com mais amigos num beco escuro da cidade. Quando Gertrudes se deparou com a situação, todos estavam tomando drogas e Júnior começou a tomar também. De repente, ele forçou ela a levar uma picada na veia. Ela não conseguiu se safar dessa situação e quando ficou em si, estava transando com Júnior e, o pior de tudo, é sem prevenção alguma. Só que Gertrudes era uma menina muito dada, no outro dia não quis mais saber de Júnior e começou a sair com Chico. E os dois começaram a ter relações e Gertrudes acabou passando o vírus para o Chico. Sua mãe resolveu levar Gertrudes ao Hospital para fazer exame de Aids, quando sua mãe soube do resultado ficou decepcionada com a filha. Mas ela já tava com o vírus."

- "Uma vida perdida.
  Robson, 19 anos, portador do vírus da Aids. Conheceu uma garota chamada Viviane, 17 anos. Conheceu ela numa boate na Consolação, começaram a namorar, mas ela não sabia que ele tinha Aids e era homossexual. Ele passou na casa dela de carro para irem ao bar. No dia seguinte Viviane conheceu o irmão de Robson, que se chama Roberto no clube, conversaram muito e foram para o Motel, mas ela nem desconfiava que eles eram irmãos, ela gostou muito mas encontrou ele se picando de heroína, ele perguntou se ela queria usar, ela disse que queria porque nunca tinha usado. Gostou, ficou muito louca e depois foi se encontrar com a Lucineide que era coroa de 52 anos de idade. Passaram 5 anos e todos se encontraram no hospital. Perguntou a Viviane: O que está fazendo aqui, eu estou com o vírus da Aids e você também! O enfermeiro chamou o Robson e falou: Seu irmão acabou de falecer."

b) **Grupo de homens**
- "A estranha aidética."
  João estava andando com seu amigo Pedro, quando de repente parou um carro. Nesse carro estava uma mulher, muito bonita e gostosa e sabia que os dois usavam drogas. Ela lhe ofereceu várias drogas se em troca eles transassem com ela. Eles transaram e ganharam as drogas. Alguns meses depois, começaram a se sentir mau e pegar várias doenças, foram ao hospital fazer alguns exames e testes e estavam com Aids."
- "O filho da Maria foi numa boate e pegou Aids. A família quando soube abandonou ele e na falta de parentes ele se matou."

- "Pedro tinha uma doença chamada Aids, Pedro pegou Aids metendo numa prostituta. Num dia Pedro conheceu uma mulher muito bonita, namoraram, casaram e transaram. Aí ela pegou Aids. Maria engravidou e teve dois filhos com a doença chamada Aids. Um dos filhos chamava Roberto e o outro Sérgio. Num dia, Pedro ia para o trabalho e bateu o carro, aí teve que fazer exame de sangue e descobriram que ele tinha Aids. Aí Pedro, assustado, contou para a Maria que tinha Aids."

- "Estávamos andando de bicicleta pela rua, quando uma carreta enorme, gigante mesmo, entrou na nossa frente, fomos parar embaixo da carreta, ela nos jogou longe, perdemos muito sangue, um rachou a cabeça, o outro entrou de cabeça no vidro do carro. Fomos levados rapidamente para o hospital, onde sofremos uma transfusão de sangue e contraímos o vírus."

- "Aids na cidade pequena."
  Era uma vez uma cidade chamada Seilândia. Nessa cidade não havia doença, brigas etc. Até que um dia chegou um turista mau-caráter, aidético e filho da puta. O filho da puta, como viu que aquela cidade era conceituada de bons elementos, ele pensou.

  – Vou gozar em todas as mulheres sem Aids.

  Começou com a mulher do prefeito. Tudo aconteceu numa sexta-feira em cima da mesa da prefeitura. Aí a mulher do prefeito passou Aids para o marido, que passou para a empregada, que passou pelo marido, que passou para os filhos que nasceram. Todas as vezes que se transmitiu Aids é por meio do sexo oral. Pois ninguém conhecia, e a Seilândia passou a ser uma cidade do crime, sexo e prostituição."

Essas histórias, como as cenas reais ou imaginárias da própria vida que montaram mais adiante no último encontro, às vezes eram fantásticas e complicadas como nos filmes de TV, outras mais cotidianas. Diante de cada relato perguntávamos ao grupo: "É verossímil? Pode ser assim? É sempre assim?".

Só o hospital aparecia como local para fazer o teste (nunca os centros de testagem anônima e gratuita) e pensavam muito em suicídio como solução para o portador.

Os dois personagens mais freqüentes eram o *aidético* e a *prostituta*, que os meninos chamavam claramente de "puta", "piranha" e as meninas em geral nomeavam com atenuantes para mulher da rua (a "dada", a "garota de programa"). A *família* também era emergente, em geral abandonadora mas símbolo da boa moral, depois os *drogados* e os *galinhas* (rapazes com sexualidade incontrolável). Pouquíssimas histórias falavam do *gay/bicha/viado* nesse exercício, embora um dos personagens mais associados à epidemia fosse "o homossexual". Nunca viam relacionamentos homossexuais na TV e não conversavam com homossexuais assumidos, não saberiam ou poderiam montar uma história cujo personagem fosse "uma bicha".

Conversar sobre o conteúdo dessas histórias ajudava a discutir o estigma do *aidético* que na cabeça deles é vítima do vício ou de um parceiro, ou então cruel psicopata; ajudava a corrigir informações sobre a doença, seu tempo de incubação, sintomas, a diferença entre ter Aids e ter o vírus; discutir se não havia nada a fazer mesmo. No começo da epidemia era mais difícil pensar na invisibilidade da cadeia de transmissão do vírus e o Labirinto tratava de rapidamente trazer essa questão para os que não tinham essa idéia.

No encerramento desse exercício perguntávamos "Quem pega Aids?". A essa altura, sempre alguém respondia prontamente: "Todo mundo pode pegar Aids!" Mas invariavelmente repetiam os mesmos personagens, como nesses dois exemplos:

Grupo de homens, na ordem em que apareceram – "viado!", "puta", "maluco", "todo mundo pode pegar", "acidentado", "vagabunda e galinha", "bobo sem camisinha!", "bobo não, duro", "duro... com certeza. Mole é que não pega!" (risadas).

Grupo de mulheres – "todo mundo!", "mulher", "homem", "transvesti (sic)", "prostituta", "hemofílico", "criança", "bebê", "velho", "eu, você, nós", "ela ali!"

Vejamos um trecho de um relatório sobre a discussão de rapazes depois do exercício do Labirinto:

(relator) (Após a leitura das histórias a discussão teve prosseguimento.)
Coord. – O que apareceu nas histórias?

- Preconceito.
- Muita gente se matando.
- A prostituição.
- Ninguém com camisinha.
- Drogas...

Coord. – O que mais?... É isso aí, vocês perceberam como não aparece o uso da camisinha? Tem também a coisa da desesperança. Pegou Aids acabou. Nas relações a Aids se pegava com quem?

- Com vagabunda.

Coord. – Só com vagabunda? O que é vagabunda?

- Mulher que se encontra por aí.
- Menina que transa com todo mundo.
- Se pega com bicha também.
- Viado.
- Com todo mundo.

Coord. – Mas "todo mundo" não aparece na história. As aparências enganam. Não aparece a idéia de pegar de uma menina que não é galinha.

- É... Pode ser que a menina não pegou com sexo.
- Ela pode ser legal e pegar com o namorado.
- Quero saber quanto tempo a doença leva pra se manifestar.

Coord. – Existe grupo de risco? O que é grupo de risco?

- Sim. Drogado, homossexual, prostituta.
- Grupo mais fácil de pegar Aids.

Coord. – Vocês mostram que acreditaram mesmo... Já falamos sobre o tempo da doença (...e fala um pouquinho sobre isso, respondendo à pergunta). Será mesmo que existe um grupo de risco?

- Tem gente que não faz nada disso e pega Aids.
- Mas a maioria é isso aí!

Coord. (explicando) – Hoje o número de heterossexuais... sabem o que é?

(coro) – Não!

Coord. – (Pára tudo e explica o que é heterossexual) – ...enfim, o número de heterossexuais passou no mundo inteiro o número de homossexuais com Aids. Todos correm risco, o que vocês acham? (A classe fica em silêncio...) O que vocês acham?... Não precisa ficar assim... É preciso parar de transar para não pegar Aids?

(coro) – Não!

136

- Não! Certo!
- Não, espera. Não precisa parar.

Coord. – Que fazer então?

- Usar camisinha...

Discutíamos então como a idéia de "grupos de risco" não descrevia corretamente o crescimento da epidemia, desfazendo os estereótipos e a culpa, humanizando os personagens que povoam esse imaginário sobre a Aids, o que era importante para gerar um clima mais solidário nessa comunidade em relação aos portadores do HIV, um dos objetivos desse trabalho. Sem isso, muitos deles começavam a se sentir extremamente rejeitados porque de alguma maneira se identificavam com aspectos desses personagens: um tinha transado com uma prostituta, o outro tinha tido uma fantasia homossexual, ela "deu" sem casar, essa consumiu alguma droga, aquela transou sem camisinha ou teve uma fase *galinha* etc. Se não se discute esses estereótipos mantém-se a perseguição de comportamentos de risco identificados com um conjunto de identidades "promíscuas", difíceis de serem assumidos como parte da vida deles.

A abordagem que separa o "comportamento de risco" de uma identidade atribuída de "promíscuo" ajuda mas não resolve o problema. A conduta sexual é socializada num *script* que nos aparece personalizado. Não se incorporam comportamentos como atos ou técnicas sem sentido e contexto! O sentido simbólico da mesma prática de "meter", como eles dizem, varia de acordo com "onde" e "quem com quem". Se focalizamos apenas a prática vazia de sentido, não estimulamos a percepção da vulnerabilidade e o risco continua atribuído aos grupos de risco.

Não há por que patrulhar a linguagem, obrigando-os a usar "penetração", "órgãos sexuais", "pessoa com HIV" ou "trabalhadora sexual". A mudança de linguagem acontece naturalmente, durante o processo quando se constrói o respeito pelas diferenças. Em vários grupos começaram com "viada" e passaram para "entendida", de "aidético" para "portador do HIV". Apenas moralizar o sentimento com frases do tipo "é errado chamar alguém de aidético", desqualifica grosseiramente o sentimento que é fruto de uma construção social, não ajuda a quebrar preconceitos, todo mundo chama! A compreensão de que o preconceito é uma falsa generalização, uma des-humanização e uma criação da cultura e da história, e não des-natureza das coisas, muda a linguagem mais consistentemente.

Uma das maneiras de ajudarmos o grupo a conversar com esses personagens internos é observar o mar de preconceitos e emoções fortes trazendo esse personagem para a sala, no exercício do Roda-Viva. Um exemplo:

(relator) A Vera pega uma cadeira, põe uma garrafa de Sprite vazia que sobrou do lanche. Diz:

Vera – Tá bom, aqui tá a prostituta. Fala isso pra ela. (Espanto, risadas.)
Ma – Falar o quê?
Vera – O que você estava falando!
Ma – Pra ela, pra garrafa?
Vera – Imagina que a garrafa é uma prostituta, essa que você tem na cabeça...
Ma – Mas eu não tenho nenhuma na cabeça!
Vera – Então imagina uma concretamente, uma de verdade...
Ma – Bem... Tá bom. Imaginei. E agora?
Vera – Faz a pergunta que você estava fazendo!
Ma – Ah... (virando para a garrafa/cadeira) Por que você faz isso? Não consigo imaginar transar com um cara assim sem gostar, vários, e ainda passar Aids pra todo mundo! Você não imagina que vai prejudicar um monte de gente?
Vera – Agora senta ali no lugar dela.
Ma – EUUUU?
Vera – É, seja ela um pouco, só pra experimentar...
Ma – De jeito nenhum, nem experimentando.
Vera – É um exercício de faz-de-conta. Não dói... OK, se você não quer, alguém do grupo se habilita? (duas meninas se oferecem, mas a mesma Ma finalmente decide)
Ma – Tá bom. Eu vou. (senta na cadeira) E agora.
Vera – Jo! (se dirigindo a outra garota) Me ajuda! Senta aqui no lugar que ela tava e repete a pergunta do jeito que ela fez...
Jo – (a Jo repete igualzinho, até os trejeitos, é engraçado, todos riem) Por que você faz isso? (etc. e tal)
Vera – Você escutou sra. Prostituta? (perguntando para a Ma)
Ma – Sim... bem é que eu preciso da grana, oras, tenho filho pra criar. E não tô conseguindo mesmo outro emprego! E não é fácil não ter essas relações todas. Não é que eu gosto, mas não desgosto tanto assim pra não levar a grana.
Vera – Troca de lugar de novo.

Ma – Como assim? Ah, ficar onde eu estava e voltar a ser eu?
Vera – É, tudo bem?
Ma – Agora que eu tava acostumando...
Vera – OK, você, sra. Prostituta, quer falar alguma outra coisa?
Ma – Acho que vocês têm medo de mim mas eu não faço isso por querer. Assim, não é que eu não quero, mas não tou pensando em prejudicar ninguém. (levanta espontaneamente e troca de lugar)
Vera – Você quer ir pro lugar da garrafa-prostituta? (perguntando para a Jo) (a Jo vai e Vera pergunta para a Ma)
Vera – Agora, veja se você tem outras perguntas. (Vera vira pra Jo) Você pode repetir o que a sra. Prostituta falou por último?
Jo – (fala da grana, do filho pra criar e que não quer prejudicar ninguém)
Ma – Então é bom começar a pensar, porque você prejudica sim! Um monte de mãe de família vai ser contaminada por você!
Jo (criando, no papel de prostituta) – Por mim não, pelos galinhas dos maridos delas. Eu só pego nos maridos delas que sabem muito bem que tão me pagando e que faço com outros!
(coro) IHH! Uuu! Eeeee! (o grupo ri, faz barulho)
Vera – Obrigada pela contribuição dona Prostituta. Agora que tal a Senhora Prostituta aqui também responder? (a Ma, que ficou espantada e pensando na reação da Jo, parece acordar e vai para o centro de novo)
Ma – Uumm... bem... tá certo. Os caras é que vêm aqui e levam e trazem pras mulher deles, ou namoradas, né? Mas que eu não penso, não penso. Eu preciso do dinheiro...
Vera – E você não consegue o dinheiro se pensar nas mulheres? Você não pensa em se contaminar, você?
Ma – Se eu pensava nisso, não tava aqui...
Vera – Troca então, volta para seu lugar (ela volta e a Vera pega a Sprite e põe de volta na cadeira do centro). Agora, começando com você (olha para a Ma) o que vocês têm a dizer e a perguntar mais para a sra. Prostituta?
Ma – Você devia ir se informar sobre Aids, usar camisinha, fazer alguma coisa!

(E todo mundo começa a dar conselhos para a prostituta)

A conversa continuava, os outros participantes do grupo faziam perguntas e, se estavam confortáveis, sentavam para responder às suas próprias perguntas e aos seus comentários, no lugar do personagem. Outros podiam responder por eles, todos ajudavam nas perguntas e nas respostas. É um exercício que traz os fantasmas para fora, para serem questionados, entendidos, "ajudados" e "aconselhados", e não perseguidos. Os jovens aproveitavam para compartilhar experiências concretas:

- "Tem uma mulher no meu prédio que faz programas e trabalha na boate que é assim mesmo..."
- "Eu conheço um aidético que não é nada disso."

Em outros grupos, pessoas com experiências (ou fantasias) bi ou homossexual puderam assumir o lugar do "personagem-bicha" sem precisar contar sobre seus desejos, fazendo e respondendo a perguntas.

O exercício de "dar conselhos" é muito importante para conversarem com partes de si mesmo, outras vezes para sair da postura de acusação para a postura da ajuda e solidariedade. Humanizar é também se relacionar com os conteúdos intrapsíquicos que nos aparecem também como as figuras "preconcebidas" da nossa socialização, nem sempre pessoas da nossa convivência real. Lidar com os estereótipos para o feminino e masculino, por exemplo, é desconstruir nesses diálogos o padrão "sabe-tudo" dos meninos que no grupo são estimulados a perguntar e elogiados por terem dúvidas, "todo mundo tem!". As meninas humanizam a especialista em sexo (a "prostituta") e então podem deixar de fingir ignorância e se permitem ficar mais sabidas sem tanta culpa. Sobre esses estereótipos e sobre a dinâmica própria de grupos masculinos e femininos, falaremos com mais detalhes no próximo capítulo.

5
Os gêneros, o sensual e o reprodutivo

Neste capítulo resumiremos algumas teses sobre as sexualidades brasileiras e descreveremos como a dimensão sensual e reprodutiva do corpo é percebida pelos garotos e garotas. Também discutiremos as noções de masculinidade e feminilidade que compõem a subjetividade desses jovens, para demonstrar que a definição de "adolescência" como uma fase com características universais é insuficiente também para explicar as vivências sexuais. As normas culturais para os gêneros (masculino e feminino) e pelo menos o grupo e contexto social a que pertencem devem ser considerados para entendermos a atividade sexual dos jovens, como veremos pelos exemplos retirados do terceiro encontro da oficina e pelas respostas às entrevistas e ao questionário.

Sobre as sexualidades e os gêneros dos brasileiros

Como várias outras iniciativas no campo da educação em Aids no Brasil, este projeto foi também um "experimento" das teorias que temos, consciente ou inconscientemente, sobre a sexualidade. Além das teses sobre o poder na relação entre homens e mulheres e sobre a noção de gênero, testamos uma hipótese, defendida em outro texto, de que as mulheres têm usado as contradições da cultura para reinventá-la[1] e, portanto, estão menos presas que os homens às normas

---

1. Paiva, V., 1990.

coletivas. Exploramos também as idéias de R. Parker[2] que descreveu cinco subsistemas que coexistem e se articulam na construção social das sexualidades brasileiras, resumidamente:

1 – O *discurso religioso* da tradição ibérica e católica, em que os valores são o casamento, a monogamia e o sexo reprodutivo. Nossas pesquisas têm chamado a atenção para o crescimento de grupos cristãos fundamentalistas como os principais representantes desse discurso que justifica a punição divina para os que têm HIV e uma atitude mais fatalista diante da Aids. Veremos que, ao contrário do que se imagina, as práticas sexuais de seus seguidores mais dogmáticos não são nada diferentes.

2 – O *discurso da higiene social* do século XIX que define a sexualidade saudável e a doentia e participa dos primeiros discursos sobre a Aids com a idéia de promiscuidade. Esse sistema tem legitimado, por exemplo, o estranhamento em relação ao homoerotismo, justificado pela maioria dos jovens em nome de uma "normalidade" e "anormalidade" associada à "natureza do sexo" mais freqüentemente do que à religião ou à moral.

3 – O discurso feito pela *ciência moderna do sexo* que enfatiza a informação científica, os valores e preferências sexuais individuais. Esse discurso não é sempre estável na vivência dos jovens, mas tem permitido o trabalho com esses temas em espaços públicos como a escola e legitimado o poder das informações científicas: explicações sobre o funcionamento do corpo e sobre os artefatos do sexo seguro, da contracepção etc. Em geral ele tem justificado a ilusão corrente de que psicólogos ou médicos sabem mais – são mais objetivos e estão mais confortáveis ao abordar a sexualidade.

4 – A *ideologia de gênero patriarcal* que ao definir as polaridades feminino-passivo e o masculino-ativo moldará a sexualidade sob a óptica de dois gêneros, explicando as dificuldades com o sexo consensual.

5 – A *ideologia do brasileiro erótico* que nos define como um povo sensual e sedutor, cuja norma é transgredir-a-norma-para-obter-prazer. Um subsistema que surgiu com mais força na constituição dos grandes centros urbanos no século XX mas que sempre esteve presente na História, articulado com todos os outros quatro como

---

2. Parker, R., 1991.

contraparte. A ideologia do erótico tem legitimado a abordagem mais lúdica e espontânea, e permite homens e mulheres preferirem a "sedução jeitosa" para o uso da camisinha ao conversar racionalmente sobre o sexo seguro.

Os primeiros quatro subsistemas têm sido descritos por pesquisadores na América Latina ou em partes da Ásia e da África, afinal foram inaugurados pela cultura do colonizador cristão e europeu que também educou as elites desses países sem oposição vitoriosa até quase a década de 1950. A literatura recente sobre a prevenção do HIV e a cultura sexual nos países mais pobres[3] mostra, por outro lado, que existem singularidades em cada país ou região, nem sempre reconhecidas como precisaríamos e em geral invisíveis ao pesquisador não-nativo. Em países africanos, o desejo por um número ideal de filhos (quatro no mínimo) tem sido descrito como marcante para a atividade sexual, mesmo em regiões tragicamente afetadas pela epidemia da Aids. No caso do Brasil, acho que Parker tem razão em anotar como singular a ideologia do erótico que tem sido celebrada como parte do "caráter nacional" pelo Carnaval, pela exibição do corpo sensual de homens e mulheres e pela sedução aberta. Essa imagem "dos brasileiros" foi reforçada nas últimas décadas sem problemas nos horários nobres da TV que cobrem em rede o país inteiro e é conscientemente vendida no exterior: "Não existe pecado do lado debaixo do equador" ou "Entre quatro paredes vale tudo".[4] No caso das mais jovens, gostemos ou não, tem sido um modelo usado e abusado pelos jovens da geração *Xuxa, É o Tchan* ou *Tiazinha*.

As reações positivas no Brasil às propostas de programas de oficinas como este contrastam com a controvérsia comum em outros países e demonstram essa "nossa" singularidade. Sempre que apresentamos as atividades da oficina em reuniões internacionais (especialmente nos Estados Unidos) e relatamos o apoio que recebem da comunidade, a audiência tem ficado impressionada com "uma cultura sexual certamente mais liberal". A campanha do Ministério da

---

3. Por exemplo, os 15 estudos sobre Mulher e Aids do programa desenvolvido pelo International Center for Research on Women (ICRW) na Ásia, África e América Latina, ICRW 1993, Washington. Ou estudos feitos sobre bissexualidade e homossexualidade masculina, citados por Richard Parker e Manuel Carballo (1991).

4. Parker, R., 1991.

Saúde que usou o personagem "Bráulio" e sua repercussão pública foram outro experimento que abismou norte-americanos: uma conversa com o pênis na televisão não enfrentou obstáculos, o problema foi chamá-lo de Bráulio e tornar os que se chamam Bráulio motivos de chacota... O espanto aumenta quando descrevemos que projetos semelhantes aos acompanhados no Nepaids são desenvolvidos fora da região metropolitana. L. Rena, por exemplo, trabalhou em três cidades do interior de Goiás (Itapuranga, Mossâmedes e Itaguaí) encontrando apoio de pais e professores nos rincões mais rurais do interior de Goiás para uma pesquisa como a nossa[5] e depois em Mossâmedes e Itaguaí para um programa educativo com adolescentes.[6] Nossa avaliação mais recente indica que o apoio mais fácil dos pais à educação sexual menos sisuda e bem orientada tem também refletido a preocupação com a superexposição precoce e exagerada das crianças ao erótico via televisão, e as dificuldades que encontram para lidar confortavelmente com o tema.

Nesse cenário cultural, a descrição da sexualidade adolescente como fase de "explosão hormonal" é integrada de forma perversa. Essa tese confunde a adolescência com um evento biológico que não varia de cultura para cultura, de grupo para grupo ou com as idéias sobre os gêneros. Na verdade, as mudanças no corpo que começam na puberdade (menstruação, seios, sonhos molhados, pêlos, mudanças nas formas e na voz) têm significados atribuídos pela cultura e pelo contexto em que o adolescente vive e *não são* universais.[7] Quando se referem à atividade sexual, nossas pesquisas têm confirmado que essa definição da sexualidade adolescente é, antes de tudo, a descrição do sentido e do significado atribuído às vivências sexuais masculinas. Para parte considerável das famílias brasileiras, o "sexo feminino" ou a sexualidade das mulheres jovens deve ser menos impulsiva, menos importante, menos urgente e elas devem sempre dizer não. Em segundo lugar, veremos mais adiante, a adolescência no Brasil também é um fenômeno radicalmente marcado pela classe social e pela escolaridade, que definirão contornos diferentes também para os gêneros e a sexualidade.

As noções de masculino e feminino (os gêneros) permanecem como a chave mais importante para interpretarmos nossos desejos e

---

5. Rena, L. C., 1996.
6. Idem, 1999.
7. Irvine, J., 1994, pp. 9-10.

pensamentos sexuais, para antever como os atores se portarão no campo da sexualidade e realizarão seus *scripts* sexuais independentemente de sua opção sexual (hetero ou homossexual). Como diz Heilborn,[8] cada cultura organiza a vida social usando os vetores do tempo, do espaço e da diferença entre os sexos (homens e mulheres) num domínio de idéias e valores que permanece como uma realidade coletiva, autônoma e parcialmente inconsciente para os membros de cada grupo. As categorias de gênero (masculino e feminino) estão sempre presentes e singularmente concretizadas em cada contexto social.[9]

Temos confirmado que os jovens com baixa escolaridade têm ainda menos consciência da dimensão histórica e cultural (portanto construída) dos gêneros; o que chamamos de feminino ou masculino é geralmente percebido como parte da "natureza" e da sua biologia, algo que para eles parece difícil de desconstruir. Um dos desafios desse primeiro projeto era entender como esse grupo de jovens e seu contexto sociocultural imaginavam as diferenças de gênero, raramente exploradas pelos projetos de Aids. Sem que eles entendessem e decodificassem a relação entre os gêneros e a atividade sexual, e dos dois com o poder de negociação na atividade sexual, achávamos que dificilmente o sexo mais seguro seria incorporado. O gênero e as suas repercussões na sexualidade, ou dizendo de outra forma, a sexualidade que depende das construções sobre o feminino e o masculino, não podem ter sentidos incoerentes entre homens e mulheres já que a sexualidade deve ter orientação heterossexual e a constituição da família com filhos é um valor.

Afirma-se que a socialização das meninas é menos complicada já que elas podem ficar por mais tempo na barra da saia da mãe, que reforça o que se espera delas como mulher: o mundo controlado da casa, mais passividade e ignorância sobre sexo.[10] Os meninos têm de sair mais cedo do universo doméstico da primeira socialização para os imprevistos da rua, para a lei da rua.

Ameaçado desde o princípio por uma associação muito íntima com o domínio feminino, a virilidade e a atividade que são as marcas principais da

---

8. Heilborn, M. L., 1994.
9. Idem, ibidem. Ver também Heilborn, M. L., 1993.
10. Parker, R., 1991, pp. 89-103.

masculinidade na vida brasileira precisam ser literalmente construídas, erigidas a partir do grupo e atravessar um processo de masculinização capaz de quebrar laços iniciais do menino com as mulheres e transformá-los em homem.[11]

O terceiro encontro da oficina vai exemplificar como o resultado da socialização para o sexo é inseparável da construção dessas e de outras definições de cada grupo sobre como deve ser o homem ou a mulher. A equipe de pesquisa inicialmente ficou impressionada com a constatação de que a dicotomia casa/rua permanecesse ainda tão radical no discurso espontâneo dos jovens que foram entrevistados na fase piloto. As jovens com quem temos trabalhado ainda escutam que uma mulher é definida em oposição à rua, em oposição ao homem que é o dono da rua, mas também em oposição a um tipo indesejável de mulher da rua: a puta, a galinha, a menina de programa. Para os meninos o ritual de entrada no mundo dos homens define que a atividade sexual é a principal chave para virar homem, que deve ser diferente da mulher, mas também do viado, "do homem que dá que nem mulher". Será que nada mudou depois de todos esses anos de campanha por ideais igualitários?

O programa das oficinas sofisticou nossa compreensão anterior sobre esse grupo[12] e tem demonstrado que a socialização das meninas nessas comunidades é ambígua. Não existe mais o ambiente feminino que caminha por inércia em torno da figura da mãe, o lar preservado em que não se fala positivamente da sexualidade feminina. Ao contrário, em todo lugar se fala de sexo no feminino e as babás eletrônicas *sexies* criaram um outro modelo feminino disponível para a identificação, antes pouco acessível na infância. Uma porção de meninas quer ser modelo, atriz, sensual e atraente como projeto de feminilidade. Um grupo delas assume abertamente que trocará a sensualidade para subir na vida, para "trocar" pelo sucesso, para conseguir um casamento mais vantajoso. Muitas descrevem ter mais tesão simplesmente, também sem culpas, e seu desejo é menos passível de ser silenciado porque encontram tipos na TV que o tornam aceitável. A posição passiva-frágil tem sido ainda ensinada em casa para as meninas, mas é principalmente o dever de "parecer passiva" e não

---

11. Parker, R., 1991, p. 91.
12. Paiva, V., 1994.

chocar o parceiro. Nos *scripts* sexuais disponíveis para a ainda desejável "mulher do lar", que é filha da mãe trabalhadora que controlou sua fertilidade e era mais recatada, há espaço para a transgressão, e os meninos sintomaticamente não acreditam que existam mais muitas virgens-domésticas. Portanto, pais e irmãos têm controlado menos essas jovens do que controlavam há duas décadas, embora as meninas ainda sejam mais presas em casa do que os meninos. Elas permanecem desconfortáveis apenas porque não podem ser escutadas no silêncio do lar ambíguo dos pais, mas saem decididas para a rua estimuladas ao trabalho e ao estudo. A ambigüidade ao mesmo tempo que provoca ansiedade, como já havia notado entre mulheres de classe média, torna muito mais ativa (executiva e consciente) a construção de sua identidade feminina que será mais plástica e aberta para o novo que entre os rapazes.[13]

Os meninos têm sido socializados ainda num mundo menos ambíguo, de quase um único e velho padrão em relação ao que é o masculino. As velhas noções de virilidade têm permanecido, colocando menos ênfase no papel do homem como controlador das mulheres e único provedor. No campo da sexualidade, o mal-estar dos meninos cuja timidez não os enquadra no estereótipo masculino do "ativo comedor de mulheres" é muito maior do que o desconforto das mulheres com desejos sexuais mais intensos e liberados. O tímido (e aquele que deseja pessoas do mesmo sexo) não encontra muitos modelos valorizados na TV. O que parece diferente para essa geração de "xuxos" é o reconhecimento do desejo da mulher antes inexistente ou desprezível. Nas oficinas querem sempre conhecer o prazer feminino ou, coerente com o velho esquema tradicional, aceitam o poder (e obrigação) das mulheres de atestar a sua virilidade não mais com o número de filhos, mas com o número de vezes que fazem a "mulher gozar", participando assim do cenário e da platéia das "xuxas".

Apesar de defenderem uma mentalidade mais igualitária, os homens universitários da nossa equipe tinham essas referências ecoando forte no fundo da cabeça. Quando coordenavam as oficinas, estimulados pelo ambiente da escola noturna em que a classificação "da casa e da rua" era ainda abertamente estruturante do discurso masculino, tinham dificuldades de tomar distância. Ainda que silenciada por uma norma mais igualitária, hegemônica nos meios univer-

---

13. Paiva, V., 1990.

sitários, a idéia confortável de "urgência sexual masculina", de "xavecar umas mina" acabava garantindo a cumplicidade necessária para coordenar a oficina com garotos. Para as universitárias da equipe, ao contrário, a ignorância e o desconhecimento do corpo feminino, por exemplo, mais evidente entre as meninas no primeiro grau noturno era absolutamente chocante, assim como as condições em que as meninas vivenciavam sua sexualidade. Era como se todas as referências tornadas "antigas" na classe média universitária virassem caricaturas, mais fáceis de visualizar, mais difícil de agüentar para as mulheres ou de resistir para os homens, eco de velhas imagens ainda presentes em nosso cotidiano.

O que a atividade sexual significa?

O que significa o sexo para esses jovens, socializados neste mundo e com as fontes de informação e formação descritas no capítulo anterior? Fizemos essa pergunta nas entrevistas, nos questionários e nos grupos de várias formas, por exemplo:

"O que é sexo para você?", *"Quando você pensa em sexo, o que te vem à cabeça?"*, *"O que é bom e o que é ruim, quando você pensa em sexo?"*, *"Qual a importância do sexo na sua vida?"*

A maioria (59%) dos jovens considerava sexo "muito importante", 37% "mais ou menos importante". Os garotos atribuíram significativamente mais importância à atividade sexual do que as meninas, cuja maioria de qualquer maneira (51%) considerou "muito importante". Apenas 4% de jovens consideraram o sexo "nada importante": os homens afirmando que "é secundário" e as mulheres dizendo que não é importante porque ainda tinham pouca experiência. Por que é importante? Os dois grupos lembraram pouco da reprodução para justificar a importância da atividade sexual.

O sexo para as garotas era importante como complemento do afeto, nem tanto para se sentirem **mulheres** ou para descarregar a tensão. Mesmo as garotas que não tinham tido relações sexuais completas (62% delas) responderam sem problemas, algumas disseram "Não sei" ou "Não tou na idade" ou, ainda, "Não sei, mas já vi nos filmes e parece que ninguém vive sem ele". A maioria das mulheres conseguiu definir o que é ruim ou bom em relação ao sexo. Sexo é bom porque: "É prazer", "É gostoso", ou simplesmente "É agradável, o sentimento", "Se a pessoa me ama", "A entrega". Ruim na atividade sexual é: "Medo da gravidez e da Aids", "Medo de ser forçada", "Medo de ser usada pelo cara e levar um pé na bunda", "Sentir que poderia ser melhor". Um pouco menos freqüente, "A dor, dói!", "Medo de se arrepender", ou "Você fica pensando em coisas da antigüidade, medo de ficar grávida e a pessoa te deixar".

A categoria mais freqüente entre as mulheres era a associação de sexo com amor, exemplificada pelas frases seguintes:

- "É algo que só se faz por amor."
- "O importante é ter amor."
- "Sexo é quando duas pessoas se entregam de corpo e alma."
- "É sinceridade, lealdade, carinho e amor."
- "É gostar, não é só sexo não."

A categoria associada em segundo lugar pelas meninas, antes do prazer, era o risco:

- "Penso no medo de gravidez, de Aids."
- "Sexo? Tem que estar preparada, consciente."
- "Penso na responsabilidade, conhecer a pessoa antes."

A terceira categoria era o prazer, descoberta natural que definiam assim:

- "É uma coisa natural, normal, que acontece num momento de prazer."
- "Legal, sexo é descobrir."
- "Sexo é os dois se divertirem, ficarem satisfeitos."
- "Sexo é desejo."
- "Relação sexual com outra pessoa é se darem bem na cama."

Falavam da expectativa:

- "Todo mundo diz, deve ser muito bom..."
- "Será que é bom como todo mundo diz?"

Ou simplesmente da decepção:

- "Eu pensava que era melhor do que foi, achava que era mais gostoso."
- "Eu não gostei, doeu!"

Em último lugar vinham associações com uma pessoa ("meu namorado"), ou uma cena: "Duas pessoas peladas na cama", o tipo de associação mais freqüente entre os garotos.

Para os **rapazes** que eram mais experientes (só 25% eram virgens), o sexo era importante por causa do prazer, como necessidade vital, para descarregar tensão, para se afirmar e crescer (**virar homem**) e mais homens que mulheres dizem "Importante? Porque sim". A primeira associação era a transa concreta que visualizavam, não um conceito ou julgamento:

- "Um homem e uma mulher."
- "Eu me imagino lá na cama, transando. Me vem na cabeça tal pessoa, que eu tô a fim dela, aí eu me imagino lá com ela."
- "Mulher."
- "Trepar."
- "Transa entre duas pessoas."

Sexo era também freqüentemente definido como uma força do corpo:

- "Uma necessidade."
- "Apetite, assim como a fome."

Muitos associavam essa imagem ao "descarrego":

- "Você tá com uma vontade tremenda. Aí você pega a mina e vai, aí você fica mais calmo, relaxado, uma maneira, assim, de aliviar. Porque amor, daí, é outro negócio."
- "Comer uma menina, se sentir melhor."

Nenhuma mulher definiu sexo dessa forma. O amor aparecia em segundo lugar entre os homens, mas invertendo a lógica feminina que diz que sem amor não há sexo. Literalmente:

- "Sem sexo não há amor."
- "Sexo é uma demonstração de carinho."
- "Uma forma de duas pessoas apaixonadas fazerem felizes um ao outro, das pessoas se gostarem."

Essa inversão se explica também pela urgência de ficar experiente, de descarregar quando se tem poucas oportunidades. Os meninos mais jovens usavam frases do tipo:

"Mas eu tô pequeno, né... como adulto não cola ficar com qualquer uma, tem que fazer com amor, já fez várias vezes, não é assim que nem nós, assim do meu tamanho, só faz quando dá, de vez em quando. Aí vai com qualquer um."

O sexo dos homens era definido por eles como "Bom demais", "Coisa gostosa" quase unanimemente. Porque "Não tem coisa melhor pra se fazer com uma mulher", "Porque é uma prova de amor e carinho". Também porque "É se dar bem". Espontaneamente, não havia nada de ruim em relação ao sexo, e a maioria quando perguntada respondeu "Nada!". Alguns em seguida se lembravam:

- "Ruim é quando dá problema", "a menina engravida..."
- "Porque tem risco de pegar doença."
- "Sexo pra mim é um jeito de arrumar responsabilidade. A mina fica no seu pé e depois você não quer nada com ela!"

Mas o motivo mais votado para sexo não ser tão bom assim foi a obsessão:

- "Pensar só naquilo, só naquilo... aí é ruim."

Perguntamos também o que indicava para eles que uma relação *começa a ficar sexual*, diferente da amizade, por exemplo. Para as jovens mulheres o "sinal" era principalmente a atitude dos parceiros:

- "Eu sei, quando eles começam a passar a mão."
- "O rapaz começa a avançar."
- "Quando ELE fica com mais intimidade, faz carinhos diferentes, quer ficar sozinho, convida para ir na casa dele."

Menos freqüentemente descreviam as próprias reações:

- "Começo no beijo, aí começa a esquentar."
- "É sexual quando vai ferver, fico excitada."
- "Começo a sentir vontade de sexo, mas você não sabe como fazer, se a pessoa vai aceitar a sua idéia."

Ou a química a dois:

- "A coisa que os dois sentem juntos."
- "No olhar, pelo jeito assim dos dois."
- "Quando os dois ficam mais íntimos, sentindo uma coisa um pelo outro, sem forçar, com carinho, sem abusar."
- "Quando a gente tá se conhecendo, gostando um do outro, ter amor, não é só sexo não."

Para os rapazes, o "jeito dela" indica quando está "entrando sexo na jogada":

- "Quando a mina já começa a se soltar, você vê que a mina tá interessada." (faz o gesto da menina de perna aberta)
- "O jeito dela, tá mudando, tá se entregando."
- "O jeito que ela te toca e olha."

O afeto pode indicar que ela pode ceder:

- "Quando ela começa a ter mais carinho, se preocupar por você, me faz pensar que ela está interessada em algo mais além da minha amizade."

Também freqüente a reação deles, física que se confunde com perder o controle:

- "A menina encosta e o p. levanta."
- "Esquenta."
- "Fico excitado."
- "Louco, fico excitado e assim louco."
- "Eu vou usar todo o xaveco que eu sei, senão fico louco e sozinho... é pior, né?"

Muitos deles estavam simplesmente repetindo as normas de grupo, as lentes coletivas para os gêneros que interpretam a experiência individual de ser mulher ou ser homem. Nas oficinas eles deixavam claro o que consideravam *normal* ou *anormal*, especialmente nas primeiras sessões, quando fazíamos o contrato de respeito à diferença, ou quando estávamos discutindo quem pega Aids. Na conversa espontânea as práticas sexuais não apareciam isoladas e eram parte de algum *script* e da cena sexual de um personagem da vida na cidade. Os personagens que ilustravam a anormalidade eram "os" homossexuais, "os" tarados, "os" violentos e "as" meninas que trocavam sexo por dinheiro. Para esse grupo o sexo normal era o heterossexual e com respeito, mas os meninos eram talhados para transgredir essas regras mais facilmente, por causa da natureza incontrolável da sexualidade masculina. Ficavam menos contaminados pela anormalidade ("bicha", "violento") se experimentavam práticas proibidas mas justificadas pela urgência masculina "de descarregar". Para as meninas a contaminação era mais definitiva, as "galinhas" ficariam à margem do roteiro da casadoira, mas teriam "salvação" se tornando mães – a esterilidade foi eleita como o destino mais inaceitável para as mulheres com vida sexual, mais que a homossexualidade.

Num mesmo grupo quão significativa pode ser a diferença de atitude diante das normas para cada gênero? Vejamos as respostas ao questionário que pudemos analisar estatisticamente. Os valores e atitudes diante do sexo variaram pouco com a idade e com a experiência sexual. Incluindo os que não tinham vida sexual ativa, 87% das garotas e 99% dos garotos já tinham sentido "tesão por alguém". O desejo (o tesão) era admitido pelas mulheres, e elas significativamente se masturbavam e gostavam menos de se masturbar do que os homens, e associaram muito mais freqüentemente o sexo ao amor. As freqüências abaixo são de respostas SIM às perguntas:

Perguntas	% de mulheres que responderam SIM	% de homens que responderam SIM
Precisa amar para fazer sexo?	88	33
Quer casar virgem?	42	12
Já se masturbou?	39	89
Se já se masturbou, gostou?	37	66

As mulheres virgens, é claro, valorizavam significativamente mais a virgindade até o casamento, o que resultou nessa porcentagem grande das mulheres (muito maior que de homens) que queriam casar antes da primeira vez. A idade modificava significativamente apenas algumas respostas masculinas, os rapazes mais jovens (menos de 15 anos) ou mais velhos (mais de 19) tendiam a dar mais importância ao amor para fazer sexo, e eram menos dispostos a fazer sexo com qualquer um, como já tínhamos visto. (Eles usavam mais o termo qualquer "um" que qualquer "uma".) A religião interferiu pouco nas respostas, de forma significativa apenas nas respostas femininas: entre as cristãs praticantes a dificuldade de falar sobre sexo era maior que a média, a escolha de casar virgem era maior, e a porcentagem das que não se masturbaram ou não gostavam de se masturbar era maior.

No estudo com universitários[14] que responderam ao mesmo questionário, as respostas masculinas e femininas não eram significativamente diferentes: os universitários não queriam casar virgens, mais freqüentemente tinham se masturbado e gostavam de se masturbar, e a mesma porcentagem de homens e mulheres achava que não precisava de amor para fazer sexo. Os rapazes universitários e do ensino fundamental de mesma idade responderam de forma semelhante, portanto mais escolaridade (e melhor *status* social) fez diferença para as mulheres.

Roteiros de gênero: O que é ser homem? O que é ser mulher?

A socialização sexual, processo em que se constroem subjetivamente os personagens e seus *scripts* sexuais, como sentir e o que fazer sexualmente, estava entre esses jovens menos escolarizados mais atada às noções tradicionais de masculinidade e feminilidade. Essa postura menos igualitária é mais complexa do que parecia à primeira vista. Vejamos, caminhando no sentido oposto, como eles definiam os roteiros de gênero e o peso que o sexual tem na definição do que é o feminino ou o masculino.

Fizemos uma série de perguntas nas entrevistas que tentavam tornar conscientes as definições para os gêneros. Começamos na primeira pergunta com um estímulo à livre associação: "O que é ser homem ou mulher para você? Sou mulher/homem porque..."

A maioria deles se espantou com a pergunta, uma pergunta considerada difícil de responder já que eles não estavam acostumados a pensar nessa identificação com um gênero assim abstrato. A resposta mais comum foi "É difícil definir o que é" e a freqüência de respostas genéricas do tipo "Sou homem porque me sinto homem" ou "Sou mulher porque me comporto como mulher" era alta, como se fosse óbvio e natural para qualquer interlocutor que devia saber o que isso quer dizer:

---
14. Paiva, V., 1995b.

– "Ah, assim... me sinto como mulher, ajo como mulher... Como assim? Ah, é difícil de explicar, mas todo mundo sabe, né?"

Um número maior de mulheres que de homens respondeu "Porque Deus fez assim" como primeira explicação associada ao ser mulher ou homem. O "meu corpo", sem citar os genitais, foi a resposta de um terço dos jovens, enquanto a categoria "Por causa dos genitais diferentes" inclui 27% dos homens e apenas 7% das mulheres. Já nessa primeira pergunta muitos homens associaram "Porque gosto de mulher" (18%), enquanto a heterossexualidade foi citada apenas por 2% das mulheres.

As mulheres acrescentavam em seguida à primeira associação "ser mulher é ser responsável", "ter filhos", "gostar de homem" e "ser vaidosa" ou "sedutora", nessa ordem. Os homens incluíram mais freqüentemente "ser homem é ter genitais", "ser responsável", "gostar de mulher", "ser forte" e "ter poder". Responsabilidade, como já tínhamos encontrado nas entrevistas do projeto piloto, tinha sentidos diferentes para homens e mulheres. A responsabilidade feminina estava associada à atividade sexual ("não engravidar") e nunca ao trabalho. Os homens, por outro lado, associavam responsabilidade com a proteção do lar e com o trabalho ("não deixar nada faltar à família"), nunca com o sexo.

Pedíamos para listar o que é típico dos homens e das mulheres, e também nesse exercício o feminino dependia menos dos genitais segundo garotos e garotas.

"É típico do homem ser..." (do ponto de vista das **mulheres**)	"É típico da mulher ser..." (do ponto de vista dos **homens**)
Forte	Frágil
Poderoso	Medrosa
Ter pênis	Doméstica
Independente	Sedutora
Trabalhador	Vaidosa
Amigo	Amiga
Amoroso	Amorosa
Divertido	Independente
Sedutor	"Galinha"

Apesar de nossa insistência, uma simples e hegemônica definição do masculino e feminino nunca apareceu, e as respostas eram múltiplas compondo um quebra-cabeça de admirar, por exemplo: "Ser mulher é ser romântica, transar, ser responsável, forte e carinhosa". A identificação mais simples só aparecia via tipos-genéricos estereotipados que se integram com um conjunto mais amplo de categorias para o feminino e o masculino: ser casadoira, da rua, galinha, trabalhador, responsável, comedor, bicha etc. Os jovens refletiam mais facilmente sobre a *identidade de gênero* em construção – "ser como" ou "diferente de" um personagem. Era mais fácil estarem conscientes dos tipos usados no exercício com o labirinto do capítulo anterior.

O dilema ficar em casa ou trabalhar não aparece muito na fala das meninas, que declaravam a atividade sexual, além de ter filhos, também como tipicamente feminino. As mulheres ainda indicaram a força e o poder como um atributo masculino, mas definiram o feminino como forte e poderoso com a mesma freqüência. Os homens achavam que a mulher típica é independente – que não qualificam como fortes ou poderosas. A fragilidade era atribuída às mulheres pelos dois sexos, mas as mulheres definiram os homens frágeis na mesma proporção em que se definiram frágeis. Nessas respostas ao questionário, a heterossexualidade era também muito importante do ponto de vista masculino como autodefinição e para definir o feminino, enquanto a preferência erótica é menos relevante do ponto de vista das mulheres, tanto para definir a masculinidade quanto a feminilidade.

Na variabilidade encontrada foi possível distinguir subgrupos, definidos pela maior ou menor adesão aos papéis atribuídos tradicionalmente a homens e mulheres, definidos por eles nas entrevistas iniciais que sintetizamos nas frases a seguir:

- "Os homens devem tomar a iniciativa."
- "O cuidado dos filhos é tarefa da mulher."
- "Evitar filhos é tarefa da mulher."
- "O sustento da casa é tarefa dos homens."
- "Homem não consegue *dizer não!* para uma mulher que dá bola para ele."

Entre 44% e 75% dos estudantes do ensino fundamental noturno concordaram com essas afirmações e as respostas não eram significativamente diferentes entre garotos e garotas. As respostas variavam significativamente entre os quatro bairros de São Paulo que estudamos (entre as escolas em que estudavam) e com a religião dos jovens.[15] Em outro estudo,[16] menos de 25% dos alunos universitários concordaram com essas afirmações, também sem diferenças entre homens e mulheres, confirmando que entre os universitários há maior adesão a uma ideologia mais igualitária. Os mapas para as definições do feminino e masculino parece variar bem mais entre grupos ou camadas sociais a que se pertence que intragrupo. Homens e mulheres percebem os roteiros de gênero de forma parecida e complementar numa mesma "comunidade".[17]

Há muitos mapas para a construção subjetiva de valores e atitudes que se atribuem ao masculino e ao feminino (os gêneros), e para a *identidade de gênero* que outros autores costumavam chamar de identidade sexual.[18] Mas parece que os gêneros ainda se constroem como "esquema de gênero" e "esquema de gênero oposto", desenvolvendo ao mesmo tempo a "identificação" e a "complementação"[19] numa mesma comunidade. São vários os exemplos que encontramos neste projeto de como os gêneros se constroem juntos.

Esses achados certamente merecem novas pesquisas, mas poucos discordam hoje em dia que para diminuir a vulnerabilidade ao HIV homens e mulheres dependem de ampliar a consciência sobre os valores culturais tradicionais que definem a "mulher-passiva-frágil-assexuada-doméstica ou então a "galinha", qualidades muitas vezes atribuídas ao "bicha-passivo" em oposição ao "homem-ativo-hipergenitalizado e incontrolável-rueiro".

Essa consciência tem de ser ativamente co-construída senão corremos o risco de falar só para aqueles que querem nos ouvir e, como disse antes, queiram comprar os produtos prontos, seja a camisinha

---

15. 50% são católicos não praticantes, 18% católicos praticantes, 12% são espíritas, 1% budista, 6% protestantes/evangélicos, 1% da umbanda, 11% dizem outros.

16. Paiva, V., 1996.

17. O conceito de comunidade tem sido definido de várias formas na literatura. Aqui adotamos o termo para pessoas que habitam ou freqüentam o mesmo espaço ou compartilham de uma mesma ideologia ou credo, definindo assim algum tipo de identidade coletiva, compartilhando ao mesmo tempo "memória" e "projeto", como definidos por Velho, G., 1994.

18. Money e Tucker (1975).

19. Prefiro evoluir dos conceitos de Money e Tucker (1975): "esquema sexual e esquema sexo oposto" que adotei em outro trabalho (Paiva, V., 1990).

ou uma ideologia. Perdemos a chance de estimular sujeitos sexuais sobre seus próprios pés, com recursos e roteiros que fazem sentido para os caminhos que escolheram e para a comunidade a que pertencem. Principalmente quando trabalhamos com jovens, preocupa-me um certo "feminismo" grosseiro que educadoras recém-conscientizadas das normas para os gêneros confundem com a opressão exclusiva das mulheres ou com o poder dos homens adultos – forjados historicamente e não por jovens garotos em construção. Não se estimulam sujeitos quando se sai receitando (doutrinando). Em lugar de bradar um único e definitivo caminho, preferimos incentivar o olhar consciente de garotos e garotas para as lentes do gênero e da sexualidade enquanto discutimos informações básicas e práticas de sexo mais seguro.

"A massa", os saberes masculino e feminino

Os exercícios da oficina ou o trabalho em grupo com *cenas sexuais* forneceram outro tipo de pista para entender a articulação entre a sexualidade e o gênero. No terceiro e no quarto encontro, mais que nos outros, separar o grupo dos garotos e das garotas permitiu que a construção da consciência e da informação fosse mais respeitosa.

O exercício "da massa", como chamavam, é um exercício gostoso para todos.

Eles escolhiam o que produzir segundo as instruções – "façam qualquer parte do corpo erótico ou reprodutivo" – moldando genitais, úteros e ovários, partes do corpo como a língua, a mão, ou o corpo inteiro. Comentávamos o que sabiam e o que não sabiam, as opiniões sobre o que era erótico, sobre a gravidez e a contracepção, sobre o que tem nome ou nem nome tem. Construíamos com eles as informações sobre a reprodução e a contracepção, e fechávamos o ciclo de informações sobre como o HIV se transmite iniciado nos dois primeiros encontros. Também observavam como o corpo pode assumir diferentes significados e o gênero, cujo emblema é justamente a diferença anatômica entre o corpo feminino e o masculino, aparecia de forma intensa e deliciosa nesse encontro.

Com esse tipo de exercício, os jovens com baixa escolaridade têm ficado felizes de não ter de falar abstratamente de células e de vírus, observando atentamente onde estão os "líquidos" do corpo ("fluidos") que podem transmitir o vírus. Primeiro pedimos para fazerem uma lista no quadro de todos os líquidos do corpo humano agrupando os líquidos em "transmite" e "não transmite", como vimos no Capítulo 3. Depois disso, localizam cada líquido nas peças do corpo sexual e reprodutivo que produzem, definindo como e por onde sai, por onde pode entrar o vírus no corpo. Tiram-se todas as dúvidas nos modelos tridimensionais feitos por eles, discutindo machucados nas gengivas, feridas no útero, na vagina, no ânus, no pênis, no bico do seio. O corpo que pode transmitir ou se contaminar é também sensual e reprodutivo; podem "ver e tocar" o vírus invisível ou o espermatozóide se sabem de onde ele sai, por qual buraco sai, em que líquido está. A idéia de proteção se constrói mais concretamente.

Escolhemos também não repetir a aula de ciência e trabalhamos com os modelos e as palavras *deles*, ensinando depois a chamada linguagem mais neutra dos livros. Quando observamos e pensamos sobre nossa atividade sexual, quando as palavras preenchem nossos pensamentos sexuais não usamos a linguagem culta, pensamos na língua cotidiana na qual somos socializados. O grupo das meninas costuma reagir nesse exercício com um misto de excitação e vergonha e uma coordenadora que consegue acolher e decodificar a vergonha e o desconforto lida melhor com a situação. Sem boa coordenação, o grupo masculino entra num clima de "sacanagem" e "zona", que tem de ser cuidadosamente transformado em situação de respeito, troca e aprendizagem. São como conversas que eles têm entre si habitualmente mas sem a supervisão orientadora de uma equipe treinada. Se no grupo feminino parece sempre que estamos garantindo o direito de falar "sobre isso", no de homens garantimos um espaço para "falar sério" sem as bravatas que costumam repetir entre eles. Os grupos encontram logo seu jeito de trabalhar produtivamente e o clima costuma variar da imensa curiosidade à brincadeira leve; eles não querem ir embora desta sessão da oficina.

Nos primeiros anos desse trabalho e em razão da pesquisa de linguagem sempre anotávamos no quadro-negro os nomes que se dá para cada parte do corpo. Era impressionante a profusão de termos usados para os órgãos sexuais, os genitais em particular, nomes carinhosos ou chulos (de "rua"), já que as famílias destes jovens vieram de muitas regiões do Brasil. Enquanto eles iam nomeando, estimulávamos o respeito pela língua cotidiana dos outros e procurávamos decodificar o tipo de fala que cada um usa, ao mesmo tempo que introduzíamos o nome "científico", transitando para uma linguagem mais comum a todos. Além dos nomes ou os simbolismos associados à passividade e à atividade já descritos por R. Parker,[20] chamava a atenção o uso mais freqüente pelos homens da linguagem chula, de rua: pau, pica, cacete, vara, mandioca, cenoura, vulcão, perseguida, xoxota, buceta, chana, são os mais comuns. As mulheres, embora conheçam a linguagem usada pelos meninos, preferiam a linguagem infantil e doméstica usada pelos adultos no treino de higiene pré-escolar, que os meninos definitivamente abandonaram: pipi, buraquinho, passarinho, partes, pinto, periquita, pirulito, catarina, bicho e borboletinha eram os mais comuns.

A quantidade de pênis feitos no grupo masculino ou feminino sempre superou qualquer outra parte do corpo. No grupo de rapazes, quanto mais jovens e inexperientes maior o tamanho do pênis, tema comentado por todos. Temos coordenado incríveis debates sobre o efeito do tamanho do pé ou da raça ("japonês tem pinto pequeno", "quanto mais negro maior o pinto"). Para eles o tamanho do pênis não costuma ser relevante porque aumenta ou diminui o prazer dos homens, mas é ao prazer das mulheres que o tamanho se refere: "elas gostam mais dos grandes", dizem os meninos como se elas gostassem de ser "varadas", "pauladas", "cacetadas", "picadas". As meninas costumam fazer muitos pênis mas sem comentar o tamanho anatômico, menos importante que o vínculo afetivo na qualidade da transa. Quando comentam o tamanho, repetem o que escutam dos meninos sem saber exatamente por que o tamanho é importante além de ser símbolo de maior ou menor virilidade.

Confirmando o que encontramos nas entrevistas, os genitais masculinos foram a parte mais emergente do corpo sensual. Por conta dessa relevância do pênis nos grupos, começávamos a discussão dos modelos perguntando: O pênis é sexual ou reprodutivo? Acentuavam muito mais o pênis como órgão sexual do que reprodutivo. É o símbolo por definição da atividade sexual. Porque damos essa carga, essa atribuição ativa e impulsiva, às vezes agressiva ("cacete", "pau"), para o pênis? As conotações eram sempre sexuais, nunca reprodutivas. Começávamos as discussões sobre a "natureza(?)" ou "cultura(?)" do sexo masculino. Onde está a reprodução dos homens, por que ninguém fez o corpo reprodutivo masculino (nunca fazem)? Havia muita discussão sobre se os homens têm um ou dois sacos, um ou dois tes-

---

20. Parker, R., 1991.

tículos, sobre a função exata dos testículos e sobre como a temperatura interfere no tamanho.

A conversa espontânea sobre o prazer, "onde é o ponto do prazer" do homem e da mulher, sempre aparece e é atentamente acompanhada pelo/as mais inexperientes. A linguagem, ou comentários sobre preferências sexuais certas e erradas, pode ofender sensibilidades enquanto não se encontra o "ponto" certo da discussão produtiva. É fundamental acolher e prestar atenção nas pessoas ofendidas ou mais desconfortáveis, mais tímidas ou mais religiosas. Permitir a saída da sala, conversar paralelamente para quebrar o desconforto, ajuda a manter a pluralidade do grupo. Para os mais falantes e "assanhados" é importante aprender a respeitar o desconforto, a moral e a inexperiência dos outros. Para os inexperientes ou tímidos é bom saber que existe mais gente como eles – fato mais fácil de aceitar entre as meninas do que entre os garotos.

Vaginas (o canal) e vulvas (a parte externa) quase não são modeladas e se chamava a vulva de vagina quase sempre. A vulva parecia mais sagrada também (virgem) ou mais suja. Alguém da nossa equipe tinha a tarefa de modelar uma, para que tivéssemos como passar as informações. As discussões sobre a vulva/vagina eram longas: quantos buracos nós temos lá embaixo? As meninas não sabiam se têm dois buracos ("ânus e vagina?"), algumas pensam em três ("ânus", "vagina" e "mais um", sem nome). Vejam os diálogos de uma oficina:

- – Por onde sai a menstruação? E o xixi? E o nenê?
- – O troço do homem entra pelo mesmo buraco de onde sai tudo?
- – Tudo? Tudo o quê?
- – O xixi, o nenê...
- – Claro que não! O nenê sai e entra pelo mesmo lugar... (risadas). Já o xixi e a menstruação não sei, acho que saem juntos desse buraquinho aqui... Ou será que tem mais um que não reparei???

Esses diálogos eram valiosos para discutir os sentimentos sobre os próprios genitais.

- – Como pode as mulheres saberem tão pouco?
- – A gente, como mulher, é ensinada a ficar de perna fechada, não pode ficar mexendo (machuca!) ou olhando, explorando.

Mulher não podia saber demais, ainda era bem mais reprimida pelos adultos pouco confortáveis com o desejo feminino. Como é possível as mulheres conhecerem melhor o pênis que a própria vulva? Outro diálogo:

- – É mais fácil de fazer... (o pênis)
- – É difícil falar do que a gente tem...
- – Eles podem comprar revista de mulher pelada, mulher não pode pendurar foto na porta do guarda-roupa, não pode alugar filme pornô...

Coord. – O que acontece se mulher põe foto de homem pelado na porta do guarda-roupa?"

- – Eu levei uma surra...

Os genitais femininos pareciam "mais sujos", como se o pênis se livrasse da sujeira porque "joga longe" seus líquidos, o xixi ou o esperma.

- – E menstruação passa Aids?

Coord. (já escolada de outros grupos) – "Passa. É sangue limpo ou sujo?"

- – Sujo! (coro)

Coord. – "Não!... é limpo... Só porque sai lá debaixo é sujo? Sangue é igual ao de um corte. Sai das veias e não é sujo...

- – Mas e o cheiro?

Na mulher fica tudo ali: o esperma dele, o xixi não sai tão longe, a menstruação é abafada pelo absorvente, o corrimento pode ser mal-cheiroso lembravam as meninas. Os líquidos femininos associados ao prazer nem têm nome! Acabavam na categoria "escorrimento". Na decodificação e construção do conhecimento que íamos fazendo com garotos e garotas, explicávamos a diferença do corrimento (elas dizem "escorrimento") normal do período fértil, para os líquidos vaginais que compõem o "molhadinho" – único nome que encontramos para a excitação feminina, em geral sem nome. Insistíamos na necessidade do Papanicolau e da ida ao médico para pesquisar infecção (que pode cheirar mal, dar coceira ou nem ter um sintoma muito específico). Elas aproveitavam para dizer o quanto detestam o desconforto do exame ginecológico e os rapazes para comentar o papel importante cumprido pelo farmacêutico.

Muitos garotos tinham a fantasia que as meninas têm uma "porra" igual à deles, "só que sem o espermatozóide". Discutiam bastante sobre os genitais femininos, quantos buracos tem etc. e pareciam conhecer bem mais que as meninas: olhavam "como é" sempre que podiam, ao vivo ou em revistas e filmes de vídeo. As meninas tinham razão, eles tinham mais esse direito. O fato que parecia mais misterioso para eles é a elasticidade da vagina, já que "a mulher que dá muito é arrombada", "vai ficando elástica". "Comer uma virgem" era supervalorizado porque teoricamente é um prazer único, "apertadinho". A verificação da realidade deixa todos eles confusos:

- ◆ – Mulheres arrombadas por filho ou as putas dizem por aí que dá menos prazer.
- ◆ – Mas com você foi assim? Diferente? Mais apertado (verificando com um rapaz que contou que tinha transado com uma virgem...)
- ◆ – Pensando bem... Sei lá!
- ◆ – Comigo até que não... mas também tem outras coisas...

A discussão sobre o prazer era interminável, especialmente entre os meninos.

O prazer, a ética e as informações distorcidas

As meninas em geral desconheciam o orgasmo que confundiam com excitação e sabiam pouco sobre o clitóris. Já era uma imensa novidade estar falando disso. Os homens sabiam do clitóris ("pinguelo", "botão"), mas ficavam espantadíssimos de imaginar que a mulher não goza ou ejacula como eles necessariamente "toda vez". Como pode? As mulheres tinham uma curiosidade mais ou menos discreta sobre o mundo erótico dependendo do grupo, pouquíssima curiosidade sobre o prazer dos homens. O prazer do parceiro aparecia no contexto de "permitir que ele tenha seu prazer", "ficar feliz se ele se satisfaz", mais que ter tesão com o prazer dele como os meninos têm pelo delas ou ativamente propiciarem prazer. Os homens tinham uma imensa curiosidade de saber "como dar prazer a uma mulher" e não podiam ter muitas dúvidas nem conversar muito sobre seu próprio prazer, que devia ser óbvio e sem muito segredo. Às vezes esse interesse pelo prazer das mulheres era fruto de uma visão mais igualitária de sexualidade ("elas têm direito"), outras vezes porque dar prazer à mulher valorizava a virilidade deles. Os rapazes dificilmente reconheciam que o prazer pode não acompanhar o sexo.

A curiosidade pelo prazer feminino fazia com que as mulheres que tinham mais experiência ganhassem respeito e a cumplicidade das meninas mais "caseiras". Foi espantoso observar como adoravam ensinar e todas adoravam aprender. Todas as sabidas do grupo depois do primeiro estranhamento subiam no conceito coletivo visivelmente. Não é que todas queriam virar "da rua", faladas, "nem pensar!", "isso não é pra mim!" Queriam saber e as que assumiam sua experiência e conhecimentos passavam a ser gente interessante também. As meninas com vivências homossexuais quase sempre abriram sua preferência por mulheres nesse momento da oficina, sem perder o respeito das colegas. Isso nunca aconteceu num grupo masculino, os mais sabidos não tinham nenhuma paciência com os menos experientes, já que a inexperiência era vista como uma deficiência que poucos tinham a coragem de expor. Quando dividimos os grupos por faixa etária, concentrando os mais jovens e inexperientes, o acolhimento melhorou. Os meninos com inclinações homoeróticas sempre esconderam suas preferências, e até hoje falam no grupo apenas pela fala dos personagens homossexuais que encenamos. Duvido que seriam tão bem-vindos se abrissem sua homossexualidade, porque a sabedoria sobre o prazer homossexual parece não caber ou servir no mundo masculino heterossexual, nem para as mulheres. Já o sexo entre mulheres é interessante e excitante para todos.

A *bunda* é uma das "partes" mais erotizadas por todos – "ai! ele tem uma bundinha..." – e era modelada em alguns grupos, com ou sem ânus. Já *o ânus* ("cu", "rosca"), o "dos outros" nunca o próprio ânus, era descrito como fonte de prazer e podia ser um pedaço erótico do corpo exemplificando o tesão de alguém. "Não no meu!" Nem homens nem mulheres se referiram ao sexo anal como algo prazeroso, mas lembravam sempre que "tem quem goste". Para os meninos, ficava na categoria do "buraco não arrombado" e mais apertado, fonte que "pode propiciar mais prazer, é o que corre". Para a maioria das mulheres estava associado à "dor" e eventualmente à fase da iniciação sexual no *script* feminino das que queriam permanecer virgens.

Para quem se espanta que essas coisas fossem faladas num grupo com jovens, veja como não é secundário para a prevenção da Aids.

O ânus surpreendentemente era sempre citado como espaço "contraceptivo". Ou seja, *"tem gente* que faz por trás para não engravidar a menina". ou "Tem menina que acaba gostando de tanto fazer para evitar filho e não perder a virgindade". O sexo anal – talvez a prática sexual de maior risco para a infecção pelo HIV – apareceu consistentemente como sexo seguro também para a Aids, ficando claro que essa associação do sexo anal com prevenção da gravidez era a fonte de confusão para eles, embora associassem Aids com homossexualidade. A grande maioria deles não teve experiências homo ou bissexuais e os que declararam práticas anais discutem que é arriscado para o homossexual, não para eles ou para as mulheres. Como vemos, as práticas sexuais não existem fora do contexto, do roteiro, do *script* e do personagem, por isso as histórias vivas e espontâneas são tão relevantes.

Embora a ideologia da sacanagem e da transgressão seja central na erótica brasileira, a relação sexual com amor foi descrita por homens e mulheres como o contexto de maior prazer. Os rapazes reconheciam que uma relação afetivamente significativa pode ser mais prazerosa porque "dá um gozo diferente". Afinal o sexo é a expressão mais significativa do amor, na versão masculina, ou um momento de entrega e confiança que só existe com amor, como disse a maioria das meninas. Muitos usavam o exercício da massa para fazer um modelo inteiro do corpo "não desmantelado", da cabeça aos pés, erótico e reprodutivo, e o corpo inteiro foi sempre associado ao amor.

Sempre que se fala das práticas mais polêmicas é importante encontrar um momento para discutir o "tem quem goste" e o respeito por "quem não gosta". A discussão sobre o contexto aceitável para o prazer tem sido sempre um momento-chave para discutir os limites éticos da busca do prazer, estimulando a reflexão dos homens sobre a tal necessidade de "descarregar". No caso das mulheres, discutindo o direito de não serem destinadas à dor e à passividade, de buscarem opções prazerosas. Discutir o direito de dizer não e aprofundar a reflexão sobre os limites da sedução e sobre a violência sexual promovendo a ética do consenso é também absolutamente chave se quisermos estimular os jovens a se protegerem e a protegerem seus parceiros do HIV. Se a ética do respeito à diferença é valorizada vão prestar mais atenção nos sinais de desprazer do outro, buscar o consenso e a decisão compartilhados. Era uma discussão bem-vinda também para os menos confortáveis com o sexo, ou que se sentiam "anormais" porque não sentem a tal "febre hormonal". A ética do consenso permite que vivenciem um espaço em que se respeitam as sexualidades diferentes e minoritárias ou as menos valorizadas por cada grupo.

Erótico e reprodutivo

Em relação a cada peça produzida por eles perguntávamos: *é erótico ou reprodutivo*? Havia dúvidas sobre o que é erótico, nunca sobre o que é reprodutivo. O corpo reprodutivo era mais emergente entre as mulheres que o conhecem um pouco melhor. O órgão participante da reprodução mais freqüente era o *seio*, também "mais fácil de modelar". Não parecia haver muita divergência em torno do seio-erótico, até porque permanecia como primeiro pedaço a ser experimentado ou tocado nas primeiras experiências sexuais, depois da boca. Etapa importantíssima do *script erótico*[21] dessa idade de iniciação.

O segundo modelo mais associado com a reprodução, construído de forma esquemática e incompleta, era um conjunto que incluía o útero, ovários e trompas. Sabiam da existência de um ciclo menstrual mas os homens faziam mais confusão sobre o período fértil, errando mais ao definir os dias da provável ovulação – muitos apostaram que o período mais perigoso para transar é o da menstruação.

O corpo reprodutivo dos homens não existia na cabeça da maioria. Até a jovem equipe de pesquisadores tinha de recorrer mais às figuras de livro para falar do corpo reprodutivo masculino que ninguém conhecia de cor. Não que os cursos de ciência não ensinassem: "é que ninguém presta muita atenção", como foi dito num grupo. Grupos de universitários (professores, profissionais e estudantes) não têm sido exceção. O corpo reprodutivo masculino não é tão mais complicado assim que o feminino para moldar, mas a ênfase do tema reprodução costuma ser na gravidez e desenvolvimento do feto, ou na fecundação que ocorre no corpo da mulher. O corpo masculino fica sem importância do ponto de vista da reprodução e acaba desaparecendo da imaginação. Manter a reprodução só na mulher tem repercussões muito importantes e perversas, especialmente em relação ao

---

21. Parker, R., 1991.

uso de contraceptivos. E é extremamente opressiva para os meninos, como veremos adiante, não só para as meninas.

Usando os mesmos modelos de massa feitos por eles e mais alguns recursos de "aula de ciências" para sofisticar a compreensão da contracepção (cartões, pôsteres, livros e modelos de acrílico transparentes), mostramos como funciona a fecundação e a contracepção de forma mais concreta e menos conceitual. Discutimos as vantagens e desvantagens de cada método anticoncepcional demonstrado no grupo e as vantagens da camisinha para os jovens.

Analisando os questionários sabíamos que o nível de informação era baixo. Numa pergunta aberta sobre quais os métodos anticoncepcionais que conheciam, quase 20% dos jovens não responderam a esta questão e 12% responderam "não sei". Um em cada três jovens (35%) citou apenas um método, 28% citaram dois métodos, 15% citaram três métodos e apenas 10% dos que responderam citaram mais de quatro métodos. As mulheres conheciam significativamente mais métodos e responderam mais à pergunta. O aborto não foi citado como método contraceptivo e os homens lembraram bem mais da camisinha (70%) que as mulheres (43%), enquanto a pílula foi mais lembrada pelas mulheres (64% delas e 50% dos homens). Menos de 3% dos jovens nos dois grupos mencionaram a esterilização que é bastante prevalente no Brasil. O coito interrompido foi citado por 12% dos homens e 5% das mulheres, o DIU por 14% dos jovens e as injeções hormonais por 4%.

Trazer a discussão da Aids para uma aula sobre reprodução ou de reprodução para um programa de Aids não é mero senso de oportunidade. Não é apenas reconhecer que falta informação e discussão sobre os dois "problemas" associados à sexualidade dos jovens. As doenças sexualmente transmissíveis e a gravidez são resultado do mesmo ato sexual e acontecem no mesmo contexto sociocultural. Do ponto de vista da expansão do HIV, a revolução silenciosa só das mulheres e o "controle" feminino sobre a fertilidade foi uma faca de dois gumes: os programas de planejamento familiar na rede pública ainda hoje são destinados apenas às mulheres. Como já disse antes, trabalhar a prevenção da Aids só no campo das doenças sexualmente transmissíveis pode até fazer algum sentido num programa apressado destinado a homens que fazem sexo com homens ou em programas relâmpago com trabalhadoras do sexo, mas é absurdo não associar prevenção de Aids a escolhas reprodutivas inclusive nesses grupos. Essa maneira de ver o corpo sexual totalmente isolado do reprodutivo é historicamente uma amputação do corpo que só pode ser erótico "na rua", das mulheres da rua (putas) que não têm direito à maternidade e do corpo dos homens – que acabam tendo sua "função reprodutiva" eliminada simbolicamente. Serve ao objetivo de manter o sexo separado da reprodução nos programas de promoção de saúde.

O desejo de ter filhos é um importante ritual para a vida adulta entre homens e mulheres, e aparecia mais cedo entre os menos escolarizados. Quando comparamos jovens universitários e os estudantes no ensino fundamental noturno, ter filhos assumia um valor diferente para jovens entre 17 e 20 anos de idade. No estudo comparativo, menos de 4,5% eram casados ou amigados, mas 25% dos jovens do ensino fundamental *desejava ter filhos nos próximos dois anos* contra apenas 2% dos universitários, sem diferença entre homens ou mulheres. Como é de se esperar, o conhecimento e uso de diferentes métodos contraceptivos era maior entre os universitários.[22] Nos encontros que mantivemos depois das oficinas, as discussões sobre gravidez e filhos foram as mais esclarecedoras sobre o sentido das decisões sobre o sexo e mostraram que para evitar filhos é legítimo planejar e ser responsável pela atividade sexual.

Cenas de gravidez não planejada e o aborto

Para os jovens universitários corrigir uma gravidez não planejada com o aborto era mais tolerável, inclusive porque na classe média costuma ser feito em condições médicas mais aceitáveis, embora profundamente constrangedoras, clandestinas e caras. Para as meninas dos cursos do ensino fundamental era uma situação impossível ou de previstos sofrimentos. Era intolerável para os rapazes que eram quase unânimes contra o aborto, falavam literalmente em "assassinato", usando a linguagem dos líderes antiaborto. As meninas não gostavam de abortar, dificilmente escolheriam o aborto se pudessem, mas toleravam e compreendiam muito mais que os homens.

Na região central da cidade, por exemplo, quando o grupo teve a chance de escolher qual tema trabalhar depois de encerradas as oficinas, o aborto foi escolhido. Fizeram uma pesquisa no bairro onde

---

22. Resultado também encontrado pela BENFAM (1992) que mostra que os jovens de classe e escolaridade mais alta usam contraceptivos mais freqüentemente na primeira relação sexual.

levantaram histórias muito trágicas e situações de arrepiar. Mais que apenas um problema moral ou religioso, para esses jovens sem recursos a oposição ao aborto expressava a aversão ao "açougue", como eles diziam, à horrível situação que as moças costumam enfrentar. Ao mesmo tempo, tinham medo de um dia não poderem conceber, conhecida seqüela de aborto malfeito, num contexto em que a gravidez e a maternidade/paternidade podem corrigir os maus-passos da vida.

Um filho é na fantasia de muitos jovens de classes mais baixas reparador da falta de cidadania: "O filho vai *ter* tudo o que eu não tive, vai *ser* mais do que eu fui ou vai *fazer* o que não fiz". A possibilidade de um futuro melhor, corretamente, é percebido como esforço de uma geração, esforço familiar. Vai definir e concretizar o futuro que vão amar e cuidar, o sentido da vida adulta e dura, de homens e mulheres. E essa vida adulta para a maioria deles já começou: eles falam da "juventude que passou muito rápido", de uma vida marcada por eventos trágicos que tiram a esperança, ou de eventos sem valor, como veremos nos últimos capítulos.

Os homens eram mais conservadores em relação à gravidez não planejada.[23] Num dos encontros para avaliação feitos com jovens de ambos os sexos no Butantã e no Glicério, resolvemos investigar essa questão, instigados pela emergência do tema da gravidez em outros encontros. Fizemos um exercício de andar pela sala e associar "Quando você pensa em gravidez, o que te vem à cabeça?"

As associações a seguir, em ordem pouco diferente, aconteceram em todos os grupos, e como se nota nesse exemplo as mulheres não pensavam em casamento e os homens sim.[24]

Elas compartilhavam histórias, situações experienciadas por outras mulheres da família ou de amigas que engravidaram fora do casamento, e mil argumentos para não casar "só por causa de uma gravidez": não queriam ser maltratadas, ser abandonadas mesmo assim, ficar sem receber nenhum apoio do marido para criar o filho e tinham medo de violência doméstica. Sem amor para que casar? Ao

---

23. A pesquisa da BENFAM confirma nas três cidades que pesquisou que a maior parte dos homens acha que diante de uma gravidez não planejada, a mulher deve "convencer o homem a se casar ou viver com ela"; já a maioria das mulheres acha que a mulher deve "ter a criança e criá-la sozinha".

24. Resultados encontrados na pesquisa da BENFAM (1992) e também indicados por Suplicy, M., 1993.

As mulheres associam:	Os homens associam:
socorro!	dinheiro
responsabilidade	responsabilidade
minha mãe ia me matar	sem terra e casa para morar
trabalhão com bebês	minha mãe vai me matar
medo	casamento
não dormir mais	não trair a mulher
corpo ficar deformado	família
desespero e abortar	futuro da criança
namorado não assume	meu futuro
eu ia adorar!	não sei se é meu!
	coro do grupo: É! Só! Isso aí

mesmo tempo trocavam as informações sobre ervas e garrafadas, aborteiros e suas horríveis histórias, transmitidas basicamente no mundo feminino. Ficava evidente o poder disseminador de informações boca a boca nessa discussão, sobre a qual há silêncio nos meios de comunicação ou na escola e, principalmente, como as informações obtidas por meio das histórias que ouvem contar são mais legítimas do que as indicações de autoridades médicas. Em todos os grupos femininos, em alguns grupos a maioria delas, conhecia os poderes abortivos do Cytotec,[25] remédio vendido em farmácia para certos tipos de úlcera.

Os meninos sabiam menos desse assunto, não contavam muitas experiências e histórias, a não ser os casos de "caras que foram enganados pela menina". A frase masculina que melhor os representa na discussão sobre o aborto certamente é "ela pode fazer, eu não faria..." Veremos adiante como esse tema emergiu num outro exercício.

O tema mais escolhido para a discussão das associações feitas era a "responsabilidade" que, como já comentamos, sempre tem sentidos diferentes. Responsabilidade para as meninas significava que elas seriam culpadas por terem ficado grávidas já que não se preveniram. Precisavam dar um jeito, já que a mulher é responsável por dar à luz, pela saúde do bebê, pelos cuidados de todo dia depois que ele nascer. Elas compartilhavam várias histórias de mulheres em dúvida diante de um filho não planejado, mas o filho deveria ser amado

---

25. Sobre a história do uso e a controvérsia em torno do Cytotec, ver Arilha, M., e Barbosa, R., 1993.

e não poderia ser uma vítima do destino. Dramas reais e finais felizes eram contados nos grupos, boas e más experiências de lidar com a situação, mas a futura mãe não era nunca vista como vítima do destino. Prefeririam ter filhos numa situação "melhor", sinônimo de "com mais condição econômica". Preocupavam-se mais com o apoio da sua própria família do que com o pai da criança. Pensavam em criar o filho sozinhas "senão tiver amor suficiente para casar". Como a maternidade era sempre essencial na construção de sua identidade feminina, e a vida de mulher "tem menos diversão mesmo", a criança poderia significar "passatempo" e sentido da vida mesmo que sem marido.

Os meninos também escolhiam "responsabilidade" como tema a ser discutido depois do exercício. E responsabilidade significava trazer coisas para casa, dinheiro, "coisas pro moleque" (sempre é um menino), ter um bom emprego, ter medo de desemprego. Queriam ter "condições" para ter o filho que pretendiam encomendar lá pelos 25 anos. Todos os rapazes queriam ter filhos, desejo mais unânime que entre as meninas. Falavam mal dos pais que abandonaram os filhos, contavam histórias de crianças criadas sem pai como muitos deles ali, admiravam as mães sozinhas, comentavam os problemas de dinheiro das mulheres que sustentavam sozinhas uma criança. O filho aparecia na cabeça deles já "criado", como um menino, nunca um bebê. A partir da discussão sobre responsabilidade inevitavelmente acabavam na discussão do "não sei se o filho é meu", muito carregada emocionalmente. Tinham raiva do pai abandonador mas eventualmente fariam o mesmo, abandonariam.

Nesse encontro pós-oficina pedíamos então para se levantarem de novo, andarem pela sala e lembrarem do último parceiro sexual, ou caso platônico, ou...

Coord. – Pensem agora na última menina/menino com quem transaram, ou quiseram namorar e/ou transar... Lembraram?...Têm a imagem dele/dela na cabeça? OK, então parem onde estão e fechem os olhos e imaginem... No **grupo de mulheres**: "Você dizendo para ele, estou grávida!". No **grupo de homens**: "Ela dizendo para você, estou grávida!". Vai pensando alto...

A seguir respostas de dois grupos da mesma escola, na ordem em que apareceram.

No grupo masculino:
quem é o pai?
situação delicada
tá brincando...
vou assumir
é verdade?
eu sempre usei camisinha...
será que é verdade?
fazer o teste
será que o filho é meu?
pasmo, estou pasmo...
minha mãe vai me matar...

No grupo feminino:
eu vou contar pra minha mãe!
vou contar pra ele que é o pai
ia levar um murro da minha mãe...
não falo, fico com vergonha...
tenho medo de falar!
ele vai assumir?
vou contar primeiro pra minha irmã
não vou conseguir...
será que ele vai gostar?
será que ele vai continuar me gostando?
conto pra ele ou primeiro pra mãe?

Pedíamos que imaginassem o diálogo e dessem um nome para a cena que se seguiria a essa comunicação. Tanto nos grupos masculinos quanto no grupo feminino, a cena emergente era a que representava o rapaz negando a responsabilidade pelo bebê. No grupo de mulheres, como neste a cena era "Ele vai assumir?", no grupo de homens a frase escolhida era "Será que o filho é meu?". Um exemplo de cena masculina.

Título: Será que o filho é meu?

- – Tô grávida!
- – Como você pode comprovar que esse filho é meu?
- – A única pessoa que transei foi você...
- – Quem me garante?
- – Porque eu sempre fui fiel!
- – É, mas você ia no salão e eu ficava em casa...
- – É, eu ia com as colegas e ficava sentada...
- – E se você desse uma fugidinha?
- – Só aceito se fizer o teste... (o teste que prova a paternidade)

Essa cena foi reproduzida quase igualzinha no grupo de mulheres da mesma escola, com título diferente: "Ele vai assumir?". Pedíamos para trocarem de papel, fazendo o papel da mulher (ou do homem no caso do grupo feminino). Eles conseguiam entender a raiva da menina mas, em geral, não mudavam de opinião. Ficariam horas discutindo um teórico teste de sangue para provar a paternidade "Como no caso do Pelé". Não importava ter de esperar a criança nascer. As meninas, afinal, poderiam ter escolhido um deles para pai depois de dormir com outros caras. Na dúvida, "o bebê é problema delas", era impossível sentirem qualquer responsabilidade por um feto.

Paradoxalmente eram capazes de assumir a paternidade de um filho que não era sabidamente deles, aceitariam adotar como sua a criança da mulher que amam, muitos deles lembraram a experiência de terem sido criados assim por um padrasto. Ficou claro que diante de uma mulher que amam, o grau de tolerância para tudo aumenta, como ter o filho sem condições ou, mais raramente, ser companheiros num aborto. "Mas mesmo que eu ame a mulher, se o bebê não for meu, bye, bye..." Nessa situação concreta (sem amor ou de dúvida), os rapazes concordavam que "a mulher deve fazer o aborto, por conta dela", não vão nem querer saber dessas coisas ou ser cúmplices, mas seria bom que ela fizesse... Há rapazes mais solidários, posição minoritária, mas a norma de grupo e a mais provável de aparecer nesse tipo de situação tem uma força que cala as outras.

Era responsabilidade da mulher tomar conta da contracepção e a gravidez inesperada da menina foi sempre vista como uma traição, como se fosse uma escolha racional, eles diziam:

- ◆ – Ela queria engravidar.
- ◆ – Todas fazem isso! Afinal, ela deveria ter-se preocupado com evitar, não fez...

É como se estivessem dizendo "ela me transformou em adulto antes que eu quisesse."

- ◆ – Eu não decidi, então foda-se!

Nas cenas femininas o roteiro se repetia, o que indica que são parte do mesmo cenário cultural e que os gêneros se constroem subjetivamente de forma complementar, como *esquema de gênero* e *esquema de gênero oposto*. No caso das garotas, a família (pai e mãe) aparecia mais freqüentemente na cena como segundo interlocutor. Era como se soubessem de antemão que o rapaz pensaria sempre assim, duvidaria delas, que teriam de enfrentar a situação contando com a família, até para fazer frente à dúvida do rapaz. Todas achavam que os pais ficariam zangados, mas a grande maioria esperava o apoio deles depois de um tempo, ao mesmo tempo que esperavam rejeição do parceiro. Tinham muito medo de se decepcionar com o namorado. "Será que ele vai aceitar?". Muitas delas, na cena, pareciam felizes de estarem grávidas e ao mesmo tempo preocupadas com a aceitação, com o resultado da "prova de amor".

Todos os homens universitários que participaram do trabalho (e expandimos a consulta para um círculo maior) pensavam o mesmo diante do anúncio de *qualquer* gravidez: "Será que é meu?". Os universitários pensavam mais silenciosamente, não falavam ou atuavam de modo tão impulsivo. Segundo o depoimento das mulheres universitárias, a média dos homens se comportava muito mal, aflitos com a decisão a ser tomada, especialmente diante do aborto. O interessante é que as universitárias, ao contrário das mulheres do ensino fundamental, jamais antecipavam essa silenciosa reação dos homens ("Será que é meu?"), e se espantavam muitíssimo quando descobriam esse secreto pensamento. Os homens universitários sabiam que esse sentimento e pensamentos eram pouco apropriados para a regra do grupo que já era outra, por isso o silêncio e a atuação mais disfarçada. Conseguiam reconhecer e refletir sobre essa atitude, nunca a defenderam. Os homens dos dois grupos reconheceram sempre o direito de as mulheres ficarem revoltadas...

Em resumo, para os garotos não é necessário amar a mulher para transar com ela, para ser pai de um filho dela sim. Se não amam a mãe, "abortam pela boca" ("o filho não é meu!"), excluem ambos da sua vida. Para as garotas, amar é uma importante condição para o sexo, até porque são conscientes de que serão responsabilizadas pelas suas conseqüências. Mas depois de concebido um filho, o amor do pai da criança é menos importante, o par mãe-filho pode prescindir do pai.

A opressão dos gêneros sobre homens e mulheres

Nas oficinas com rapazes, quando discutimos que eles têm o direito e a possibilidade de *decidir quando ter filhos*, a idéia sempre tem cara de novidade para a maioria deles. Ao sugerir que *a camisinha permite o controle da vida reprodutiva pelos homens*, descobrimos o melhor argumento para o uso da camisinha que escutaram durante todo o programa. Pareciam sentir-se à mercê das mulheres nessa área, sentiam que elas tinham todo o poder sobre quando ter filhos; e a juventude deles nas mãos já que não decidiam quando virar adultos e pais. Uma garota tinha o poder de atestar a virilidade e ainda era dona da prova material. Mais fácil chamá-la de "galinha" ou de "puta", pois a mulher da rua é de todos mesmo, não ameaça a masculinidade de ninguém.

O primeiro passo na construção do sujeito, inclusive de sujeitos sexuais, sempre depende de conscientizar as fontes de opressão e os obstáculos para a condição de agente. Para esses rapazes, olhar para as lentes opressoras do gênero é enxergar o desejo e o direito de escolher quando ser pai, o direito ao prazer eles já têm se forem heterossexuais, ou "ativos". As mulheres já conquistaram o direito de escolher quando e quantas vezes serão mães com a massificação de alguns métodos anticoncepcionais, desde que não apelem para o aborto. Entender o gênero como construção simbólica que implica só a opressão feminina e apenas denunciar o poder dos homens é não perceber o quanto eles deixam de ser sujeitos individuais de sua atividade sexual para tentar repetir os estereótipos do machão ou do poderoso patriarca que não existe mais. A dimensão hierárquica entre os gêneros, que historicamente atribuiu mais poder ao mundo masculino e aos homens, está especialmente desgastada nesses grupos sociais em que o desemprego masculino tem sido maior e mais complicado de resolver que o feminino (nessas comunidades a mulher sempre tem as alternativas do serviço doméstico ou dos trabalhos na "noite"). Desempenhar o poder de único provedor e controlador das mulheres ficou quase impossível numa metrópole em que o trabalho feminino se generalizou a um custo mais baixo. As mulheres também são o público preferencial dos programas de promoção da saúde e direitos reprodutivos, como veremos no próximo capítulo.

Esses rapazes não se sentiam com poder, embora reconhecessem que tinham direito de ser mais irresponsáveis e violentos em nome desse poder. Tentar ensiná-los de que são individualmente opressores além de não os convencer, não os ajudaria; nem à causa de uma sexualidade e uma relação entre homens e mulheres mais igualitária, a utopia com que simpatizamos e é condição para conter a epidemia da Aids. Ajudou muito mais quando estimulamos todos, homens e mulheres, a olhar para as lentes de gênero que os limitam como sujeitos sexuais.

Começamos esse projeto conscientes de que o gênero é definidor da sexualidade. Portanto separamos homens e mulheres no começo do trabalho para que essa dimensão fosse trabalhada e mais bem entendida *pelos dois*, não para propor a segregação das mulheres contra os homens ou vice-versa. Se essa é uma dimensão fundamental da sexualidade e deve ser percebida como aspecto sensível das ações preventivas, o que interessa do ponto de vista da epidemia da Aids não é denunciar mais uma vez a opressão feminina ou encontrar mais uma vez formas de resistência unilateral "sob controle da mulher". Significa lutar por espaços e métodos de prevenção hoje inacessíveis a um ou outro, por exemplo: aconselhamento e planejamento familiar para os homens ou a massificação da camisinha feminina e mais investimento na pesquisa dos microbicidas vaginais para as mulheres. Facilitaremos a relação entre homens e mulheres.

A chamada revolução sexual e da fertilidade no Brasil e as utopias de um mundo sem hierarquias de gênero avançaram em todos os lugares, mas não fazem ainda um único sentido. Duvido que um dia farão. Mais do que criar um novo "modelo de mulher", "um homem novo", "uma" sexualidade mais liberada e vivida sem problemas, "uma" nova família e "uma" maior igualdade entre os sexos, enxergamos um mosaico pouco coerente, que pode ser puxado para uma coloração mais ou menos tradicional, dependendo do contexto de vida individual, como já discuti antes,[26] e dependendo também da classe e grupo social ou geração.

As primeiras campanhas contra a Aids não consideraram a dimensão dos gêneros, não estimularam as mulheres a serem sujeitos da sua sexualidade e a exigir a camisinha a partir da realidade concreta e dos *scripts* femininos para o sexo, a desafiar os arriscados roteiros de passividade. Também não ajudaram os homens porque os "Bráulios" são antes de tudo objetos inconscientes de padrões coletivos. Os rapazes durante nosso trabalho sempre pareceram muito mais inconscientes, mais presos à velha consciência coletiva e menos plásticos que as mulheres, e não tinham a vida facilitada ou eram menos vulneráveis por causa disso. Para proteger homens e mulheres, homo/hetero/bissexuais, precisamos desafiar a velha construção da sexualidade e dos gêneros.

É decisivo observar como as mulheres estão criando as possibilidades de negociar o sexo seguro. Acumular a mulher com mais uma denúncia de sua milenar opressão é a mesma coisa que falar que a "Aids vai te pegar" sem dizer como não pegamos Aids. As mulheres

---

26. Paiva, V., 1990.

preferem, se perguntadas sobre as soluções, sempre começar com a solução mínima de negociar uma transgressão segura fora do casamento ("Se for me trair, pelo menos use camisinha"), ou usar fontes de legitimação coletivas ("Vamos fazer como aprendi no grupo da USP", "A Vera falou que...", "Li na revista") para despersonalizar a "guerra santa". Escolhem só como último recurso, se amam ou dependem do parceiro, negar-se ou romper a relação, mas têm feito isso também. A *pax belica* não é um problema, é uma possibilidade refrescante. É assim que as mulheres começam enfrentando não a sua falta de *poder sobre* os homens, mas construindo seu *poder de* se proteger, negociar, ser amada e ter um pai para seus filhos. Ou conseguir cuidar da sua vida e dos filhos sozinhas, fortes e poderosas como dizem as garotas filhas das mulheres que já fizeram isso. Bom ou ruim, só mudamos a partir daquilo que somos.

E os homens? Voltaremos de novo, e de novo a essa questão.

6
Práticas sexuais, camisinha e sexos seguros

> *Para alguns, sexo mais seguro se restringirá à recomendação do uso da caminha; para outros, como a Igreja Católica, o uso da camisinha será visto com desconfiança e até condenado. Para outros ainda, sexo seguro será a interdição de quaisquer troca de fluidos corporais, como saliva, suor, quaisquer contato com esperma ou secreção vaginal, mesmo que as evidências epidemiológicas atuais já não apontem nenhum risco de transmissão pelo beijo e pelo sexo oral. Existem aqueles para quem sexo mais seguro será a abstinência total, e a relação monogâmica e a fidelidade serão garantias contra o vírus. E existirão sempre aqueles que nunca se considerarão em risco, e por mais que recebam informações, não mudarão seu comportamento.*
>
> VERIANO TERTO JR.[1]

Falar de sexo seguro é em geral bem divertido e leve, mas pode ser desastroso se seguirmos o modelo da "prescrição" de um jeito só de se prevenir da Aids. Pode-se adotar qualquer uma das alternativas citadas por Veriano Terto Jr. como verdade definitiva e tentar passá-la "goela abaixo". Ser pouco pluralista num grupo religioso pode ser mais aceitável, mas não é aceitável numa escola pública. O uso da ca-

---

1. Terto Jr., V., 1992.

misinha deve ser *considerado* por todos os jovens, mesmo pelos que ainda não têm vida sexual, para que criem a *seu modo* as condições de evitar uma gravidez não desejada ou uma doença sexualmente transmissível como o HIV desde a primeira relação sexual.

Vamos descrever neste capítulo as práticas sexuais dos jovens participantes do primeiro projeto a partir das respostas ao questionário, das entrevistas e oficinas, buscando entender os obstáculos para o uso da camisinha. Discutiremos também o quarto encontro da oficina, quando abordávamos com mais detalhe o que é sexo seguro ou sexo arriscado, cada passo necessário para usar o preservativo e as dificuldades para conseguir usar a camisinha em todas as situações.

Sabemos que a relação sexual mais arriscada ocorre quando há penetração anal ou vaginal, o que nesse grupo de jovens acontecia bem cedo. Entre os jovens que responderam ao questionário, que tinham entre 13 e 21 anos, 38% das mulheres e 75% dos homens já tinham tido relações sexuais. A grande maioria (67%) começou a vida sexual antes dos 15 anos e 25% dos jovens antes dos 13 anos de idade. Como se pode observar a seguir, os meninos começavam bem mais cedo do que as meninas.

Idade na primeira relação sexual* de mulheres e homens (em %)			
	Primeira Relação Vaginal		Primeira Relação Anal	
Faixa de idade	Mulheres (n = 94)	Homens (n = 161)	Mulheres (n = 82)	Homens (n = 144)
Antes dos 13 anos	10	34	2	15
Entre 13 e 15 anos	36	45	5	34
Entre 16 e 17 anos	40	15	7	12
Com mais de 18 anos	8	2	4	2
Nunca (experimentou penetração anal ou vaginal)	4	82	3	7
Total	100%	100%	100%	100%

* "Relação sexual" foi definida no questionário como pelo menos uma das práticas: penetração anal ou vaginal, contato dos genitais sem penetração, sexo oral, manipulação dos genitais pelo parceiro.

A diferença entre homens e mulheres foi muito significativa, e a idade da primeira relação manteve a mesma distribuição nas diversas escolas em que estudavam (em regiões diferentes da cidade), religiões e cor/raça autodefinidas. Em outro estudo feito na mesma época, mostramos que pode depender da escolaridade: jovens que nasceram nos mesmos anos e chegaram à universidade começavam a vida sexual significativamente mais tarde, a grande maioria (61%) depois dos 16 anos, sem diferença significativa entre homens e mulheres.[2] A diferença entre garotas e garotas se manteve independente da idade e dos outros fatores quando observamos *com quem* eles tiveram relações sexuais nos quatro meses anteriores ao início do projeto:

- 42% dos homens e 77% das mulheres só fizeram sexo com "parceiros fixos" – namorados, esposas, casos fixos.
- 35% dos homens e apenas 10% das mulheres só tinham transado com "parceiros casuais" – casos e parceiros de encontros rápidos e sem vínculo afetivo. A grande maioria transou com 1 ou 2 parceiros casuais no período e um número importante de rapazes (18%) relataram mais que três parceiros casuais.
- 23% dos homens e 13% das mulheres relataram sexo com os parceiros fixos **e** com outros parceiros casuais.

A maioria das pesquisas sobre prevenção de Aids mostra que em relacionamentos fixos, mesmo que não tenham feito o teste HIV, tende-se a não usar a camisinha como hábito já que "conhecer o parceiro" é uma das formas mais freqüentes (e inadequadas) de prevenção na cabeça das pessoas.

Por que não usaram a camisinha?

A maioria dos jovens participantes do primeiro projeto nunca tinha visto ou aberto uma camisinha, o que era impressionante mais de dez anos depois do surgimento da Aids. A grande maioria dos que tinham atividade sexual nunca tinha usado. Hoje em dia, depois que as campanhas e a imprensa passaram a falar freqüente e abertamente da camisinha é mais comum que os jovens já tenham tido a chance de manipular uma mesmo sem ter participado de um programa educativo.

O uso da camisinha não variava entre garotos e garotas ou de acordo com a religião. Entre aqueles com atividade sexual, 55% deles *nunca* haviam usado, 23% raramente usavam, 6% usavam *quase*

---

2. Paiva, V., 1995b.

sempre e apenas 17% declararam usar a camisinha *todas as vezes*, antes das oficinas. Os jovens do Centro da cidade tendiam a usar mais a camisinha do que os jovens dos bairros, e sabemos que essa região da cidade tem os casos mais antigos de Aids.

A renda domiciliar tinha um impacto significativo: o grupo de maior renda usava o preservativo mais freqüentemente e a quantidade de jovens que *nunca* havia usado camisinha aumentava entre os de menor renda, independentemente de se considerarem negros, brancos, orientais. No estudo dos universitários, a renda não fez diferença para o uso de camisinha, já que 75% deles estavam na faixa de renda domiciliar acima de dez salários-mínimos, em que o custo da camisinha não pesa tanto. Entre esses alunos do curso do ensino fundamental noturno o preço da camisinha, que custava um dólar em média durante todo o projeto, podia ser uma dificuldade a mais já que 61% tinham renda domiciliar menor que cinco salários mínimos.

O fato de viverem numa comunidade com muitos casos de Aids ou o custo da camisinha não eram mencionados como razão para usar ou não usar mais a camisinha nas respostas espontâneas. Uma pesquisa feita dois anos depois por pesquisadores do Núcleo[3] nas mesmas regiões de São Paulo mas em diferentes escolas públicas noturnas, encontrou resultados semelhantes sobre a idade da iniciação sexual, sobre os tipos de parcerias e freqüência de atividade sexual. A boa notícia foi encontrar mais jovens que já usavam a camisinha, certamente refletindo o início das campanhas da mídia e do Ministério da Saúde incentivando o uso do preservativo que começaram finalmente em 1993. Os motivos alegados para usar ou não a camisinha não têm mudado.

Quando perguntamos *por que não usaram* camisinha na última vez que transaram, o tipo de vínculo com o parceiro foi o motivo mais citado, por 40% de garotos e garotas: "foi com a namorada", "era meu noivo", se referindo ao fato de ser um parceiro constante a quem se sentiam ligados. Muitos diziam nunca ter imaginado "que precisava usar preservativo com um parceiro fixo". O fato do sexo "não ter sido planejado" foi a explicação de mais de um terço deles, e "não gostar de usar" o motivo de quase 1 em cada 3. Além desses motivos, as mulheres mencionaram mais que os homens a dificuldade de combinar a camisinha com o parceiro e o fato de estarem usando um anticoncep-

---

3. Ver Antunes, M. C., 1999 e artigo disponível em www.usp.br/nepaids.

cional, e os homens mencionaram mais o "nojo da camisinha", ou o heróico "comigo não vai acontecer nada". Quase 10% dos garotos disseram que "não usei por que nunca usei", ponto final.

Várias pesquisas já demonstraram que o amor e a paixão dissolvem o risco. Imaginar que o parceiro amado é HIV positivo é xingá-lo de algo muito indesejável e significa desconfiar de alguém para quem se quer entregar a alma e o corpo. A maioria dos jovens também achava que ter um parceiro fixo, um namorado, era uma boa razão para não usar camisinha, porque se sentiam protegidos. Se referiam ao desejo do "contato pele com pele" ou "transbordar em mim", "me inundar", "se entregar", "quero sentir ela". Tinham medo de perder o parceiro, ou de deixar de conquistá-la, porque o/a parceiro/a não gosta de usar camisinha ("ninguém gosta!", eles repetem). Vejam outras falas em oficinas longas:

Mulheres

- ♦ – Ele não vai aceitar! Tenho medo de sair briga...
- ♦ – Eu tenho medo de falar de sexo assim...
- ♦ – É mais fácil falar pra ele não gozar dentro, ou que eu não uso remédio! (obs. remédio = pílula)

Homens

- ♦ – Com a menina que você vai só transar dá pra falar sobre doença, gravidez, dar um xaveco nela... Mas a namorada vai pensar quando eu falar, o quê? Que eu não confio nela...
- ♦ – Ela queria transar sentindo o p. na sua b. e eu aceitei!
- ♦ – As mulheres não gostam, machuca...

Para falar mal da camisinha antes das oficinas eles geralmente se contentavam em usar frases feitas tipo "Como chupar bala com papel", e quase nunca usavam argumentos que refletissem a experiência pessoal. Tinham medo de o/a parceiro/a se sentir ofendido: "eu não sou suja", "não sou bicha", "não uso drogas" são as frases que o parceiro podia dizer ou pensar, tanto entre namorados como nas transas casuais. A camisinha catalisa, além do simbolismo da Aids, todas as projeções sobre a virilidade – conquistadora ou a feminilidade – casadoira:

Homens

- – Acabei transando sem camisinha, pra não ser chamado de bicha se não transasse aquele Boing (Boing = menina avião = menina gostosa)
- – Se eu falar para a futura esposa, ela vai pensar que ponho chifre nela e vai querer fazer a mesma coisa...

Mulheres

- – Ele disse, se você me ama e não tem medo de ter filho meu, então pra que usar essa merda?
- – Que ele vai pensar de mim? Que sou cara-de-pau para ficar falando nessas coisas? Vai querer saber onde aprendi isso...

Quais os motivos para usar a camisinha?

As respostas à pergunta *"Tente lembrar da última vez que você transou com camisinha... Quais foram os 3 principais motivos para usar a camisinha?"* ampliam nossa compreensão da estratégia "conhecer a pessoa": "Usei camisinha porque conhecia a pessoa e avaliava que podia ser arriscado", ou "desconhecia o parceiro e não quis arriscar". Conhecer significa poder qualificar subjetivamente o parceiro numa hierarquia de risco para tomar a decisão ("talvez-galinha-desconhecido" ou "galinha-conhecida").

Motivos para usar a camisinha (respostas múltiplas)	Mulheres (em %)	Homens (em %)
Nunca usei camisinha	54	33
Para prevenir doenças e gravidez	11	12
O(a) parceiro(a) era desconhecido(a)	7	12
Para evitar filhos	12	5
Para prevenir doença	2	11
Porque parceiro(a) é "galinha" – arriscado	1	11
Não sei, não me lembro por que...	6	7
Porque tinha curiosidade	6	1
Porque a parceira consentiu	–	2
Por insistência da parceira	–	4
Porque eu tinha uma comigo	–	3

Além da proporção dos que nunca usaram a camisinha, chama a atenção nas respostas o fato de só os garotos se referiram à "insistência" ou ao "consentimento" da parceira. No caso dos homens, o uso da camisinha para prevenir doenças é mais importante do que para prevenir gravidez, e para as mulheres a camisinha é usada mais como contraceptivo do que para prevenir doenças.

O Aids Risk Reduction Model resumido no Capítulo 2, entre outros, sugere que se *a pessoa acha que pode conseguir e se sente capaz de* convencer o parceiro está a meio caminho para conseguir fazer sexo protegido. As respostas ao questionário indicaram que os homens se percebiam mais capazes e donos da iniciativa do que as mulheres, relatavam mais facilidade de falar sobre sexo e decidiam bem mais que as mulheres quando e o que fazer na cama. Um terço dos jovens disse que sempre tinha dificuldade de combinar o uso da camisinha com o parceiro, e o grau de dificuldade era semelhante entre os rapazes e moças que já haviam usado. Mais mulheres que homens disseram que "nunca" pensaram em propor o uso da camisinha e os jovens das faixas mais velhas se sentiam mais confortáveis para exigir o preservativo. Alguns estudos sugerem a hipótese de que estar confortável com o próprio prazer, o que se desenvolve com a idade, poderia afetar a capacidade de combinar ou exigir o sexo protegido. A análise demonstrou que o fato de gostar de se masturbar, por exemplo, não aumentava a facilidade de propor a camisinha, mais uma vez, lembrando que o uso da camisinha exige conforto e habilidades interpessoais e facilitadores na cena sexual.

Analisando os questionários de quem já teve relações sexuais encontramos uma associação muito significativa: os jovens que conversam com amigos ou os pais sentem-se mais à vontade para falar sobre sexo e mais capazes de combinar o uso do preservativo. Falar confortavelmente sobre sexo e se sentir capaz de negociá-lo por sua vez foram associados ao uso mais freqüente da camisinha.[4] Ficar mais à vontade para falar sobre sexo foi um dos mais comentados efeitos da oficina e, como veremos nos próximos capítulos, no caso dos jovens mais pobres, ajuda mas não supera os obstáculos do contexto social que impedem que intenções e habilidades individuais se realizem na cena sexual real. A análise também indicou que os jovens que tinham mais informação em relação à Aids ou menos preconceito não se sen-

---

4. $p<0.001$.

tiam necessariamente mais confortáveis na hora de combinar a camisinha. A educação para a prevenção da Aids deve ir além da informação e a prevenção sempre terá um caráter interpessoal e contextual, não depende apenas de uma disposição individual e intelectual.

Nos exercícios que fizemos com as cenas da experiência prévia com a camisinha, parece que se tem mais coragem de propor e exigir de alguém desconhecido. Muitas mulheres passaram a usar o argumento "não quero engravidar" ou "não estou usando nada", álibi preferido para exigir a camisinha e que evitava o assunto Aids e a "desconfiança". Com um parceiro regular parece mais difícil, porque o namorado em geral acompanha mais de perto o uso de contraceptivo. O argumento "não quero ter filho" não servia aos rapazes porque nas suas cenas imaginárias as meninas que não gostam de camisinha podiam dizer: "Mas eu estou usando pílula". Eles achavam ofensivo ou desmobilizador da iniciativa de usar preservativo ter de duvidar se a menina estava dizendo a verdade, era como duvidar que ela tivesse Aids ("você acha que eu tenho Aids"?). Além disso, como vimos no capítulo anterior, não faz parte do *script* masculino controlar a reprodução.

A camisinha como síntese da relação entre gêneros: "Mulher só pensa em casar e homem só pensa em trepar"[5]

Não era hábito entre esses jovens carregar uma camisinha e ter uma era evento digno de nota. Para andar com uma camisinha, segundo as entrevistas ou as discussões no grupo, teriam de planejar em detalhes o ato sexual, o que não faz parte do roteiro do homem impulsivo que deve descarregar, senão o sexo sobe à cabeça. Para ser homem deviam se mostrar muito experientes, nada podia atrapalhar as ocasiões inesperadas para o sexo que não podiam recusar. Eles planejavam a sedução, às vezes ensaiavam o ataque e a conquista de tanto pensar no assunto, mas não ensaiavam o futuro e as conseqüências. A primeira tarefa para os meninos era tomar a iniciativa e conquistar. Ser um garanhão não é uma coisa simples no *script* sexual: não se pode ser tímido, muito feio, sem futuro, ou sem dinheiro.

Já mulher que planejava o ato sexual fora do contexto de uma relação mais fixa e estável "tá querendo alguma coisa". Ela não podia

---

5. Frase de uma menina participante das oficinas.

ter essa "urgência que sobe à cabeça" – nem garotos nem garotas pensavam que isso acontecia com as mulheres. Comentavam que se ela trocar seu sexo abertamente, como prostituta ou menina de programa, terá também mais direito de insistir na camisinha e seu sucesso na tarefa vai depender do seu poder de barganha, do quanto precisa do dinheiro e se é mais atraente que a média. As meninas que estavam no limbo, entre uma relação fixa e um caso, discutiam que só era possível convencer o parceiro a usar camisinha se ele não sentisse sua virilidade questionada. O contexto tinha de ser o da sedução, colocando a camisinha num contexto erotizado com cara de brincadeira, mostrando que "ele é muito macho" e que ela desconfiava que era "galinha com outras mulheres", não que ele transasse com homens ou tivesse Aids.

Para ambos parecia inadequado interromper o fluxo natural das paixões, racionalizar: muito discurso sem sedução vira um balde de água fria que perturba a possibilidade do jogo amoroso que os envolvidos sempre querem que aconteça (ela também). "Tem de pedir, colocar nele com jeito e seduzindo", era o conselho que elas trocavam.

Segundo os *scripts sexuais* dos jovens, marcados pelo gênero, a responsabilidade das meninas diante do sexo era a responsabilidade de escolher a pessoa certa e o momento certo, e tentavam "fazer amor com a pessoa que amo e com quem terei filhos". A responsabilidade estava posta muito *antes* do ato sexual, deviam decidir *antes* de ir para um encontro sexual. O único planejamento possível era o do futuro distante com o qual viviam sonhando... e serem bem espertas para dizer sim ou não para *este* ou *aquele* parceiro e nem sempre para essa ou aquela prática sexual. Já as conseqüências de uma má escolha eram "naturais" e esperadas, o destino delas era serem responsáveis por suas escolhas amorosas. Os meninos não podiam decidir e escolher *antes* do ato sexual,[6] pensar e escolher era para depois, quando pensassem: "o filho é meu ou não?"; "Vou ver essa menina de novo ou não?". Não importa o que ele tenha dito, as mil juras de amor na tarefa de conquistar, valia tudo para seduzir. Todos sabiam disso, principalmente as mulheres.

As normas do mundo feminino também diziam que as mulheres "devem escolher muito o cara" sem parecer muito sabidas e prevenidas, porque o *script* mandava que deviam ser "conquistadas", inexpe-

---

6. Paiva, V., 1995a, 1995b.

rientes e seduzidas, se entregar porque "perderam a cabeça por amor e paixão". Ao mesmo tempo, elas não podiam perder a cabeça totalmente e engravidar, como vimos no capítulo anterior, senão seriam acusadas de planejar fazê-lo pai, o que ele raramente planejava. Por isso o perigo da gravidez é o argumento que sempre escolhiam para exigir o preservativo mesmo que estivessem tomando pílula.

Ainda assim, quando perguntamos sobre a freqüência com que conversavam com o parceiro sobre como evitar filhos, 20% das mulheres responderam que "nunca" discutiam com o parceiro como evitar filhos; cerca de 49% disseram que discutiam "na maioria das vezes". As universitárias do outro estudo eram mais ativas: 88% discutiam "na maioria das vezes" com os parceiros, nenhuma escolheu a alternativa "nunca". Os homens, por outro lado, eram parecidos em relação à contracepção: cerca de 24% "nunca falaram" sobre isso, e perto de 60% responderam que discutiam contracepção "na maioria das vezes", tanto no grupo de universitários quanto nos alunos da escola noturna.

Dos que tiveram atividade sexual nos quatro meses anteriores à pesquisa, apenas metade havia usado (ou a parceira usou) anticoncepcional. A pílula foi o contraceptivo usado por 71% das mulheres, e citada por 40% dos homens que indicaram o uso de algum método. A camisinha foi indicada por 42% dos homens e apenas por 14% das mulheres. Embora a gravidez fosse uma preocupação maior do que a Aids, as condições socioculturais são as mesmas na transa que faz filhos ou na que transmite o HIV. Não espanta que a prevalência de uso de contraceptivo fosse tão baixa, e que os métodos hormonais (mais acessíveis e que podem prescindir da negociação, invisíveis na hora da transa) fossem os mais prevalentes.

Fazendo arte com a camisinha: ensinando a usar e decodificando

A camisinha parece simbolizar tudo o que discutimos até aqui; nela se projeta o que quiser, podemos usá-la como um código e decodificá-la. Quando distribuíamos camisinhas durante as oficinas, alguns ficavam bem desconfortáveis no começo e o clima de brincadeira era fundamental para mudar esse desconforto, que deve ser acolhido. Veja um exemplo de falas enquanto se distribuía a camisinha.

Num grupo de mulheres

- ◆ – Nunca usei!

Coord. – Quem já viu uma?

- ◆ – Eu já vi!
- ◆ – Eu já, nunca peguei!
- ◆ – Euu! já vi e fiz bexiga.

(A camisinha começa a passar para que todas olhassem, a maioria delas não tinha coragem de pegar na camisinha, segurando com a ponta dos dedos e mostravam nojo. Elas riam muito.)

- ◆ Não tenho coragem de colocar a boca pra abrir!

Coord. – "É bom mesmo, senão pode rasgar a camisinha, se abre assim..." (mostra como abrir)

- ◆ Colocar camisinha? Não tenho a menor idéia!
- ◆ Nem que os outros me digam, eu nunca sabia dessas coisas. (comentário da relatora: ela sempre se mostrava muito santa)

Num dos grupos foi proposto uma "roda-viva", exercício de conversar com a camisinha que emergiu quase como um personagem, uma coisa personificada. Começamos simplesmente deixando um preservativo em cima de uma cadeira no meio da sala, para cada um dizer o que pensava para ela-camisinha. Algumas categorias apareceram numa primeira rodada, em que eles falaram o que quiserem para a camisinha:

Nojo – Alguns fazem cara de nojo, especialmente para a lubrificação. "É sujo porque sexo é sujo." (era crente) "É suja porque Aids está associada à camisinha, e Aids é doença. Pode ser outras doenças também." "É suja porque fica assim, melecada, cheia de esperma. Um esperma que é pra jogar fora. É o moddess do homem."

Raiva – Raiva de ter de usar uma coisa que não gosta. "Essa merda dessa Aids veio atrapalhar nosso prazer." "Tem que usar essa porra que corta o barato." "Não tem graça pôr, parar tudo, era mais tranqüilo antes desses caras saírem e trazerem esse vírus."

Incomoda – Incomoda ter de falar no assunto, exigir. "É muito chato ter que falar nisso com o cara, seria melhor se não precisasse." "A mina pode se ofender." "Me atrapalha ainda por cima ter que pensar nisso, já não bastava esquecer da pílula." "Não é a mesma coisa com você no pênis." "Dona camisinha, você é comprada na farmácia, e a vergonha? Não gosto nem de comprar moddess!"

Proibido – Porque demonstra que se é um ser sexual. "Se minha mãe me pega com isso..." "Nossa (rindo), isso é a cara da sem-vergonhice!" "Que é que a mina vai pensar se apareço com essa, que sou viado?" "Caramba, meu namorado vai pensar o que, vou dizer que a turma da USP é que deu pra gente experimentar." (Nós havíamos prometido dar algumas camisinhas para eles no fim daquele encontro.)

Curiosidade – Afinal a gente tá trazendo uma coisa que eles pouco usaram ou viram. "Será que esse lubrificante é legal?" "Não aperta o pinto?" "E se for pequena?" (Eles nunca acham que vai ser grande). "Essa marca é boa?" "Olha lá se tu não tá vencida eim?"

Tesão – Lembra sexo e prazer também. "Ai meu Deus, me lembra bons momentos..." "Hum... se eu pudesse usar hoje à noite!" "Cara, tô numa necessidade dessa camisinha!" "Meu amor vai ter que se extrapolar hoje, eu fico falando dessa camisinha da USP pra ele, é hoje!" "Corta meu interesse, parece que cai... tudo."

Silêncio, cara vermelha, vergonha – Dos que não falam nada, ficam olhando, mostrando seu constrangimento interessado e "passam" os comentários. Ninguém disse que não gostaria de estar ali, mesmo os envergonhados acharam importante a atividade.

Esses jovens participavam de um grupo de avaliação e pedimos para fazerem o papel da camisinha-personagem respondendo aos comentários. Vejam como ficaram registradas as frases que ouviram durante as oficinas seis meses antes e as novas idéias que passaram a disputar na cabeça deles com o refrão "bala com papel":

- – Mas já imaginou se não fosse o moddess? Ia ficar escorrendo pelas pernas? Tem males que vêm para o bem... E depois o sangue nem o esperma é sujo, vocês não discutiram isso no grupo de vocês? É apenas uma questão de higiene... É isso que eu sou, a camisinha, para seu bem.
- – Sabendo usar não vai faltar... Se você aprender a me usar, tem muito prazer para tirar daqui...
- – Usa aquele KY (o lubrificante), fica bem mais liso, mais macio, nem cheira nem nada... E a mulherada adora!
- – Claro que não tou vencida, se você não for gigante sirvo. O problema são os moleques da Praça da Sé que são crianças... (Obs.: durante

uma das discussões de grupo, havíamos contado pra eles sobre o projeto com meninos de rua de Recife, Belo Horizonte e no Rio, onde os moleques diziam que o problema da camisinha era ser grande demais. Eles registraram Praça da Sé, um lugar de São Paulo onde ficam meninos de rua...)

- ♦ – Minha filha, pois dê um jeito, melhor o namorado ficar bravo ou a sua mãe aí, que morrer de bobeira... Eu que sou camisinha que sei quantas vezes já segurei uns vírus aqui de uns namorados bem com cara de anjo... Uns galinhas!
- ♦ – Tem que conversar, com jeitinho assim, sem ofender, que vocês podem mostrar como sou útil.

Não é tão fácil assim incorporar o preservativo no cotidiano da atividade sexual. De um lado a camisinha consteIa sempre a pesada construção do simbolismo da Aids e dos sexos, de outro o clima de brincadeira leve pode ajudar na desconstrução. Eles faziam balões e arte com camisinhas vencidas, brincávamos e conversávamos com uma camisinha na mão. Toda a estranheza, como o "nojo lubrificante" ou os comentários sobre "chupar bala com papel", apareciam naturalmente junto com o ar de "sacanagem", tanto entre os homens quanto entre as mulheres. A curiosidade e a ansiedade diante do tema tão explícito do sexo seguro se dissolviam magicamente depois da demonstração de como colocar a camisinha numa cenoura ou no pepino, entre mulheres, homens, tímidos ou extrovertidos, nas oficinas longas ou curtas. "É importante eu saber isso, por mim ou pelos outros que posso ensinar."

Escutavam atentamente: como comprar, como verificar se a camisinha é boa e o prazo de validade, como carregar a camisinha "sem detoná-la", quando colocar, quando tirar. Eles nunca haviam pensado nesses detalhes e demonstravam um profundo alívio por estar aprendendo algo tão significativo em sua vida. Como a discussão sobre o tamanho do pênis é sempre emergente, nesse exercício voltava sobre a forma do tamanho da camisinha ("Cabe?", "Não aperta?"). A discussão sobre o prazer reaparecia com a discussão sobre se "melecado" é bom ou ruim, ou de como manter a ereção enquanto se coloca.

Nas oficinas curtas tínhamos menos tempo para uma discussão aprofundada sobre os simbolismos projetados na camisinha, não sobrava muito tempo para a interação solta, mas havia pelo menos a chance de ouvir alternativas para o discurso "da bala com papel" da boca dos coordenadores e de alguns jovens mais à vontade. Nosso objetivo na oficina curta era fornecer informações básicas sobre "como funciona", contradizer alguns mitos e passar para a discussão seguinte mostrando que é possível superar os obstáculos para usar camisinha.

Não é qualquer educador que se sente à vontade para "demonstrar a camisinha" nesse exercício. É preciso um certo conforto e manejo de grupo para tornar o clima adequado, e separar homens e mulheres nessa idade torna a tarefa bem mais fácil. Acho que nem todos os professores, educadores, ou pais conseguiriam fazê-lo, e os vídeos que demonstram o uso da camisinha são úteis nesse caso. Quero enfatizar que é fundamental chegar a esses detalhes do uso; não se pode assumir que eles vão saber usar a camisinha mesmo se receberem uma de presente e "permissão" para usar, o que muitos pais têm feito mais recentemente. Só incentivar ajuda, mas não resolve. A história do uso da pílula e da esterilização no Brasil, quase sempre sem acompanhamento e orientação, está carregada de exemplos de como o uso incorreto elimina o efeito protetor da "técnica": tomam só no dia que transam, esquecem de tomar, param no dia que tomam cerveja. A camisinha fura, arrebenta, ou escorrega se é de má qualidade ou se está mal colocada. Não protege se colocada ou retirada depois da hora adequada.

Especialmente quando se está restrito ao vídeo ou a um folheto, é importante lembrar que *o conforto e a habilidade com a camisinha se aprendem com o tempo*. Para qualquer um pode não dar certo nas primeiras vezes, inclusive para nós ("especialistas"). Não dar certo uma vez não é necessariamente atestado de morte, e não deve implicar abandonar outras tentativas, o que costuma acontecer com muita gente. Alguns educadores sugerem que os meninos "treinem" pôr e tirar a camisinha antes da primeira experiência sexual, para que estejam confortáveis com ela. Em alguns grupos eles mesmos deram essa sugestão. De qualquer maneira, ter a chance de experienciar colocar a camisinha corretamente em um pepino (ou cenoura), *se quiser*, é sempre apreciada por homens e mulheres. Na primeira vez, demora um pouco para conseguir um voluntário, mas depois da primeira demonstração a maioria do grupo quer tentar. Esse exercício é divertido e pode acabar mais ou menos assim:

Garoto:
- (Assistindo o amigo colocar a camisinha na cenoura, irradiando como num jogo de futebol) "Segura a ponta, gira, pegou o bico, virou, segu-

rou... e aí vaaaiii! Agora é usar, guardar, chacoalhar... lavou enxugou, tá novo!"

Garota:

- (Ela se ofereceu para demonstrar, se arrependeu, corou, tomou coragem, emprestou o sotaque de um personagem da novela) "Vem cá meu bem, assim, fica quietinha, aqui, com carinho... tchan, tchan... e tchan, tchan, tchan tchan! Pronto, tá lá, lindão, superbem-vestido, gostosão!"

Para uma visão mais detalhada de como estavam usando a camisinha, perguntamos nos questionários quantas vezes usaram camisinha nos quatro meses anteriores em cada transa vaginal, anal e oral, e quantas vezes a camisinha furou ou escorregou. Descobrimos que a quantidade de relações sexuais dos jovens é bem razoável e que a porcentagem deles que relata sexo vaginal (85%) e oral (40%) mantém-se a mesma independentemente do tipo de parceiro, entre homens e mulheres. A religião dos jovens não interfere na escolha de práticas sexuais não-convencionais e o sexo oral foi praticado de 2 a 4 vezes nos quatro meses anteriores à pesquisa por todos os grupos de jovens. Já o sexo anal foi relatado por 35% dos jovens, mas é bem mais praticado pelos homens e com parceiros casuais (de 2 a 4 vezes nos últimos quatro meses) que com parceiros fixos (uma vez). Os rapazes que reportaram sexo e relação anal com outros homens declararam entre 15 e 20 relações sexuais nos quatro meses anteriores, *nenhuma com camisinha*. Cerca de 15% dos que tiveram relações sexuais não fizeram sexo com penetração vaginal, optando apenas por outras práticas.

Os homens usaram mais a camisinha do que as mulheres, tanto para práticas anais quanto para vaginais – a porcentagem de uso de camisinha foi bem mais alta com os parceiros casuais, mais freqüente entre os homens. Se observarmos na tabela a seguir quantos desses jovens tiveram relações sexuais e não usaram a camisinha ou usaram-na mal, a necessidade de fornecer informações detalhadas sobre sexo seguro na escola parece mais evidente. Observem a porcentagem de uso de camisinha, a porcentagem de "furo" (uso errado), para parceiros fixos e casuais e para sexo anal ou vaginal, e a média de ocorrências nos últimos quatro meses para moças e rapazes:

//	Uso de camisinha (condom) nos últimos 4 meses (em %)								
	Com parceiros fixos				Com parceiros casuais			
	Vaginal com condom	Vaginal furou o condom	Anal com condom	Anal furou o condom	Vaginal com condom	Vaginal furou o condom	Anal com condom	Anal furou o condom
% de sim	38	14	11	1	52	17	26	14
Em média	2 a 4 vezes	2 a 4 vezes	1 vez	1 vez	2 a 4 vezes	2 a 4 vezes	1 vez	1 vez

Essa proposta educativa queria justamente aumentar a proporção de jovens usando corretamente a camisinha, em especial nos contextos mais arriscados para a infecção pelo HIV, diminuindo a freqüência com que o preservativo fura ou escorrega. Sabemos que a confiança de estar protegido pela camisinha depende de se acreditar que ela não vai falhar e que não atrapalhará uma relação sexual satisfatória e mais segura. Com informações de como usá-la corretamente criamos mais oportunidades para experiências bem-sucedidas, permitimos que eles elaborem hipóteses de por que foram malsucedidos ("a camisinha era velha", "não pus direito", "esqueci de tirar"). Tanto uma coisa (ser bem-sucedido) como a outra (ter recursos para pensar por que deu errado) estimularão que continuem tentando.

Outros recursos para o sexo mais seguro e o respeito aos sexos "diferentes"

A camisinha não é a única forma de sexo seguro e é importante que se discutam outras possibilidades. Nas oficinas curtas não sobrava muito mais tempo depois de fazer a demonstração da camisinha e responder a algumas perguntas. Listávamos o que é considerado sexo seguro, por meio do exercício rápido dos "fluidos do corpo" anotados no quadro-negro (descrito no Capítulo 3).

No caso das oficinas longas foi possível introduzir outro exercício que ajuda a discutir o que é sexo seguro, não mais falando dos gêneros masculino ou feminino, mas das preferências sexuais. No experimento que foi esse projeto, decidimos não esconder que as minorias sexuais existem e que se praticam sexos diferentes. Optamos por discutir valores e preconceitos no contexto ético do respeito à diferença que se tem mostrado fundamental para a prevenção da Aids. Estávamos preocupados em informar especialmente as minorias sexuais, que em geral são as mais vulneráveis, sem necessariamente apontá-las, mas também sem excluí-las.

Embora essa discussão sempre surja, não pretendíamos resolver a complicada controvérsia sobre a origem do desejo homoerótico (genético, psicológico, faz parte de toda natureza humana?). No máximo discutíamos as categorias culturais do "bicha, homossexual, sapatão". Como definiu Jurandir Freire:[7]

> "Homossexual" e "heterossexual" existem como quaisquer outras realidades lingüísticas que servem como modelos de identidades para o sujeito, mas não são nem mais nem menos universais e biologicamente determinados em suas naturezas do que foram as mulheres vaporosas, possuídas medievais, místicos budistas, hereges protestantes [...]. Eticamente prefiro dispensar essa terminologia e não me referir a seres humanos qualificando-os publicamente por um tipo de preferência sexual, sujeitando-o à condenação, reprovação, violência, ridículo ou qualquer outro procedimento cultural indicativo de intolerância. Penso que podemos tentar praticar experimentos morais em que as atuais distinções sexuais, com seus totens e tabus, sejam dispensadas. Não sei se seríamos mais ou menos felizes, mas, com certeza, um tipo de mal-estar que conhecemos – o mal de sentir-se discriminado pela maneira particular de amar – seria abolido ou pelo menos transformado.

Para incluir as minorias silenciosas, o exercício mais usado consistia em dividi-los em três grupos e sugerir que pensassem em três formas de sexo seguro dependendo dos parceiros em questão: "homem-homem", "mulher-homem" e "mulher-mulher". Era exercício comum em outras oficinas de sexo seguro na época, nós não usamos "bicha", "normal" ou "sapatão" e eles não sentiram falta. Nesse exercício raramente usaram essa linguagem. Havia estranhamento inicial, mas nunca ninguém recusou fazer o exercício, todos aceitavam com interesse, de grupo. Esperávamos que eles lembrassem outras formas de sexo seguro além da penetração com camisinha: sexo sem penetração, sexo oral, masturbação mútua, uso de artefatos etc.

---

7. Freire Costa, J., 1995.

Com grupos mais jovens, ou menos experientes e confortáveis, usamos uma forma mais aberta. Em lugar de pensar em preferências sexuais, fazíamos uma lista de outras formas de sexo seguro além da camisinha. Como no modelo curto, a partir de sugestões livres dos jovens colocávamos no quadro-negro as "práticas potencialmente inseguras que existem por aí". De uma forma ou de outra sempre acabavam listando numerosas formas de sexo, inclusive as minoritárias, alguém sempre trazia os exemplos, porque a freqüência de práticas sexuais não-convencionais, como vimos, é significativa entre eles.

Foi sempre um alívio passarem por essa experiência de saber mais sobre a camisinha e outras opções de sexo seguro depois de eles terem feito um inventário das suas práticas arriscadas no questionário ou em grupo. O alívio era maior ainda quando insistíamos que é difícil mas possível, que eles precisam tentar incorporar esse hábito e torná-lo tão banal como escovar os dentes. Essa sessão era quase sempre aplaudida e saíam agradecendo, nas oficinas curtas ou longas. Mas não é fácil reproduzi-la de forma mais adequada.

O exercício que considera claramente diversas opções sexuais é imprescindível quando se treinam multiplicadores, que devem estar mais confortáveis para falar e responder a perguntas sobre qualquer prática sexual independentemente de sua preferência. Esse projeto das oficinas longas tinha esse objetivo, testar um modelo mais sofisticado e sua aceitação por potenciais multiplicadores fora da escola. A equipe de educadores nas oficinas estava mais identificada com uma posição mais liberal, mais comum entre os alunos da USP. A grande dificuldade em alguns momentos foi não controlar a "pregação" das suas opções liberadas, especialmente no caso das mulheres. Vejamos a transcrição literal desse exercício feito com um grupo feminino mais velho, na faixa de 18 a 21 anos. Como quase todos os grupos mais velhos esse era um grupo interessado e mais experiente, o que de certa forma tende a ser um sinal verde para a "receita" liberal.

(1) Num grupo de mulheres

Coord. – Vocês vão ter 10 minutos para discutir o seguinte: eu vou dar um papel para cada grupo e vocês vão pensar em 3 formas de transar fazendo sexo seguro, sem risco de pegar Aids. Nos papéis tá escrito "homem-com-homem", "mulher-com-homem", "mulher-com-mulher".

(Grupo) – "eeeêee...". "Nossa!"". "Mas como é que faz mulher com mulher?" "Tomara que saia homem-homem para gente."

(Gritaria de comemoração num grupo, saiu homem-com-homem pra elas...)

- ♦ – Pode ser sem pôr lá dentro? Mas como é que vai fazer? (menina do grupo homem-mulher)

Coord. – Pode desde que seja gostoso...

(No meio do exercício, alguém "muda de assunto" e conta uma história de uma vizinha que teve gêmeos e ninguém havia percebido que estava grávida, a barriga dela... Os grupos continuam seu trabalho.)

- ♦ – Mas o que dá mais pra fazer mulher com mulher? O que ela falou aqui já sei, mas o que mais?

Coord. – O que pode dar prazer para uma mulher?

- ♦ – Eu com uma mulher?

Coord. – Você não...

(As meninas acabam o exercício e voltam a sentar em círculo pra contar o que cada grupo escolheu como formas de sexo seguro. O primeiro grupo fala.)

"Mulher com mulher":

- ♦ – Abrir a camisinha, colocar na vagina da mulher e fazer sexo oral.
- ♦ – Chupar os seios dela.
- ♦ – Colocar o dedo nela.

Coord. – Todas são seguras?

(Grupo) – Todas!

- ♦ – Dá prazer?

(Grupo) – Dááá!

- ♦ – Eu não sei se dá não...

Coord. – Mas parece seguro... Tem mais alguma sugestão?

- ♦ – Beijos, carícias...
- ♦ – Vibrador.

Coord. – Só se não colocar vibrador em uma e depois em outra...

- ♦ – Há, não...

Coord – Pode pôr a camisinha, usa, troca a camisinha, e depois põe na outra.

- – Eca!
- – Mas isso é pra mulher muito tarada!

(A coordenadora pede para o outro grupo falar.)

"Homem com homem"

- – Carícias, beijos nas costas, atrás da orelha. Bicha gosta disso! (risadas)

Coord. – Só bicha gosta disso?

(Coro) – Não!

- – Sexo oral com camisinha e sexo anal com camisinha.

Coord. – Mais alguma coisa?

- – Ah! Masturbação!

Coord. A gente não falou disso. Todo mundo sabe o que é isso?

(Alguém explica o que é.)

- – ECA! (cara de nojo)
- – Eu não sabia disso não. Depois que eu fui entrar para essa escola safada eu aprendi tudo que não presta!

Coord. – Mulher com mulher se masturbando é prática segura? Dá?

- – Não!
- – Dá!

Coord. – Como assim?

- – Com o dedo...
- – Mas como elas têm mais prazer?

(Ninguém responde... silêncio)

Coord. – Vocês sabem a diferença entre sentir tesão e ter prazer?

- – Ter tesão é quando você fica excitada e gozar é quando sai o líquido...
- – É quando some tudo...
- – O chão treme!
- – É!

(Risadas)

197

Coord. – Excitação é diferente de ter prazer, gozar, vocês sabiam? A maioria das mulheres goza no clitóris, fazendo carinho lá. Não precisa ter penetração. A mulher para gozar não precisa ser penetrada pelo homem.

Coro – Huumm..

Coord. – Outro grupo!

"Homem com mulher"

- – Sexo oral com camisinha.

Coord. – (notando um certo ar no grupo...) Eu sei que é difícil falar sobre essas coisas, a gente fica mesmo meio sem graça às vezes, né? É normal... Eu mesma tinha vergonha de falar quando comecei esse trabalho.

- – E como passou?
- – Ah! Eu sempre falo isso com os meus amigos – porque eu tenho muito mais amigos que amigas; as meninas são muito bobas. Eu só tenho uma amiga mesmo.
- – Os meninos falam às vezes só para se mostrar.
- – É... que nem aqueles homens que falam um monte e não fazem nada.

Coord. – Pois é... Voltando à prática, homem-mulher... Que mais?

- – Bater punheta!
- – A gente já falou tudo! Sexo oral, masturbação e bater punheta!
- – É a mesma coisa!
- – E o mais romântico? Que é a penetração? Vocês esqueceram? É a união dos dois!

(Alguém pergunta sobre o hermafroditismo e fala da Buba da novela das oito. A coordenadora explica o que é hermafroditismo.)

- – E as mulheres que ficam sapatona?

Coord. – Masculinizada, é isso?

- – Tem umas que ficam, outras que não parecem, mas são.

(A coordenadora fala sobre as várias maneiras de ser, independentemente da preferência sexual: mulheres lésbicas ou hetero, masculinas ou superfemininas, homens gays masculinos, homens hetero femininos etc. Que é importante notar que as pessoas, independentemente de com quem transam, têm jeitos diferentes).

- – Eu também acho que a gente tem de respeitar as pessoas. Os outros têm o direito de ser o que acham que devem. As pessoas é que devem decidir se assumem, se não, ninguém tem nada a ver com isso. As pessoas não respeitam isso.
- – Eu conheço um menino que tem 12 anos e se veste como mulher.
- – Pois eu tenho dois cunhados: um é traveco e o outro quase lá.

Coord. – Vocês acham difícil conviver, aceitar essas pessoas?

- – Difícil não é, mas algumas pessoas acham.
- – Vocês não viram a professora de educação física? Parece um homem... Se você olha de frente ou de costas, parece um homem.
- – A delegada da 93 parece homem. Ela bate em homem, bate em mulher.

(A coordenadora muda de exercício, propõe levantar, e começa o "exercício da cena".)

Comentários da relatora/anotadora nesse trecho: "As meninas se mostraram muito mais desinibidas ao falar do assunto. A (fulana) que sempre estava sem graça, não ficou nas últimas vezes que falou. A (beltrana) continua íntima da comunidade gay, e sempre aproveita qualquer brecha para uma pequena defesa da homossexualidade. Ela conhece o "babado" do bairro inteiro – até a delegada da 93! A anotadora pede desculpas, mas não resistiu ao comentário...".

A coordenadora demorou para escutar os protestos de "estranhamento", só comentando bem depois que apareceram :"Eu sei que é difícil falar sobre essas coisas, a gente fica mesmo meio sem graça às vezes, né?...." Manteve uma receita de "defesa do prazer", o que foi questionado e discutido nas supervisões desse grupo. O conforto da coordenadora se explica porque esse grupo já estava em seu quarto encontro, e a discussão sobre o respeito à diferença já havia-se repetido várias vezes, apenas uma pessoa desistiu entre as 18 participantes da oficina. Esse grupo havia feito um encontro mais apressado no dia da "massa" e a discussão anterior sobre o prazer foi lateral. Por isso elas voltaram à discussão sobre o prazer, mais "cru". O mesmo grupo havia escolhido uma cena de conversa com "uma lésbica" no exercício de "Roda-viva" do segundo encontro depois de uma discussão sobre preconceito. A relação entre duas mulheres e a homossexualidade foi emergente como também costuma ocorrer nos outros grupos em que existe pelo menos uma pessoa com preferência homo ou bissexual – mesmo que não declarem suas preferências, o que é mais freqüente. É de qualquer maneira impossível que a homossexualidade não seja emergente quando se fala de Aids, e é bem mais emergente em grupos com presença, silenciosa ou não, de pessoas com experiência homoerótica. Em pelo menos mais outro grupo em que esse tema foi emergente, meninas que eram homo e bissexuais acabaram "se abrindo" na sessão de grupo sobre corpo reprodutivo e sensual. As mulheres em todas as nossas experiências no Nepaids parecem sempre mais permeáveis à "democracia sexual" do que os homens.[8]

O grupo de homens, como já comentei, depende muito mais da intervenção do coordenador para chegar a ponto de alguém assumir experiências minoritárias. Jamais podem assumir muita distância das normas do masculino que dá um peso muito grande à heterossexualidade para definir virilidade, é um tema muito ameaçador. A dificuldade em manter a seriedade da discussão e colocar emoções mais espontâneas era bem maior entre os meninos, e receitar uma posição muito diferente da deles também foi mais difícil. Os coordenadores de grupos masculinos nem tentaram, e até para pacificar o grupo permaneciam nos marcos da regra coletiva com dificuldades em apoiar os mais críticos do machismo. As vozes discordantes entre os meninos, sintomaticamente, são as vozes religiosas, quase sempre de evangélicos. Ou seja, a minoria militante não é a que "defende" uma visão mais "avançada", mais igualitária entre os gêneros ou os direitos dos homossexuais que também aparece em todos os grupos. Vejam um trecho de uma oficina em que rapazes evangélicos (identificados como C1 e C2) participam da discussão. É também um bom exemplo do tom das oficinas curtas masculinas, um "Samba do Crioulo Doido":[9]

Num grupo masculino:

(É o final de um exercício em que haviam conversado na "Roda-viva" com um "aidético", no começo o aidético era um guarda-chuva colocado no meio da sala, depois todo mundo que quis se colocou no lugar dele para responder às perguntas.)

---
8. Ao contrário do que interpretou Goldstein, D., 1994.
9. Samba de Sérgio Porto que mistura vários fatos e personagens da história do Brasil.

Coord. – Como foi ser aidético e pensar na família?

♦ – Só de imaginar já é ruim, dói aqui, assim...

(C1) – É um castigo. Se a pessoa é casada e pega o vírus, ela vai matar outras pessoas. Tem gente que é vingativa, que só porque pegou vai ficar passando por aí.

Coord. – O que vocês acham?

(C 1, continuando) – Essa tal da Aids, dizem que ela já tava escrita no livro sagrado. Ela já estava lá, só que lá ela chamava Eids, lá dizia que ela vinha no final do século. É um castigo para aqueles que não respeitam a esposa. É um castigo para quem não respeita a família e sai por aí adoidado.

Coord. – O que vocês acham dessa visão religiosa?

♦ – Eu acho que se eu pegasse, eu não ia ficar passando para ninguém.
♦ – O meu colega que morreu faz três meses, todo mundo disse que ele pegou porque ficou vagabundeando...

(Silêncio)

Coord. – Quem pega Aids?

(C1) – É aquele que não pode ver mulher, aquele que qualquer coisa já sai atrás. Antes da Aids, há uns 4/5 anos atrás, eu saía com outras mulheres. Eu sou amigado, não sou casado. Hoje se uma mulher vier, eu ia falar pra ela fazer antes um exame de sangue. Nem com camisinha eu transava...

♦ – Você acha que a camisinha não adianta?

(C1) – Não. Estoura.

(O coordenador explica e demonstra a camisinha, discute-se sexo seguro. Começa uma longa discussão sobre Aids em cavalos, muita brincadeira sobre camisinha pra cavalo. Depois começa um papo que a gonorréia era uma doença de cachorro que passou para o homem durante a guerra, quando as mulheres sem homem transavam com cachorro...)

♦ – É, tem gente que faz sexo com animais.

(C1) – Com cachorro ainda vai... mas tem coisa pior que homem com homem?

♦ – Relação anal é pior ainda.

Coord. – (Explica por que a relação anal é mais arriscada, com homem e com mulher, e que tem quem goste. Fala do crescimento da Aids entre as mulheres.)

- – No Japão, a mulher tem o direito de transar com o outro.
- – As gueixas?
- – Eu tenho uma tia casada com um japonês. Quando eles vêm para o Brasil, ele diz pra ela sair com outros. Mas ela não vai, então ele fala "eu vou..." E vai.
- – Por que é que chama sexo horal, por que tem hora?

Coord. – Não, oral de boca. Tanto homem na mulher como a mulher no homem.

- – Que nojeira!

Coord. – E é perigoso? Pega Aids?

- – Acho que não...
- – Pega sim!
- – E se a camisinha tem que ser no pau duro, como o velho vai fazer? (risadas)

(O coord. dá uma camisinha para alguém colocar na cenoura. Essa pessoa desenrola a camisinha inteira antes de colocar. O coordenador explica que tá errado e mostra de novo.)

- É, eu quero ver, eu só usei umas duas vezes...

(C1) – Eu não transo com uma menina com Aids nem com camisinha!

Coord. – Vocês acham que dá pra saber se ela tá com Aids?

- – Não dá...
- – Eu me previno...

Coord. – É difícil usar camisinha?

- – É, eu só usei uma vez, coloquei e logo tirei... Não gostei.
- – Eu tava na zona um dia, tomando uma cervejinha... aí só depois de uns três dias é que fui pensar na camisinha.
- – Uma vez, né, eu tinha que ser rápido, né, porque ia chegar gente e aí não tinha... foi sem.

(C2) – A gente sabe que tem essa doença aí e tem que evitar esses bar onde só tem mulher safada. A solução é Deus, é só Jesus, mas também não são todas que estão contaminadas. Esse negócio de sair, é melhor não sair. Eu sou crente, crente em Jesus, só ele salva.

◆ – E se passar uma mulher gostosa?

(C2) (Ignora a pergunta, continua num discurso confuso) Tipo assim, essa doença... tem gente desenganada pela doença. Muita gente chega na igreja desenganada e aí Jesus curou. Eu não posso fazer nada, mas Jesus curou, ele pode. Nós temos que meditar, assim é um perigo. Essas mulher que bebe, aí, elas não querem nem saber, elas quer passar...

Coord. – Você disse que se previne evitando o contato, mas pode se prevenir usando a camisinha. É um jeito também... Que mais?

É um exemplo típico da forma de participar dos crentes, repetindo o discurso que escutam no culto. Esse trecho mostra o quanto a conversão é recente, o quanto a prática sexual dos crentes não difere – falam da ida aos "bares e das mulheres que bebem", "quando eu fazia isso há quatro, cinco anos" etc.

No caso das mulheres, o discurso mais tradicional que a religião representa não é parte de seu ativismo, elas parecem mais ávidas para consumir novidades que as ajude a lidar com as ambigüidades da condição feminina que testemunham na vida das mulheres adultas com quem convivem. A maioria dessas meninas ou mulheres tem um cotidiano contraditório com o discurso tradicional religioso que dedica a mulher ao lar, aos filhos e ao marido, ou santifica a mãe e a virgem, poluindo a contracepção por exemplo. Mesmo no grupo descrito, apesar dos protestos ("Eca!", "não sei não", "Eu não sabia disso não... depois que eu fui entrar para essa escola safada eu aprendi tudo que não presta!"), elas sempre avaliaram positivamente a experiência logo depois e pareciam ávidas em "consumir" a abordagem liberal.

Revendo todo o processo desse projeto e mantendo o foco no "sujeito sexual" como objetivo último, fica claro que garantir espaços para que todos encontrem a sua maneira de lidar com a epidemia sem colonizar não é assim tão fácil para a nossa curta experiência democrática. É importante deixar clara a posição pessoal do coordenador quando essa não transparecer, mas sem que defenda suas experiências pessoais. Deve-se também esclarecer que a posição da coordenação pode e deve ser questionada por eles toda vez que quiserem. Deve haver um esforço do coordenador para acolher mais claramente os sentimentos de "estranhamento", retomando o objetivo desse exercício – encontrar soluções aceitáveis, não receitadas, que levem em conta os valores de cada um. Senão estamos simplesmente pregando no deserto, ninguém vai escutar...

Um exemplo de atuação diferente aconteceu em outro grupo de homens que discutia o sexo seguro. O grupo expressa "horror" diante de relações homem-homem.

Num grupo de homens

Coord. – Parece nojento para você? Acho que é assim mesmo, tem gostos e gostos, tem muita coisa que eu não faria nem amarrado, mas tem quem goste. E se a pessoa não estiver fazendo contra a vontade de ninguém, se não for um adulto ou um cara mais velho impondo isso a um molequinho, que a gente sabe que acontece às vezes, só de sacanagem, com os meninos mais novos da turma... Se forem dois caras conscientes que gostam de fazer isso, não prejudicam ninguém, acho que é bom que façam sem pegar Aids ou transmitir o HIV. Não acham?

◆ – Pode ser...

J. – Mas eu ia cobrir meu irmão de porrada se ele entrasse nessa...

◆ – Mas, e se ele gostar disso? Dar porrada nunca resolveu nada...

J. – Sei lá, mas me desculpe se tem aqui alguém que gosta, mas eu não acho normal, não consigo respeitar...

Coord. – Acho que você já está respeitando um pouco quando pede desculpa de sentir assim. Respeitar não quer dizer fazer a mesma coisa, resolver gostar das mesmas coisas, mas é não sair dando porrada, porque não tá sendo com você, não tá te forçando.

J. – É, mas se ele vier me cantar?

(Coro) – (Eeéé!)

◆ – O seu irmãozinho?

◆ – Pára com isso...

Coord. – Devagar aí pessoal, mais respeito! Vem aqui um pouco, levanta e vamos imaginar uma cena assim, de cantada.

(A classe fica agitadíssima, demora para se acalmar, o rapaz aceita fazer a cena, meio sem graça, mas quer fazer.)

Coord. – Isso já aconteceu com você?

J. – Não!

(Risadas, comentários, gritos)

Coord. – Mas pode acontecer, tanto que você está, e todo mundo aqui na classe está preocupado com isso, pelo barulho... Onde você estaria, pega um lugar onde isso pode acontecer... (a classe se aquieta e focaliza a atenção)

J. – Hummm... No metrô.
- – Aonde no metrô? Na estação, no trem?

J. – No trem. O cara vem e senta do meu lado...

(Alguns) Uuuu... (Coord. põe uma garrafa de Coca-litro na cadeira ao lado pra representar o cara.)

- – E aí, o que acontece?

J. – Ele puxa papo...

Coord. – O quê?
Pergunta as horas, começa a conversar, sei lá.

- – E como você sabe que ele é bicha?

J. – Pelo jeitão, oras...

Coord. E aí o que você faz, bate nele quando ele te pergunta as horas?

J. – (rindo) Também não é assim, falo com ele, e me mando na minha estação.
- – Só isso?

J. – SÓ!
- – E se a conversa for legal, ele também for corintiano?
- – E bicha gosta de futebol?
- – Ô loco!

Coord. – (fazendo sinal para o cara continuar a falar)

J. – Acho que dá pra conversar, tudo bem... (olhando para a garrafa) É só ele não vir pra cima de mim...
- – E se ele vier, você bate nele? Tem uns que são uns armários, quero ver!

Coord. – (sentando no lugar da garrafa) Posso? (A classe faz barulho e se aquieta para ouvir) (Fazendo o papel do "bicha". Você é tão legal, não quer ir lá em casa ver o jogo comigo?

(Classe) – EééEêê!!

J. – Ô cara, num tô afim não, tudo bem a gente conversar, mas vou pra casa, tenho minha mina, tudo bem.

Coord. – (saindo da cadeira, e pondo a garrafa no lugar de novo) O que você acha que ele, o "bicha", faria?

J. – Ah... Eu acho que ele ia ficar meio decepcionado, mas não ia falar nada.

Coord. – Então troca de lugar com ele, e põe a garrafa no seu lugar... Agora fala como se você fosse ele.

J. (fazendo o bicha) – É, mas eu sei, eu só queria ser seu amigo... Mas tudo bem, eu entendo. Então tchau! A gente se vê por aí... (levanta)

Coord. – Como você se sentiu no lugar dele?

J. – Ãh... Acho que ele queria mesmo ser meu amigo, vai ver que não tem muitos amigos, ainda mais corintianos.

(coro: Uúúú) Ele ficou um pouco triste, quer dizer, eu acho que fiquei um pouco triste no lugar dele.

Coord. – Você imagina que ele ia ser violento com você? Ia te obrigar a transar com ele?

J. – Não, acho que não... Mas eu não quero saber, acho que não dá pra ser amigo dele, me dá assim aflição...
- E se fosse seu irmãozinho...

Coord. – (reparando que ele faz uma cara) Eu sei, Deus te livre! Mas você não acha que seria bom se ele fosse mesmo gostar de homem, em lugar de dar porrada, dizer o que você pensa calmamente, tentar entender como ele sente, dar conselhos de como não se meter em encrenca? Como não pegar o HIV?
- Se você dá porrada, como acontece com muita família, o moleque pode é se mandar de casa e você nem vê mais ele pra dar conselho... Vem um homão aí que gosta da coisa, e leva ele pra casa...

J. – Ia ser difícil ficar calmo, mas acho que entendi... (está supercalmo...)

(O coord. abre o debate para a roda toda, discutindo por que que a gente tem a fantasia de que vai ser "atacado" por um homossexual, se tem a ver com as molecagens de "troca troca" que às vezes são aproveitadoras dos moleques mais frágeis, da injustiça de achar que todo homossexual é violento, e da bobagem de achar que não se consegue dizer não. Falou-se de como as mulheres reagem à cantada e dizem não. É uma discussão animada e mais cheia de emoções sinceras... Conclusão da discussão.)

Coord. – Esse exercício de nomear as práticas seguras mesmo para tipos de relação que a gente não gosta e acha muito estranho, e ninguém precisa mudar isso aqui, começar a gostar dessas ou de outras coisas. O objetivo é a gente ser capaz de também aconselhar os outros, que podem pensar e sentir diferente. E sexo anal, não se faz só entre dois homens, homem e mulher também fazem, e é superarriscado para Aids, é a forma que mais arrisca transmitir o vírus...

Pode ser delicado e difícil nomear as práticas sexuais e pensar nelas concretamente. Mas para um grupo que passava várias horas juntos era aceitável e importante. Eles percebiam que o contato com pessoas diferentes pode acontecer sem muitos traumas e não contamina!... se somos sujeitos da nossa vida. Aprendiam a lidar com informações que podem servir para mais gente ou para alguma fase futura da própria vida, para homens e mulheres independentemente de suas preferências eróticas.

Práticas sexuais sem o contexto em que acontecem não existem

As pessoas que participaram dessas primeiras oficinas não escolheram vir, foram sorteadas. Puderam recusar e se retirar quando quiseram. Em quase todos os grupos havia alguém com uma experiência com parceiros do mesmo sexo, ou pelo menos tinham um conhecido com práticas mais vulneráveis, independentemente da religião que professavam. Quando essa discussão sobre homoerotismo ocorria era sempre evidente a relevância desse tema para todos, porque ainda hoje é um tema que não tem sido enfrentado fora da pregação moral. Mais estranho ainda é parar para pensar o que eles (os "homossexuais") fazem, sem nenhum exemplo a que possam recorrer para pensar ou sabendo de exemplos impronunciáveis; só se pode falar que "bicha dá a bunda", especialmente na faixa dos mais jovens. Relações heterossexuais completas, muitas vezes "perversas", são hoje em dia fáceis de acessar, coloridas e com som em filmes e novelas, ou em filmes pornográficos.

Tivemos várias vezes oportunidade de observar em entrevistas ou sessões de aconselhamento individual para o qual eles se inscreveram, que muitos deles praticavam as mesmas técnicas sexuais que são consideradas desviantes (sexo anal sem camisinha entre homens, por exemplo), sem considerarem o contexto como homossexual já que fazem sexo também ou principalmente com mulheres, portanto não percebem nenhum risco como já foi descrito por outros pesquisadores.[10]

Por isso indicamos o limite das abordagens que pensam apenas nas práticas isoladas de seu contexto ou da pessoa que as encena. Foi importante abandonar a idéia de grupos de risco que reforçava o preconceito contra as pessoas nomeadas pelas suas práticas: o Ricardo deixava de ser Ricardo, com profissão, vários interesses e qualidades para ser "o homossexual", e depois da Aids, um provável portador do vírus porque é do "grupo de risco". Quando falamos que não existem pessoas de risco mas práticas de risco estamos falando a verdade e abrindo espaço para que todas as pessoas identificadas ou não com os rótulos se protejam, evitando certas práticas. Mas em todos os lugares e momentos dessa pesquisa reaprendemos que as práticas não existem soltas no ar, são aprendidas como parte de um *script* que pode ter vários sentidos, dependendo dos atores, personagens e cenários.

> Eu como a bunda de uns oferecidos, aprendi no Exército; é descarrego para aliviar aquela tensão, mas não sou homossexual, então não tem problema, né? (Fala de uma entrevista individual.)

É uma falsa e impossível "esterilização" tentar separar a prática de quem a pratica, dos sentidos atribuídos a cada contexto em que o comportamento se dá (no canto escuro, no Exército, na cama do lar), separar a prática das identidades atribuídas (viado, bicha, galinha, amante) ou conscientemente escolhidas (gay, mulher liberada). Melhor será se considerarmos os direitos das pessoas que têm preferências sexuais diferentes da maioria: direito à informação, direito a não ser estigmatizado, direito a viver sua vida sem ser perseguido ou morrer de Aids. A abordagem comportamental e individualista acaba se transformando em parte do problema e não da solução.

Especialmente para aqueles que têm a experiência homoerótica (homo ou bissexual) a informação deve ser transmitida em pequenos grupos. Nem todos têm acesso ao mundo gay organizado e mais consciente – que alguns nem sabem que existe e outros não gostam – e essa pode ser uma chance única de ter acesso a uma informação impossível de ser veiculada pelos meios de comunicação mais populares.

---

10. Fry, P., 1982 e Parker, R., 1991.

Falar sobre sexo para adolescentes de forma estruturada e preparada não aumenta a quantidade de sexo ou de sexo arriscado entre adolescentes,[11] mulher começar a falar de sexualidade e homem de reprodução não aumenta a quantidade de bebês não-planejados, falar de homossexulidades não inventa novos homossexuais. Nenhum país que tem respeitado os direitos dos homossexuais viu o número de homossexuais aumentar, e o exemplo mais óbvio é o número encontrado pela recente pesquisa feita nos Estados Unidos. Na pesquisa[12] feita com maiores de 18 anos e a mais representativa do povo americano até hoje, encontrou-se que 4,3% das mulheres e 9,1% dos homens tiveram pelo menos um parceiro de mesmo sexo na sua vida. Kinsey[13] tinha encontrado um número maior na década de 1940... Um número significativo das pessoas, especialmente entre os homens (42%), teve experiências homossexuais só antes dos 18 anos, na adolescência e nunca mais, o que parece acontecer também no Brasil. Na França e na Inglaterra, países também com comunidade gay bastante organizada, a prevalência se mantém nesses mesmos marcos.[14]

Portanto, falar de sexo seguro em relações homoeróticas para jovens e adolescentes, ao contrário do que parece, não é cedo nem impróprio. O que se tem certeza, como divulgam várias organizações americanas, ou as organizações emergentes nos Estados Unidos de pais e mães de gays, ou religiosos gays (cristãos, judeus etc.), é quando os jovens têm essa experiência e encontram um grupo de referência e orientação, podem receber apoio para elaborar suas experiências num contexto criativo. Têm muito menos depressão e outros problemas que são resultados de ter de ficar calado, esconder, se sentir culpado ou rejeitado socialmente "porque fizeram algo diferente". São numerosos os trabalhos que mostram como a falta de cidadania para os homossexuais ou bissexuais, a baixa auto-estima e outras circunstâncias discriminatórias aumentam os riscos para a saúde e o bem-estar, o que inclui o sexo arriscado.[15] As taxas de suicídio de meninos gays, depressão, alcoolismo etc. diminuem onde existem grupos de referência significativos para eles[16] e

---

11. UNAIDS (1997).
12. Lauman, E., Gagnon, J., Mitchael, R. e Michaels, S., 1994.
13. Kinsey *et al.*, 1948.
14. Lauman, E., Gagnon, J., Mitchael, R. e Michaels, S., 1994.
15. Paiva, V., 1992.
16. Gonsiorek, J., 1989.

a Aids também.[17] Porque seu isolamento diminui, sua vulnerabilidade e seu sofrimento diminuem. As comunidades gays organizadas, e esse já é um exemplo clássico da história da Aids, foram as primeiras que se organizaram para diminuir o impacto da epidemia. Têm colaborado para salvar vidas não só de homossexuais, como o mundo todo reconhece e Caetano Veloso celebra na música "Americanos".[18]

Finalmente, o melhor instrumento que descobrimos para entender práticas sexuais integradas no contexto e comportamentos sexuais não-esterilizadas de seu sentido e significado é a "cena sexual". Na *cena sexual* os elementos que compõem a experiência sexual real ou imaginária podem ser visualizados, materializados, transformados em códigos para serem decodificados pela consciência, pelo sujeito sexual que toma conta da cena. As "cenas sexuais" permitem entender como acontece o sexo no contexto: num tempo e espaço, de acordo com o tipo de vínculo, os poderes e os sentimentos, tudo o que define o personagem e o roteiro (*script*) que cada um representa ou acha que o outro está representando. Os valores e a história pessoal, a interferência das normas familiares e do grupo de amigos, as condições materiais também são parte da cena. Com cenas recheamos o último encontro da oficina longa, e dessa forma trabalhamos quase todo o processo de avaliação das oficinas, assunto dos próximos capítulos.

---

17. Goggin, M. e Sotiropoulos, J., 1994, Grossman, A. H., 1994 e Rematdi, G., 1994.

18. Caetano Veloso, "Americanos", *Circuladô ao Vivo*.

7
Scripts e cenas sexuais

Nesse capítulo focalizamos a última sessão da oficina longa e os exercícios com as *cenas sexuais*. O contraste dessa proposta com os modelos de mudança de comportamento formulados em resposta à epidemia da Aids e resumidos no Capítulo 2 tem indicado que o uso da *cena sexual* é um recurso mais valioso para investigar dinamicamente e conscientizar os elementos que compõem a cultura e o *contexto sexual* de um grupo. A partir das cenas podemos criar um laboratório onde eles se experimentam como *sujeitos sexuais* e criam soluções para cada obstáculo. É um exercício que facilita a colaboração dos educadores – em oposição à pregação, modelagem ou ao receituário – porque a participação é sempre muito mais espontânea.

Essa inspiração nos tem permitido focalizar a atividade sexual de forma mais complexa e dinâmica, coerente com a nossa visão sobre a sexualidade:

> A visão de uma sexualidade e da atividade sexual como socialmente construída, que focaliza a atenção na natureza intersubjetiva dos significados sexuais, a sua qualidade compartilhada e coletiva; não como propriedade de indivíduos atomizados ou isolados, mas de pessoas sociais integradas num contexto de distintas e diversas culturas sexuais. Nessa perspectiva, a experiência subjetiva da vida sexual é entendida, quase literalmente, como um produto de símbolos intersubjetivos e significados associados com a sexualidade em diferentes contextos sociais e culturais.[1]

---

1. Working Group on Sexual Behavior Research – Aids and Reproductive Health Network, "Gender, Sexuality and Health: Building a New Agenda for Sexuality Research in Response to Aids and Reproductive Health", 1995. Tive o privilégio de participar desse grupo junto com Richard Parker, John Gagnon, Peter Aggleton, Regina Barbosa, Purnima Mane, Michael Tan, Pamela Gillies e C. Greenblat.

Os casos sintetizados nas cenas, com começo, meio e fim, ilustram melhor essa perspectiva do que as freqüências da atividade sexual individual. Ao mesmo tempo, o drama torna a conscientização de si mesmo e das conservas culturais que bloqueiam a encenação da vontade muito mais significativa, bem mais carregada emocionalmente do que a falação em grupo. Uma cena viva tem mais legitimidade para um público com pouca paciência para escutar discursos conceituais ou que tem pouca prática de refletir sobre o próprio "texto" (ou fala). Os movimentos sociais pela promoção da saúde têm fornecido bons exemplos de círculos de conscientização em que é sempre produtivo escutar as histórias (cenas) dos outros e as experiências de sucessos (ou fracassos) nas iniciativas de mudança. O valor humano do que pensamos e sentimos vivamente se materializa: "Eu sou normal, mais gente sente e faz isso", "Isso também acontece com os outros". Por meio das cenas humanizamos vivências privadas e difíceis de compartilhar, os percalços do esforço de mudança, divulgando soluções que os outros inventaram para problemas comuns, criando referências novas e afetivamente significativas. A diversidade da experiência humana fica aparente mais uma vez e também nossos problemas comuns.

Os exercícios com as cenas sexuais dirigidos por coordenadores "bons de cena" eram aplaudidos por todos e geraram agradecimentos efusivos durante o projeto. Já conferencistas verborrágicos, principalmente aqueles que conceituam sem dar exemplos, mantinham todos mais distantes e livres para assistir sem participar. O discurso se esvanece mais rápido do que a impressão da cena vivida, da fala personificada. Por partes, vejamos primeiro como a pesquisa social nos ajudou nesse *insight*.

Os *scripts* sexuais ("*sexual scripts*")

Gagnon e Simon[2] definem a atividade sexual como um processo de aprendizagem de atos físicos que só é possível porque estão embebidos de *scripts* sociais, e fazem parte de um processo complexo de desenvolvimento psicossocial. Mesmo que tudo esteja perfeito e adequado para uma transa sexual acontecer – a pessoa te atrai, você tem

---

2. Gagnon, J. e Simon, W., 1973.

tesão, o lugar é apropriado, tem-se tempo disponível etc. – se ninguém iniciar o *script*, nada acontece. Há uma convenção de gestos, de posturas verbais e não-verbais que devem ser comuns aos parceiros; há um mínimo de convenções compartilhadas por aquela "comunidade sexual" e há uma linguagem rotineira, da masturbação à penetração. O que é sexual numa determinada cultura está num "pacote" que é aprendido no tempo, gerando um comportamento estilizado. O conceito de *script sexual* é o que melhor fornece uma unidade de análise para entender como diferentes comunidades estruturam as possibilidades de interação sexual com regras implícitas e explícitas.[3] Também demonstra que as parcerias sexuais não se dão ao acaso – a probabilidade de eu fazer sexo não é igual à de todo mundo e nem todas as pessoas têm a mesma probabilidade de ser meus parceiros.

Deciframos nesse projeto os *scripts* consolidados naqueles grupos e para pensar a prevenção da Aids tínhamos um "rascunho" de novos *scripts* – os rituais de uso de camisinha, sexo consensual, melhorar a comunicação entre parceiros – para ser incorporado aos novos roteiros que eles, como *sujeitos sexuais* deveriam re-inventar. Por exemplo, no Capítulo 5 descrevemos como os jovens percebem que uma situação está virando sexual. A "dica" para iniciar o *script* pode ser desde: "eu sei que é sexual quando ele começa a passar a mão", "eu esquento". Ou "quando ele me convida para ir na sua casa", o que não é necessariamente sempre parte de um roteiro para o sexo. "Vejo que está virando sexual pelo jeito dela, quando a mina tá começando a se soltar (faz o gesto da menina se sentando de perna aberta)", ou "quando ela começa a ter mais carinho, preocupação por você, me faz pensar que ela está interessada em algo mais além da minha amizade". Ou simplesmente "a menina encosta e o p. levanta".

Os *scripts* ajudam a entender o significado de estados internos, organizar a seqüência de atos sexuais, decodificar situações inéditas, colocar limites para a resposta sexual e associar significados de aspectos não-sexuais da vida com a experiência especificamente sexual.[4] Entender como os mesmos atos e práticas ganham significados diferentes tem sido uma das grandes contribuições dos estudos comparativos realizados em resposta à Aids pela corrente construtivista. Os mais clássicos têm demonstrado que um homem transar com

---

3. Parker, R., 1991.
4. Gagnon, J. e Simon, W., 1973, p.19.

outro homem numa cultura latina não necessariamente o define como "homossexual", bicha ou viado, especialmente se é o "ativo", mas na cena gay norte-americana sim. Uma cantada vinda de uma pessoa de sexo oposto é quase sempre irresistível para os homens, mais fácil de resistir para uma mulher, mas se vier de alguém do mesmo sexo provoca sentimentos impossíveis, contraditórios. O que é um comentário ou cantada aceitável no Brasil, nos Estados Unidos resultará num processo por agressão sexual. Sentidos diferentes podem disputar a cabeça de uma pessoa durante sua vida afetiva e sexual, ou marcar as vivências de vários indivíduos numa mesma comunidade.

Masturbação pode ser prazer e/ou culpa, relações extraconjugais ou não monogâmicas também são carregadas de mais de um significado. Usar camisinha com a prostituta causa menos problemas à ereção do que com a namorada, é mais fácil negociar a camisinha com um parceiro desconhecido do que com um conhecido e, às vezes, tudo muito ao contrário. Exemplos de roteiros e significados, assemelhados ou desencontrados, que se articulam num sentido mais amplo compreensível para o mesmo cenário sexual se multiplicaram nos últimos capítulos. A assertividade não é masculina, os garotos se perguntam... É sempre machista? De um lado a menina espera a iniciativa do garoto para considerá-lo viril, de outro, um rapaz traduz a saia curta da menina ou a sua dificuldade de dizer não como uma "permissão para o ataque"... vale em qualquer contexto? Como vimos também no Capítulo 5, as definições de promiscuidade variam e as de responsabilidade também.

Num mesmo ato sexual um parceiro pode ter prazer e o outro, dor, um sentir o poder e o outro, a humilhação. Ou pode-se simplesmente ter prazer em dar prazer ao outro, mesmo se o prazer for acompanhado de dor, ou por meio de práticas que para muita gente parecem humilhação, submissão, doença, desprazer ou falta de poder. Muitos ideólogos e moralistas, inclusive uma parte do movimento feminista que trabalha no campo dos direitos da mulher, têm dificuldade em entender a aceitação sem problemas de mulheres e homens de um sexo mais passivo sem condená-lo moralmente.

Essa visão da sexualidade, em que a realidade do corpo e as fontes sociais e culturais dos sentidos atribuídos ao corpo são indissociáveis, diferencia a visão de Gagnon e Simon, Parker e demais "construtivistas" dos "essencialistas". É muito mais apropriada para entender o que se passa na global epidemia do HIV. Para entendermos porque o vírus escolheu diferentes caminhos para se espalhar, inclusive no Brasil, são mais relevantes esses aspectos sociais e culturais que os fatores biomédicos – médicos, ou qualquer definição de uma sexualidade instintiva-universal e moral-natural, ou qualquer análise racional de custo e benefício nas escolhas sexuais.

Desafiando a noção de que a atividade sexual é marcada basicamente pela biologia, ou que o social (ou alguma definição de civilização) tem apenas o papel de colocar limites na conduta sexual (reprimir), reconhecemos que o que fazemos sexualmente é aprendido e categorizado no desenvolvimento individual, do nascimento à velhice, já que os sentidos atribuídos aos órgãos e aos sexos em geral variam também com a idade. A idéia de *script sexual* sintetiza esse processo definindo quando e onde as pessoas devem fazer sexo, com quem e o que devem fazer sexualmente, porque devem ou não devem ter atividades sexuais. Assume também que as pessoas não encenam esses *scripts* exatamente como são providenciados pela cultura, mas que os adaptam segundo suas necessidades.[5]

> Os indivíduos improvisam com base nesse cenário cultural e no processo de mudança da cultura sexual da sociedade. Dessa maneira, atores sexuais individuais tanto quanto aqueles que criam as representações da vida sexual (a mídia, os líderes religiosos, educadores e pesquisadores) estão sempre reproduzindo e transformando a vida sexual da sociedade.[6]

Simon e Gagnon afirmam que os *scripts sexuais* são uma metáfora para a produção do comportamento na vida social, um pouco como a sintaxe está para a linguagem, e definem três aspectos do conceito de *script sexual*:[7]

a) *o cenário cultural* – as instituições onde desenvolvemos nossos papéis sociais, ou "instruções para a conduta sexual e outras sob a forma de narrativas culturais que proporcionam guias para a conduta".[8]

---

5. Lauman, E., Gagnon, J., Mitchel, R. e Michaels, S., 1994. p. 6.
6. Lauman, E., *et al*, 1994. p. 6.
7. Simon, W. e Gagnon, J., 1984.
8. Lauman, E., Gagnon, J. *et al*. 1994.

b) **scripts *interpessoais*** – a maneira como cenários culturais se transformam em comportamentos, como certas identidades se constroem e são previsíveis nesses cenários, ou seja, como pressupomos os outros como parte do *script* nos engajando nesses padrões estruturados para interação no cotidiano; e

c) **scripts *intrapsíquicos*** – as fantasias, as várias faces do desejo, que é mais do que um apetite ou instinto biológico porque tem sempre acoplados os seus significados sociais. Os *scripts* intrapsíquicos guiam a conduta presente ou futura e ajudam a interpretar o passado.[9]

Nos programas de oficinas, temos estimulado a consciência de que o cenário cultural no qual a socialização para o sexo acontece, construído por homens e mulheres, não é expressão do destino ou da natureza imutáveis; que a apropriação individual desse cenário é múltipla numa sociedade como a nossa e, portanto, temos espaço para reinventá-lo. A permissão para ser sujeito da sexualidade é também resultado da percepção de que muitas das verdades, ditas universais ou naturais, são invenções que aprendemos na nossa rede de relações sociais, da consciência de que em outras redes de relações os roteiros para o sexo podem ser diferentes ou interpretados de forma diferente.

Gagnon e Simon não explicam tão bem a dinâmica da mudança de um *script* para o outro, ou a andança por múltiplos *scripts* quando se muda de contexto ou de parceiro, de tribo, de fase de vida, de *status* social. Essa adaptação, temos discutido, depende da construção subjetiva do *sujeito sexual*. Os autores são menos explícitos do que muitos gostariam sobre a questão da hierarquia e do poder inscritos numa cena sexual ou sobre o desejo. De qualquer maneira, essa abordagem foi valiosa porque nosso primeiro problema era saber quais os *scripts* cotidianos desses jovens – quais as práticas, atores e instruções para a conduta mais comuns – e no segundo momento estimular a incorporação de alguma resposta à Aids e ao sexo seguro. Em sociedades mais complexas e com diversas "comunidades sexuais", caso da cidade de São Paulo, os tipos de adaptação serão mais variados. O movimento feminista e de mulheres iniciado pela classe média nas décadas de 1960 e 70, a introdução do padrão "xuxa-xuxos" na televisão da década de 1980, ou toda a celebração do prazer sensual

---

9. Lauman, E. *et al.*, 1994.

pela mídia criaram de qualquer modo em todo o Brasil novos cenários para os jovens desempenharem a sexualidade. As ambigüidades geradas pela convivência com o velho modelo patriarcal geraram também o espaço para a improvisação e as campanhas da Aids vieram mudar mais uma vez, pelo menos "receitando" um novo *script*: em tempos de Aids use camisinha! Mudanças culturais, sociais e políticas também interferem na dinâmica de cada *cena sexual*.

Numa proposta como esta, nada melhor do que os jovens encararem respeitosamente as diversas formas de viver a sexualidade, já que a coragem de reinventar aumenta com a consciência de que alguém pode ser diferente. Essa permissão para ser minoria é pouco clara para comunidades pobres que vivem na fronteira entre o cidadão e o não-cidadão, sem muito apoio para o caminho de volta do "mau passo", de tudo o que chamam de "vida de marginal", acusados e culpados pelos seus fracassos: pobre, drogado/a, prostituído/a, bêbado/a, desempregado/a é sinônimo de preguiçoso/a, fraco/a, vagabundo/a, pecador/a.

Os jovens com quem temos trabalhado percebem intuitivamente que vivem num mundo com múltiplos caminhos. Mas tendem a confundir formas de se comportar com identidades fixas, práticas iguais com motivos iguais, e têm pouca vivência para perceber que há muito mais motivos que jeitos de se comportar, inclusive sexualmente. Costumam se auto-observar demais ou nunca se observar, e a relação com o mundo proporcionada pelos *scripts* que construíram é supervalorizada, a ponto de eliminar qualquer noção de sujeito sexual. Experimentam, entre tentativas e erros, sem muita reflexão, achando que estão sendo guiados por uma lei natural das coisas, ou uma "força incontrolável que vem de dentro", como definiu um rapaz. A consciência dos riscos envolvidos na prática sexual desaparece na aflição de aproveitar um momento em que finalmente podem ser desejados ("nossa como ele era bonito!") e se apaga no medo de se confundir numa identidade indesejável ("ia ser chamado de bicha se não comesse aquele 'boing'"); desaparece ao ter de responder à escassez do "mercado" ("aí ele vai embora e eu sobro"), ou ao ter de garantir a reputação de macho ou de mulher eleita ("onde você aprende essas coisas, ele vai me perguntar"), e para não perder a oportunidade da intimidade, de expressar afeto.

Os jovens de escola noturna tinham pouco tempo porque estudavam e trabalhavam, pouco espaço porque dormiam em cômodos acumulados de gente e pouca prática de se auto-observar. O sujeito psicológico[10] era uma vaga possibilidade, no sujeito sexual nunca pensaram. As histórias reais da vizinhança que escutavam contar ou as novelas que ocupam o horário nobre da TV, em que nunca se vê uma camisinha, podem ser uma janela para observar a dinâmica desses *scripts* das relações afetivas e sexuais nos outros. Por isso a cena sexual sai fácil: o drama é das artes mais populares no Brasil.

A "cena sexual" e os *scripts* femininos e masculinos

Coordenador — *"É fácil pedir para os parceiros usarem camisinha, quais os obstáculos que vocês encontraram?"*

No caso das oficinas longas esse era um exercício para pensar em casa e trazer para o último encontro; no caso das oficinas curtas era o último exercício da noite e nem sempre conseguimos chegar lá.[11] Na maioria dos grupos a consigna foi:

Coordenador — *Vamos levantar e andar pela sala. Agora pensa numa cena, numa situação em que você pode pegar o vírus da Aids: onde você está? Com quem? Fazendo o quê?"*

Em alguns grupos de mulheres, a consigna usada foi um pouco diferente: *"Pensa numa situação difícil de usar a camisinha"*. A primeira consigna sempre trouxe os resultados mais interessantes porque estimula a reflexão sobre o risco "de cada um " e incorpora todas as situações vulneráveis que são relevantes para aquele grupo, sem impor a camisinha como sinônimo de cena segura. Analisamos uma

---

10. "O indivíduo portador de uma especificidade interna particular – de caráter, personalidade, psiquismo, referência dominante em um discurso que tende a se espraiar culminando nas diversas correntes psicanalíticas", Velho, G., 1986.

11. Quando os professores prepararam a discussão nas classes antes das oficinas curtas, ficou mais fácil na mesma noite começarmos com o simbolismo da Aids, falar das vias de transmissão, discutir dúvidas sobre Aids, fazer a demonstração da camisinha e chegar às "cenas", como se dizia na equipe. As mulheres fazem mais perguntas, e em cerca de 20% dos grupos não conseguimos chegar às cenas; especialmente mais lentos são os grupos da 1ª, 2ª, 3ª série do ensino fundamental. Como os rapazes perguntam menos, a proporção de oficinas incompletas é um pouco menor.

amostra de 196 cenas anotadas nos grupos que usaram a primeira consigna e de novo encontramos diferenças significativas entre homens e mulheres. Os garotos contaram mais as cenas reais, "aconteceu comigo de verdade!", e a maioria das garotas disse que era uma cena imaginária – para não se comprometer ou porque têm mesmo menos vida sexual.

Só em 10% das **cenas femininas** as garotas conseguiam que o parceiro usasse a camisinha ou evitar o sexo. A maioria das cenas descritas incluem situações em que "perdem a cabeça" e "nem lembram de camisinha": uma transa casual que combina uma situação de festa, cinema escuro, bebida e um cara imperdível (11% das cenas femininas). Ou então cenas de paixão irresistível em que até lembram da camisinha, mas estão numa praia ou num motel, no elevador, onde o preservativo não está disponível e o "tesão não deu pra agüentar" (11%). Freqüentes também são as histórias de "um namorado que não sabia que tinha Aids e parecia saudável" e "nem tinha pensado em prevenção..." (11%), ou em que ela "pega o vírus" na única vez que transou ou na primeira transa (14%). Típicas entre as garotas mais jovens e virgens são as cenas de estupro ou a clássica cena do tarado numa noite escura: "vai rasgando a roupa, e quando acordei, já era" (11%); ou cenas de acidentes (sempre horríveis) e uma conseqüente transfusão de sangue contaminado (9%). Também freqüentes são situações em que não pensam na camisinha, para descobrir depois que o marido ou o namorado era infiel (8% das cenas femininas). Pouco freqüentes são cenas em que a camisinha fura ou o namorado se recusa a usar preservativo ou em que ela "sabia que o namorado era drogado ou bissexual"; algumas cenas contam histórias de infecção num centro de saúde, por exemplo "no exame ginecológico"(!) ou em acidentes de trabalho.

Nas **cenas masculinas** e também confirmando as diferenças encontradas nas respostas ao questionário, os homens usam mais o preservativo: em 20% das cenas de sexo os rapazes usam o preservativo ou deixam de transar porque não têm um disponível. Nas cenas de sexo arriscado, 30% das situações representam cenas de sexo casual sem vínculo nenhum, com desconhecidas, no Carnaval, na garagem, na rua, no motel sem camisinha, ou cenas de sexo grupal, "suruba massacrante". Freqüente também são as cenas em que estão "cheios de bebida" acompanhados de garotas de programa ou prostitutas (7%), ou apaixonados de perder a cabeça e esquecer da camisinha (7% das cenas masculinas). Descrevem situações em que a parceira não quis aceitar "Ela queria transar sentindo tudo... eu aceitei!" (5%), e cenas de hospital e transfusão de sangue por doença ou acidente (7%). Alguns tipos de cena só aparecem entre os meninos: rodas de droga injetável (5%) ou de briga, de tiroteio, onde "o sangue de pessoas contaminadas entrou em mim" (5%). Pouco freqüente entre as cenas masculinas são as situações em que "a namorada era portadora do HIV e não sabia", em que a "camisinha furou", ou que estava sem camisinha e transou "para não ser chamado de bicha".

Cada *cena sexual* era sempre uma criação dinâmica, composta com emoção, papéis, cenários, personagens, ritmos, dificuldades materiais e sociais que freqüentavam a vida deles. Analisávamos cada uma, estimulando-os a produzir soluções num contexto realista, como sujeitos que se faziam donos da cena e não objetos de nenhum de seus elementos – do papel, do cenário, do clima, da pressão do grupo, dos outros personagens, do ritmo. Aprendíamos sobre essa dinâmica nesse projeto e pudemos observar como o *script sexual* se constrói subjetivamente marcado em definitivo pelos gêneros e em geral personificado, se constroem como *scripts sexuais masculinos ou femininos*. Pode ser representado tanto pelo cenário quanto pelos personagens que o habitam, como vimos nos outros capítulos: "a virgem" da casa, "a galinha" e "o galinha" na rua, a mulher ou homem "de programa" ou "puta" no prostíbulo ou na rua, "o machão" violento e estuprador e a mulher passiva tanto em casa quanto na rua, "a mina para comer" e "a mina para casar", "o viado" e "a bicha", "a sapatona", o cara que trai a mulher, a mulher que manipula os homens querendo sempre trocar sexo por alguma traição, "o sabidão" e experiente, os inexperientes. Quando discutíamos os riscos da Aids e os eventuais subprodutos indesejáveis do sexo, outros personagens apareciam no cenário, emergentes do contexto coletivo: o "aidético" ou o "drogado/bêbado e sem controle", ou a mulher que "não se cuida e engravida", "a que precisa de afeto", o "que tem urgências".

Lembrar o *script* é se referir ao personagem, cumprir o roteiro é viver o personagem, se identificar ou ser identificado com ele. O roteiro e a cena contêm necessariamente um ritmo (cuidadoso, "rapidinho") e uma distribuição específica de poder – ela tem o poder de atestar minha virilidade ou me fazer pai, ele de me fazer sentir dor e não prazer. As cenas em que se anuncia uma gravidez descritas no Capítulo 5 mostram como homens e mulheres seguem um roteiro previsível marcado pelos gêneros ("não sei se é meu" versus "será que ele vai assumir?"). Os *roteiros femininos e masculinos* ajudam a interpretar o sentido da cena e atribuem uma identidade ("galinha" *versus* "abandonador") ao outro. Nas cenas emergentes do exercício do labirinto e nas conversas imaginárias com o "aidético", ou com o homossexual e a prostituta, o mesmo fenômeno se repete. São elementos do *script* interpessoal e intrapessoal que orientam a interpretação subjetiva da cena sexual e seus personagens, de como devem reagir a cada cenário específico e que tornam mais previsíveis as relações entre as pessoas: naquele caso tem de recusar ou simplesmente correr, aqui respeitar, ali desrespeitar, procurar esse para uma relação prolongada, fugir dessa depois de uma noite, usar esse para perder a virgindade... No Capítulo 6 mostramos que no contexto de uma relação casual se usa mais camisinha e se faz mais sexo anal; numa relação estável se pensa mais no contraceptivo ou é mais provável interpretar a gravidez de outra forma que não a traição (do destino, da parceira).

Pais, amigos e parentes significativos, o pastor do culto, exparceiros são personagens onipresentes que podem aparecer na cena como personificação do coletivo, tomando o lugar do sujeito autônomo, transformado-o em objeto passivo da norma que constrói a atividade sexual. Nas reuniões pós-oficina os jovens criavam também para esse lugar um novo personagem "a USP" (nós!), personagem que sintetizava uma linguagem e a consciência recém-adquirida ("Aí lembrei do pessoal da USP e tomei meus cuidados.").

Uma infinidade de elementos psicodinâmicos e psicossociais participam da encenação, consciente ou inconscientemente, e às vezes são mais visíveis pelas sutilezas da expressão corporal e pela entonação do que pelas palavras propriamente ditas. Muitos são indizíveis. O ritmo da cena (lento, apressado) aparece na reação corporal de cada personagem, simboliza sentimentos e pensamentos que povoam a mente durante o desenrolar da cena. A maioria dos elementos muito ligados à história individual, íntimos, não pode ser discutida num programa como esse; os mais dolorosos exigiriam uma intervenção clínica que sempre tentamos oferecer nas sessões de aconselhamento individual.

Na definição de ***cena sexual*** operacionalizamos uma constelação de elementos dinamicamente relacionados[12] que, diferente do *script*, é única:

- A idade, o sexo, a classe, a escolaridade, a raça, a religião ou ideologia de cada parceiro do ato sexual, já que a atividade sexual é um *caso especial das relações sociais*.
- A cena sexual reflete o *poder e a hierarquia* entre os gêneros (homem/mulher) e entre sexualidades (heterossexual, bissexual, homossexual...).
- A cena sexual depende *do sentido* que se atribui ao sexo naquele contexto: prazer, troca de afeto, reprodução, descarrego, exercício do poder, construir a reputação e mudar de *status* na comunidade, entre outros.
- A cena sexual depende dos *scripts sexuais* (e *eróticos*) disponíveis, se são *scripts masculinos ou femininos*, do sentido e valor de cada *script*, e de como os personagens e atores (o "eu" e o "outro") são percebidos: amante, esposo, namorada, caso, transa de um dia, iniciador ritual, dono, propriedade...
- A cena sexual depende do que está sendo *trocado no ato sexual*: apoio, dependência, afeto, poder, dinheiro.
- A cena sexual depende de como se *percebem as conseqüências e subprodutos da atividade sexual*, do grau de tolerância social para cada eventualidade (vínculo mais forte, rompimento, gravidez, doença, violência etc.), e da capacidade de avaliar os riscos de subprodutos indesejáveis (estupro, HIV, divórcio, filhos não planejados).

---

12. O conceito de cena sexual foi inspirado por este primeiro projeto, pelo psicodrama e por diferentes textos construtivistas. Inspirada nas teorias que pensam a sexualidade no campo construtivista e que foram formuladas para responder a diferentes questões teóricas e originais. Para citar alguns modelos e autores relevantes para elencar esses elementos e para o conceito de cena sexual (a organização é minha): *Sistema de Genero e Sistema Sexual* – ver, por exemplo, Vance (1984), Rubin (1984) e Heilborn (1993). *História, identidade e Cultura* – Herdt (1994), Weeks (1995) e Richard Parker (1991 e 1994a). *Teoria dos Scripts* – Gagnon e Simon (1973), Simon e Gagnon (1984) e R. Parker (1991), e a *Teoria das Redes Sociais e a Teoria das Escolhas Econômicas*, estes últimos três modelos aparecem integrados na pesquisa monumental desenvolvida nos Estados Unidos por Lauman, Gagnon, Mitchel e Michaels (1994).

- Portanto a cena estará sempre impregnada da *personificação das normas coletivas* (presença invisível da família, de amigos e pares, do líder religioso, da USP).
- A cena sexual é diferente dependendo do *lugar e horário*: do tempo disponível, se está em casa, de quem é a casa, na rua, na escada do prédio, no motel, em outra cidade ou país, no trabalho, na praia etc.
- A cena depende também do *ritmo* (rapidinho ou lento).
- A cena sexual vai depender dos *recursos sociais* disponíveis: informações, dinheiro, contraceptivos, camisinha, quantidade de parceiros disponíveis no "mercado" etc.
- A cena sexual depende de *recursos pessoais*: aparência, capacidade de comunicação e fluência numa conversa sobre sexo, identidade sexual atribuída ou auto-referida, auto-estima, experiência sexual, apoio da família e de amigos.
- Finalmente, a cena é composta de *práticas*, *ações* (beijo, tipo de manipulação ou penetração), *palavras* ou *comunicação sem palavras* (gestos, olhares, posturas, ruídos).

Necessário dizer, de novo, que articulando todos os elementos da cena sexual estão os seus simbolismos, *singulares em cada composição* já que a cena sexual é sempre única. Podemos encontrar cenas que se repetem assemelhadas na vida de um indivíduo ou de um grupo, ou que refletem o mesmo cenário como definiram Gagnon e Simon, ou reproduzem *scripts* comuns a várias pessoas. De qualquer maneira só farão sentido se decodificados a partir de uma cena real, única, vivida ou imaginada. As repetições observadas na vida de um indivíduo ou num grupo que compartilha o mesmo contexto serão mais bem investigadas se tomarmos a cena concreta, começando por qualquer elemento da cena. Por exemplo, vimos que a camisinha (em geral presença-ausente da maior parte das cenas) pode constelar qualquer dos elementos, ou seja, pode ser uma "personificação" ou "coisificação": pode indicar um "aidético", a quebra de ritmo na execução do *script*, o "pessoal da USP", a incapacidade de comunicação sobre sexo, o sexo imoral, a sujeira, a proteção e a saúde, a falta de dinheiro para comprá-la, o sexo casual.

Articulando a cena está a dinâmica de cada interação sexual que não é tão fácil assim de traduzir. Nossos programas têm sido ambiciosos: queremos que os jovens consigam nomear o máximo de elementos de suas cenas sexuais, contextualizando a complexidade e a dinâmica da sua atividade sexual. Como disse em outro texto,[13] todos esses elementos competem pela atenção do *sujeito sexual, que é também único*.

Numa pesquisa, esses elementos podem ser indicadores a serem investigados nos roteiros de observação construídos para analisar as cenas sexuais na vida de um indivíduo, ou tipos de cenas mais freqüentes (prevalentes) num grupo. Podem estabelecer indicadores nos instrumentos preparados para a avaliação dos efeitos de um programa de orientação sexual e prevenção – o que desaparece das novas cenas pós-intervenção, o que foi incorporado?

A maioria das teorias de mudança de comportamento e as abordagens que têm sido usadas para a prevenção da Aids focalizam apenas alguns desses elementos (os recursos pessoais) ou, no máximo, como as freqüências de algum desses elementos variam e se relacionam.

A interferência do sujeito sexual na cena

É mais fácil para um coordenador sem grande experiência usar as cenas no trabalho com grupos pequenos (cerca de 12 pessoas). Como desafio, vejamos um exemplo de cena discutida numa oficina curta com um grupo de 30 pessoas que, apesar de contar com uma coordenadora experiente, estava difícil de engrenar. A cena emergente, a que foi escolhida pelo grupo para ser "encenada" depois de andarem pela sala e pensarem "numa situação, numa cena em que você pode pegar o vírus da Aids..." foi a seguinte:

Grupo de mulheres (título da cena: "Bonitão irresistível")

Coord. – Onde você está?

Ba. – Num salão, dançando e tal, maior pingaiada. Daí encontro aquele garotão bonitão... Que bonitão! Depois fico pensando: Ih! Transei com o cara sem camisinha, sem nada. E agora?

Coord. – Conta como aconteceu, quem tava lá, só você?

Ba. – Minha amiga tava comigo. Falei pra ela: Nossa! Aquele cara é lindo... Daria tudo para ter uma noite com aquele cara.

---

13. Paiva, V., 1999a.

Coord. – (Chama uma moça para fazer o papel do cara.) Como ele se chama?

Ba. – Rogério.
Rogério – Tá afins de dançar?
Ba – Tá certo. (Ba. saindo do papel e falando para o grupo)... Daí ele pega na mão, saímos fora do salão. (Ela puxa o Rogério pela mão, anda até outro canto da sala.) Chegou no motel.
Ba – Eu quero com camisinha, sem camisinha não dá. (Ba. sai do papel para comentar que "o quarto tem aquela camona redonda, hidromassagem e tudo!")
Rogério – Ah! Vai assim mesmo!
Ba. (olha para a classe e diz) Daí eles transaram sem camisinha mesmo.

(Havia muita risada na classe, muita conversa paralela.)

Coord. – E aí, que aconteceu depois?

Ba. – (pensando alto) Porra, não devia ter feito isso! E agora?

Coord. – Chama alguém para representar esse pensamento/sentimento, é culpa?

(Entra uma menina representando a Culpa.)

Culpa – Quem mandou não pensar? Vai lá, acha que o cara é bonitão e já vai querer!

(As meninas estavam com vergonha, não parecia haver muito clima para encenar mais muita coisa, já estava muito no fim do tempo disponível, não dava para "esquentar" esse grupo. A coordenadora abriu a discussão para o grupo.)

Coord. – O que a gente deve fazer nessas situações?

- – A gente não pensa na doença, depois já é tarde...
- – Eu falo pro cara usar. Se ele não quiser, eu falo que quero.
- – Não dá pra fazer nada! Se pelo menos tivesse uma (camisinha feminina) para gente!
- – Pode falar que não tá tomando pílula!
- – Escuta aqui, fala isso pro cara: que ele não gosta do corpo dele mesmo. Ele vai querer prejudicar as outras pessoas.

(Elas começam a associar com suas experiências.)

- – Eu sempre transei com camisinha, eu não sei...
- – Mulher de rua, eu não confio...

- – Eu tinha um namorado que eu não queria nada com ele. Ele falou: eu vou ser obrigado a procurar outras por fora... Eu disse: pode procurar que eu não quero! E ele procurou...
- – Eu acho que tanto ele quanto ela acha mais gostoso sem camisinha... Eles fala que aperta, né?

(Risadas...)

- – Ih! Eu não sei nada disso!
- – Olha, eu conheci um rapaz hoje. Eu não sou dessas que vai pra cama sem conhecer!
- – Estamos conversadas, é isso aí! (aprovando o último comentário)
- – Beijo pega?
- – Difícil de acreditar que beijo, abraço e aperto de mão não pega Aids!

Essa enxurrada de associações livres valem ouro para entender os vários elementos da cena sexual e como uma cena compartilhada estimula várias outras possibilidades entre os membros do grupo. Estimula também propostas de mudanças no *script*, no ritmo, nos atores que optam por um *script* diferente e portanto sugerem personagens diferentes ("eu não sou dessas..."). Enquanto assiste à cena da amiga, uma menina lembra da cena que aconteceu com ela e que se restringiu ao beijo... e fica preocupada... revendo o que aprendeu naquela noite... de repente solta: "beijo pega?". A outra lembra-se de uma cena com um recém-conhecido, a outra do quanto não sabe de nada. Vão identificando os elementos das suas próprias cenas, observando como prestar atenção e onde mobilizar a interferência do sujeito: "Mulher da rua não dá para confiar", "Ir pra cama sem conhecer", bonitão é sedutor, nada de "pingaiada"... Algumas lembram de recursos conquistados na revolução contraceptiva ("diz que não tá usando pílula"), outra suspira denunciando a falta de acesso a soluções apropriadas para prevenção da Aids ("se tivesse uma camisinha para gente...").

Percebem que o ritmo da encenação é apressado, porque essa pressa? Diante da altíssima freqüência com que a pressa atrapalha encenar a intenção de fazer sexo seguro eles costumam dizer que têm pressa de se livrar do desejo, têm carência de intimidade, querem provar que sabem seduzir, precisam descarregar, mostrar-se desejada ou viril, e porque o tempo e o espaço são escassos. Não queríamos vender a ilusão de que "vão fazer tudo certo", mas estimular cada sujeito sexual a formular intenções e novas chaves para a ação – como lidar com a pressa? Nossa colaboração queria tornar menos inconsciente a inércia das cenas conhecidas, lembrar que o ritmo podia ser diferente, questionar a idéia de *scritps* como decorrência "natural" ou uma fatalidade difícil de mudar.

Neste exercício de grupo em que o objetivo era principalmente refletir sobre os riscos e conscientizar o que promove maior vulnerabilidade ao vírus da Aids, colaboramos para discriminar os elementos envolvidos na cena, o contexto e as decisões tomadas quase sem perceber, para que numa próxima cena elas possam ter mais algumas chaves para refletir sobre o que aconteceu e possam se auto-observar. Lembrem que o máximo que esperávamos de uma oficina curta era introduzir nas cenas de cada um dos participantes o *personagem que conhece* mais detalhes de como a Aids se transmite ou não se transmite, que se sente no direito de inovar nos *scripts* depois de convencido dos riscos. Às vezes, esse novo personagem já aparece na voz do ator principal como sujeito da cena ("fala pro cara..."), outras como um fantasma que entra e sai do cenário, "os pais", "a USP".

O trabalho com as cenas sexuais cria o registro de outras pessoas palpitando e trazendo seus recursos pessoais (ideológicos, de experiência, de personalidade, de informação etc.) para interferir na cena. Pode-se então ouvir a colaboração das outras pessoas e assim preparar-se para encarar outras forças vivas, outras vozes internas que disputam na nossa cabeça: a culpa, o medo, o tesão, a informação, o medo da rejeição, a vontade de acertar. A partir desse registro descobrem que podem colaborar conscientemente com esse domínio do self, como *sujeitos*, tal como as situações em que escutam os amigos colaborando na discussão e solução de uma cena no grupo. Nas experiências de grupo recebem permissão para conversar, reavaliar e humanizar a própria experiência sexual, sem ter de necessariamente guardá-las num espaço de inseguro silêncio.

Se o grupo consegue entrar num clima mais "dramático" é possível experienciar na cena com o *role-playing* propondo ao personagem principal que encontre uma nova solução para a cena. Vejamos uma outra cena feminina, emergente de um grupo com muitas meninas virgens, também numa oficina curta.

Grupo feminino (título da cena: "O amor está morto".)

(A moça resume a cena, e a coordenadora pede voluntárias para encená-la junto com a autora. Começa a encenação.)

Namorado – E aí, vamos para tua casa, vai... Aqui está muito chato!

Vamos ficar lá namorando! (ele sabia que os pais dela estavam viajando)

Maria – Tá bom. (Eles vão, andam pela sala chegam na casa dela.)

Coord. – Onde vocês estão agora?

Maria – Na minha casa, na sala. (as meninas que fazem a cena estão inibidas)

Maria – É meio difícil namorar aqui...

Coord. – O que aconteceria, começa contando para gente, chegou em casa e aí?

Maria – (olhando para o namorado) Eu te amo! Meu amor, vamos para o quarto?

Namorado – Vamos, eu não vejo a hora...

Maria – Uhmm, não tô afins agora..

Namorado – Ah! Vamos, vai!

Maria – Tá bom, você já tá enchendo o saco mesmo! (Falando para a classe) Aí eles foram, chegou no quarto.

Namorado – Como é, é a sua primeira vez? Você já teve alguma relação?

Maria – É, é minha primeira vez.

Namorado – Mas como é que eu posso ter certeza?

Maria – Pô, mas é minha palavra. Você não confia em mim?

(silêncio, constrangimento)

Coord. – E aí? O que acontece? (silêncio) Eles têm relação?

Maria – Têm.

Coord. – E alguém pensa em camisinha?

Maria – Não. Eles deixam a camisinha de lado.

Coord. – Escolhe alguém para ser a camisinha. OK. Você está aí, camisinha, de lado... Eles têm a relação e a camisinha ficou aqui, de lado. E aí?

Maria – Ele dispensa ela logo...

Coord. – Como?

(Maria, fazendo o papel do namorado) – Olha eu me enganei, eu não te amo mais, eu tenho outra namorada. (troca de papel, voltando a ser Maria)

Maria – Mas o que eu fiz para você? (troca)

Namorado – Nada. Eu só pensei que era amor, mas era só atração.
Maria (falando para a classe) – E ela chora...

Coord. – Que ela pensa enquanto chora?

Maria – Ah... Desespero, porque ele fez mal pra ela e agora não quer saber de mais nada...

Coord. – Então escolhe alguém para ser o desespero, a tristeza. (Vem uma menina ser a tristeza. Faz cara de triste.) Olha aí está a sua tristeza... Que fazer com ela?

Maria – (falando para a classe) Ele foi embora, ela (apontando para a tristeza) ficou triste e daí ela foi fazer o teste depois de uma semana e descobre que está grávida e com o vírus da Aids...

Coord. – Peraí, gente! A gente já viu isso hoje, em uma semana dá pra saber se tem o vírus da Aids?

(coro da classe) NÃÃO!

Coord. – Nem gravidez dá pra saber depois de uma semana... Mas não tem importância continuando...

Maria – Ela tem o filho que também nasce com Aids. Daí ele, o namorado, volta sabendo que ela tava grávida...

Coord. – Então mostra ele voltando...

Namorado – Oi amor, tudo bem? O que aconteceu? Tô vendo um bebê...
(trocando) Maria – Ah, eu fiquei grávida e tive o filho sozinha. E ainda por cima tenho o vírus da Aids... (troca)
Namorado – Desculpa, eu devia ter te contado que eu uso droga injetáveis e pode ser que eu tenha te passado o vírus...

(Silêncio, era o fim da cena que ela tinha descrito.)

Coord. – Muito bem turma, vejamos o que nós temos aqui: um casal e um filho com Aids, a tristeza, e uma camisinha deixada de lado. Alguém faria diferente? Quem quer colaborar para reinventar?

Menina 2 – Eu!

Coord. – O que seria diferente?

Menina 2 – Aãnh... Até o convite da festa seria igual, estamos na sala da casa dela.

(**Coord.** pede para Maria, a autora da cena, fazer o papel do namorado.)

Namorado – E aí? Vamos lá para o quarto?
Maria 2 – Não, vamos ficar mais um pouco por aqui, preciso pensar.
Namorado – Aqui tá chato... Vamos, vai? Vamos para o quarto...
Maria 2 – Pra quê?
Namorado – Sei lá, tem um monte de coisas pra fazer lá. Vamos vai?
Maria 2 – Não, aqui tá bom, liga aí a TV, vamos ver o Silvio Santos, ouvir uma música, qualquer coisa, vai...
Namorado – Isso é muito chato!
Maria 2 – Liga o rádio (e aí eles começam a dançar)
Namorado – Vamos para o quarto, a gente já dançou muito.
Maria 2 – Não!

Coord. – Pensa alto comigo... Por que você não iria?

Maria 2 – Eu taria pensando, aahhh, não vai dar, se ele gostasse mesmo de mim, não forçava a barra, esperaria eu estar preparada.

(Maior rebuliço na classe que presta muita atenção, mas não está concordando com a interpretação ou com a solução. A coord. pede respeito pela cena, "é delas". E diz:)

Coord. – O que você faria?

Menina 2 (fazendo o namorado) – Eu saio e vou embora, na boa.

(Rebuliço na classe. "Ah , sai prá lá... imagina se é uma boa, é nada", alguém fala)

Coord. – O que a Maria sentiria?

Menina 2 – Se sentiria bem.

(**Coro da classe**) Mentira! mentira! (A coord. olha para a classe que começa a falar de forma mais organizada.)

- É porque ele tá forçando a barra, se ele agisse normalmente, daí tudo bem.
- Ela nunca vai ficar bem!
- O jeito que ela fez não é como um garoto agiria...

Coord. – Então vem e faz a Maria! (ela vem envergonhada, mas faz)

Maria 3 – Pô meu, eu não valho nada, eu só sirvo pra isso? Sabe todo o carinho que eu dei pra ele, e ele só acha que eu sirvo para transar, eu ficaria muito brava... (voltando-se para o namorado) É o seguinte, saiba que eu te odeio! (voltando-se para a **coord**.) Do jeito que tou nervosa, acho que metia a mão na cara dele, L. (atua muito brava mesmo...)

Namorado 2 – Eu não sou corno coisa nenhuma, você é que é uma galinha e ainda fica se fazendo de gostosa!

Coord. – Tá bom, obrigada. Pessoal, como vocês estão vendo a solução desse casal é sair no tapa... Mais alguém gostaria de fazer diferente?

◆ Eu! (e levanta). Vem aqui (chama outra amiga) pra fazer o namorado.

Namorado 3 – Vamos lá tomar alguma coisa, daí a gente pode ouvir o disco novo do Benjor. Vamos?

Maria 4 – Vamos!

Namorado 3 – (falando para o grupo) Lá na casa eles ouvem música e dançam, aí ele vai beijando ela toda, passando a mão nela (passa a mão nela, na bunda da menina, a classe toda morre de rir)

Coord. – Olha o respeito pela amiga, não precisa fazer, só fala, vai falando...

Maria 4 (olhando para a coord.) Ei! Não precisa fazer de verdade!

Namorado 3 – Tá bom, ele beijou, tirou a roupa, com jeitinho, mexe nela, faz sexo oral e transa sem camisinha.

(A Maria 4 desiste envergonhada. A **coord**. pergunta se alguém quer continuar, volta para a cena a que fez a Maria 2).

Maria 5 – (Explica que na hora do sexo oral, "antes daquilo" fala para o "namorado") E a camisinha?

Namorado – Vamos, rapidinho, eu tiro na hora...

Maria 5 – Ah, não, sem camisinha eu não quero. Não quero ficar grávida e tem a Aids, vamos, vai, eu ponho pra você...

Namorado – Ah, não! É bala com papel! Vamos na rapidinha, *fast-food*!

Maria 5 – Não, sem camisinha não vai dar...

Namorado – Tá bom, eu ponho.

(Aplausos. As meninas estavam excitadíssimas, falando todas ao mesmo tempo, teve que interromper aqui. A **coord**. pergunta como estão se sentindo, "uma de cada vez", se estavam satisfeitas com o desfecho da cena, se era coerente etc. No final da noite todo mundo ficou aplaudindo um tempão. Uma por uma, mais de 20, vieram abraçar a **coord**., agradecendo.)

Descrevem o processo de *perder* a virgindade, ela *perde* porque alguém rouba ou porque é descuidada. Nesse grupo típico de meninas em que a maioria é virgem o risco de contrair a Aids é mais distante que o risco de perderem o controle da sua virgindade. No início da sessão de grupo elas haviam produzido três cenas de estupro que não foram escolhidas (cujos títulos eram: "Estupro em alta noite", "Jack, o estuprador", "Na linha do perigo")... O desejo só aparece na cena quando uma participante mais experiente assume o roteiro e a consciência do desejo (ou da falta dele) transforma-a numa personagem mais confortável com o sexo, que tem tesão (ou percebe que não sente nada) e também não é passiva, assume a iniciativa, é agente e sujeito.

O ritmo é "correndo" como sempre. O grupo depois discute o ritmo apressado, nas palavras do Namorado 3: *fast-food*, comida rápida, sintetizando com perfeição o significado dessa situação. O que vai mudando nas novas cenas? O cenário é sempre o mesmo (a sala da casa dos pais que viajaram, depois de uma festa), mas a interferência do sujeito muda o ator, muda o roteiro e as personagens, que diferem pelas intenções, pelo ritmo e pelos recursos pessoais (capacidade de comunicação, sentimentos, informação correta, experiência). A única solução convincente para a cena, além da troca de tapas que todas concordam não solucionar o problema do desejo ou da paixão, é de novo a sedução. Nesse cenário cultural argumentos como o "jeitinho" que não nega o desejo, que "não rejeita e pronto!", parecem ser o primeiro recurso que conseguem construir. Além da braveza e da recusa, uma solução que sempre fica engasgada para elas já que querem namorar ("Mentira!", "imagina se é numa boa..."), a sedução é uma alternativa que aparece um pouco diferente entre os homens, mas é a preferida deles também. Como sintetiza o relatório de uma outra oficina:

"Elas usaram enfim todos os recursos, implorar para o namorado usar, brigar para usar, explicar por que usar (ao que ele responde "Onde você aprendeu sobre isso"). Só na quarta tentativa é que o namorado aceita usar. Método infalível: "sedução".

Os *scripts* masculinos e as cenas de violência

É fundamental prestar atenção à emergência do tema da violência sexual. Uma das três cenas de estupro relatadas no grupo que discutiu a cena "O amor está morto" era real. Nas entrevistas face a face que realizamos durante o projeto, assim como nas sessões de aconselhamento oferecida aos participantes de oficina longa, levantamos oito casos de violência sexual, incluindo uma de incesto, todos relatados por mulheres. Pelo menos um caso de estupro cometido por um rapaz participante da pesquisa chegou até nós.

Várias pesquisas têm confirmado o que os clínicos já haviam denunciado: a violência sexual, em especial contra crianças e jovens adolescentes de pouca idade, marca definitivamente o roteiro que o indivíduo vai escolher na vida adulta.[14] A exposição automática às situações de risco incorpora-se ao *script* das pessoas que sofreram violência sexual, as experiências de abuso diminuem a capacidade de exercer algum tipo de controle sobre práticas sexuais arriscadas.[15] Novos estudos têm demonstrado que isso é verdade para mulheres em geral e também entre homens,[16] e os garotos também têm imensa dificuldade de falar sobre os abusos que sofreram.

Uma das moças que procuraram uma sessão de aconselhamento individual disse que estava falando no assunto pela primeira vez e contou que entrou numa aula de artes marciais para aprender a se defender. As outras pareceram bem mais traumatizadas ou indefesas, mais assustadas quando o abuso foi cometido por alguém da família. Nenhum dos casos de abuso sexual relatados pelas mulheres aconteceu como elas imaginam nas cenas – com desconhecidos numa noite escura. Nunca fomos procurados por rapazes para comentar que sofreram abuso, mas sabemos que deve ser mais humilhante ainda para um rapaz falar sobre abuso sexual, já que no *script masculino* "o homem deve tomar a iniciativa" e ser assertivo, nunca passivo.

Vejamos a atitude espontânea dos rapazes diante da violência. B. relata uma cena real onde transava com uma virgem que era "mais ou menos namorada":

Grupo de rapazes (Título: "Mais ou menos namorada")

B. "Ela queria usar pílula, ela era virgem, na hora eu nem pensei, só pensei em gravidez e gozei fora. Não pensei na Aids porque ela era virgem. Porque ela ficou reclamando de dor, algumas até choram. Mas também não tem graça de você transar e ela não falar nada."

---

14. Cassesse, J., 1999.
15. Heinrich, L. B., 1993.
16. Jinich, S., Stall, R. *et al.*, 1995.

Coord. – E como você se sentiu no dia seguinte? Não pensou que você poderia passar para ela?

(Um pouco antes na discussão esse rapaz comentou que tinha ido fazer o teste HIV depois da oficina, porque percebeu que poderia ter "encontrado com esse vírus nas minhas galinhagens". Não sabia ainda o resultado.)

B. Me senti bem, não fiquei preocupado porque ela era virgem. Só fiquei estranhando ela gritando.

- – Eu tenho quase certeza que a menina deve ser virgem. Eu já transei com uma menina virgem, muitas vezes elas choram, sai sangue. Porque é apertadinho.
- – Eu não sei, mas gosto quando ela chora.

B. Eu gosto quando ela geme. Já penso no cara transando e a menina ali parada sem falar nada...

    É impressionante como a dor da garota é incluída na percepção do que é o prazer para esses rapazes, até para aqueles que se preocuparam em colocar a camisinha para proteger a namorada. Para um "garanhão" a sugestão da responsabilidade em relação à garota nem consegue ser escutada, ele está focalizado no próprio prazer ou em descarregar, e se as reações delas estimulam ou não no prazer deles. Ninguém no grupo dos rapazes protesta, parece natural, mesmo para os garotos que têm atitudes respeitosas com as parceiras e são mais adeptos do namoro e das relações estáveis.

    Como já mencionamos, até universitários que costumam ser mais igualitários em relação à sexualidade têm dificuldades em confrontar esse discurso. Há muito menos plasticidade na consciência coletiva masculina em relação ao sexo, existem poucas fontes de apoio social para que essa plasticidade aumente, não há lideranças de homens falando isso, os pais continuam incentivando o "garanhão-comedor", a imprensa masculina idem, a mídia eletrônica cria poucos personagens masculinos que ultrapassavam os velhos *scripts* da tradição patriarcal. O "Bráulio" conversa com o pênis, não com a garota. A única alternativa de apoio para ser diferente desse personagem masculino impulsivo e muitas vezes violento (no sexo e em tudo o mais) parece ser a proposta religiosa fundamentalista, que estimula a responsabilidade mas não as relações mais igualitárias entre homens e mulheres ou o sujeito sexual tal como definimos aqui.

    Não é à toa que as mulheres parecem manter o uso do preservativo e do sexo mais seguro de forma mais consistente do que os homens depois das oficinas. Dizer "não!" e se proteger é mais coerente com os históricos roteiros femininos de recusa do sexo e, mais recentemente, com os roteiros mais ativos de controle da fertilidade. Mas as meninas não sabem *como dizer sim*. Muitas meninas quando dizem sim deixam de ser donas de si mesmas, de ser agentes da sua sexualidade (e sujeito sexual).

Alguns rapazes procuraram aconselhamento individual depois das oficinas em que discutimos os perigos e limites éticos da impulsividade "masculina". Reconheceram que tinham dificuldades de lidar com os excessos, com a obsessão pelo sexo, o que incluiu um caso de violência contra uma mulher. Outros não conseguiam lidar com uma paixão mal resolvida com uma moça mais liberada com quem compartilhavam prazer, se sentiam estranhos porque costumavam dividir o mundo em "mulher pra transar" e "mulher pra casar". Será que é normal querer casar com a mulher com quem a gente gosta de fazer sexo, e pior, ela também gosta? O que fazer com a namorada, aquela que não deixa "relar a mão", ou que virou crente? Alguns começaram a refletir, mas tinham pouco apoio de grupo para ir mudando tanto da noite para o dia.

A colaboração do grupo e da equipe no sentido de estimular o cidadão que tem direito de escolha é uma garantia contra esses eventos em que a paralisação da vontade, no caso pela violência, faz rodar as cenas clássicas de abuso, e é um seguro contra a fixação em cenas arriscadas e seus personagens, sintetizados em scripts e identidades passivas comuns no cenário cultural. A cena de violência fixa a identidade em um personagem com um destino marcado para se expor ou abusar. Como os jovens começam cedo sua carreira sexuada, cedo devemos colaborar para que se encontrem como sujeitos.

Na maioria das vezes a passividade ou exposição a situações de risco é simplesmente fruto da timidez ou da imaturidade, e muitos descrevem cenas em que decidem apostar na sorte e na proteção divina: "não vai acontecer hoje", "Deus vai me proteger". Nesses casos, propúnhamos quase sempre a cena do "dia seguinte" como tema.

- ♦ – "No dia seguinte, como você acordou, que você pensou?"

Funciona. A idéia de sujeito, ou as dificuldades para ser sujeito sexual aparecem mais dinamicamente também na cena do dia seguinte, sem que necessariamente alguém faça um discurso sobre a necessidade de serem sujeitos sexuais, acusando-os de terem sido "incompetentes". Vejamos as dificuldades e soluções dos rapazes, para quem a transa casual era mais freqüentemente percebida como o contexto de maior de perigo.

Título da cena escolhida pelo grupo masculino: "Na hora da excitação"

(Ninguém quer fazer o papel da mulher. "É melhor deixar para eles que inventaram, eu não!" O **Coord.** diz que não vai acontecer nada – "Não morde!" Um rapaz se levanta debaixo de aplausos e assobios. O **Coord.** pede silêncio.)

C. – (explicando) Conheci ela no fim de semana, troquei idéias com ela. Ficamos se divertindo, conversando, era uma ou duas horas da manhã, vamos para a vila dela. Já conhecia a menina. Numa rua sem saída, escura. Fiquei beijando ela (aponta o rapaz que faz a menina), fui tirando a roupa dela. Tava excitado, superafins de transar.

Coord. – Vem alguém fazer o papel do "superafins de transar". (outro menino entra na cena). Fala como se fosse o tesão dele.

Tesão – Vai lá, fica com ela, vai dar uma trepadinha, olha que coxa, que peito, que olhos, que você está esperando. Come ela com camisinha!
C. – Eu tava excitado, ela também...
Ela – Você trouxe camisinha?
C. – Sim (faz que pega uma camisinha).

Coord. – O que você está pensando enquanto pega a camisinha?

C. – Pensava que queria transar e no medo da Aids. Mas é difícil, vou acabar não transando com... tira o tesão! Tem uma consciência que diz...

Coord. – Vem a consciência falar!

Consciência: Usar camisinha? Fica 3 anos sem transar e agora vem com essa história?
C. – Mas a gente transa com camisinha, ela pede, eu concordo. Ela coloca, a gente transa, mas sente que a camisinha estourou!

(Entra outro para representar a camisinha estourada.)

C. – Tirei de dentro dela, mas tava excitado, não tinha gozado.
Ela – Tem outra camisinha?
C. – Não. (Falando para o grupo) Não pensei em Aids nessa hora... Transamos... Depois saímos juntos, e fiquei com medo porque não conhecia a menina direito. Depois fiquei sabendo que ela fazia filme erótico e fiquei com medo.

Coord. – (Falando com a classe) Quando a camisinha estoura é um problema, mas e a excitação... Fica a camisinha aqui, de um lado, e o tesão do outro.(O grupo começa a falar.)

C. – Comigo não. Se não conhece é melhor ter precaução. Na hora a gente esquece, o tesão é maior.

- Acho que não. Primeiro vem a lógica, depois a descendência animal. Eu sempre uso, mesmo em namoro longo. Evita a gravidez, venéreas, inclusive a Aids.

C. – Parece afastado (a Aids), mas não está. Na hora ninguém pensa. Todo mundo sabe como pega como evita, mas na hora... A gente tem cérebro, deve ser racional, saber controlar o instinto animal. Há uma seqüência em tudo. Como passar fome e roubar banco, conseqüência: levo um tiro... Começou, estourou, o que fazer... É difícil.

- Se estourar, eu perco o tesão na hora e paro.

Coord. – Com camisinha estourada há o risco de passar e de pegar...

- Éé... A gente não se coloca no lugar da menina, só vê o nosso lado. Se ela for virgem, eu não penso nela, só sei que tou seguro.
- Se estourar eu não paro. Se estourar, é como se ninguém pudesse ter Aids. Se parar na hora a mulher fica decepcionada, ela vai pensar que o cara tá com Aids. Eu continuo, se estourou vou morrer mesmo...

Coord. – A camisinha traz desconfiança?

- Depende da informação que ela tiver, às vezes mesmo informada tem isso... A pessoa fica ofendida...

Coord. – Vamos então tentar resolver isso? Vamos montar a cena de novo. (Monta-se a cena de novo, com outras pessoas.)

Menino 2 – Na rua escura, junto com ela... Depois de abraços, beijos eles vão transar...

Menina 2 – Pra que a camisinha? Não tenho Aids!

Menino 2 – É seguro.

Menina 2 – Eu não gosto.

(alguém da classe berra) Fala que não tem nada!

Menina 2 – Eu não tenho nada... Tá desconfiado, mas eu não sou prostituta...

Menino 2 – É mais seguro, só transo de camisinha. (Para a classe) Aí não rola mais nada...

Coord. – Como resolver?

Menino 2 (tentando de novo) É seguro, evita gravidez, doença venérea, me sinto protegido.

(O garoto que faz a menina vai criando a situação para o abuso, mudando a personagem, a garota não vale nada...)

Menina 2 – Eu não tenho nada! Faço aborto, já fiz oito!
- – Nessas alturas, o tesão foi embora... A mulher inteligente vai entender...
- – Ou convence e vai tudo bem, ou vai e estupra!
- – Só um puta de um touro faz isso, estuprar. Tem que ir na brincadeira...
- – Deixa ela aí e vai embora! Tá há 3 anos sem transar! Se um quer o outro não, há desconfiança e acaba tudo!
- – Diálogo, não dá certo...
- – Ter uma boa gata faz esquecer a camisinha...
- – Pede pra ela colocar que é legal.

Notem o dilema entre "a camisinha protege" e a experiência anterior de fracasso (a camisinha fura), entre a lógica e a "descendência animal". O tesão incontrolável e o estuprador, que as meninas pressentem, é o maior inimigo deles também, que mais deixa os garotos vulneráveis, assim como a necessidade de aproveitar a ocasião para atestar sua virilidade. Quando o tesão é "consciente" ("come ela com camisinha!"), há outra "consciência" que acaba representando o protesto do tesão ("três anos sem transar!"). A menina que parecia conhecida "depois de trocar umas idéias", no dia seguinte e depois da transa sem camisinha era menos "segura" do que deveria. O *bláblábá* que engana as moças é também auto-enganação, aumenta a vulnerabilidade deles.

A responsabilidade sobre as conseqüências do sexo não é uma norma que constrói sempre o *script masculino*, não é um princípio desse personagem. O risco não é tão claro (morrer) como no caso do roubo estimulado pela outra fome, de comida e diversão. Mas no grupo há rapazes que questionam o modelo "machão violento" e criam alternativas de roteiros para a virilidade. Mas e a pressa? E o lugar de transar para a maioria desses meninos sem dinheiro? É no meio da rua e o sexo feito na rua é irresponsável.

A moça de repente vira outra personagem, muda-se o roteiro e não é mais uma menina com quem já "trocou umas idéias". Agora ela faz filme erótico, faz abortos, é burra e merece desrespeito, "ou vai ou estupra!". Para os rapazes as moças são mais estereotipadas, assim como o *script masculino* é mais estereotipado. Notem que no grupo feminino há protestos de que "o cara não é assim!". Depois de um tempo e estimulados pelo coordenador, alguém lembra que não se pode ser "animal" e que só o diálogo não funciona, que pedir para ela colocar a camisinha é uma boa idéia. Mas primeiro ela precisa aceitar... Na brincadeira, na sedução como sempre, talvez dê mais resultado...

O coordenador transforma a colaboração em "variáveis" presentes na cena – a consciência, o tesão, a tristeza, a camisinha rasgada, colocar-se na posição do outro, o racional, outras vozes que surgem da classe... O coordenador ajuda o rapaz a considerar a competição entre as várias forças em jogo e a tomar conta da cena como sujeito – nem objeto passivo do medo, nem do tesão; nem das projeções do parceiro, nem do enquadre da cena e do seu ritmo. A colaboração aparece como um regulador intrapessoal,[17] mais fácil de observar porque concretizada e personificada "fora", exteriorizada como numa dinâmica interpessoal. A concretização psicodramática dos elementos da cena em personagens cria um laboratório em que as várias forças que disputam a atenção do sujeito parecem parte de uma relação interpessoal. Ao colaborar consigo mesmo, o sujeito reage olhando a cena de fora e escutando sugestões, pedindo e aceitando ajuda. Na avaliação das oficinas eles repetiram numerosas vezes como "aprenderam a pensar nos detalhes da vida" com esses exercícios.

Vejamos uma cena de rapazes muito jovens (menos de quinze anos), a maioria virgem ou inexperiente. Como as meninas virgens, produzem cenas mirabolantes. A fantasia masculina da superpotência masculina é a contraparte do medo feminino do estupro. Vejam o título das cenas nesse grupo: "Suruba" (em que o personagem faz sexo com três irmãs gêmeas), "Bate-saco" (em que faz sexo com "três loiras gostosas e sacanas em uma casa abandonada"), "A maldição das tias do Cesão" (em que ele transa com as tias do amigo e elas são tão velhas que caem os pêlos), "Detonando" (em que ele está com uma garota num motel fazendo tudo) e "Suruba massacrante" (no elevador com duas colegas de trabalho). O grupo escolheu "Vontade de transar", de verdade a melhor tradução para todas as outras (a vontade é tanta que eles extrapolam...). A seguir:

---

17. Diaz, R., 1996.

Grupo de garotos: "Vontade de transar"

(Estão na casa da garota, Francisco está beijando a garota, ele sente um "clima". Aparece a vontade de transar.)

Vontade de Transar – Vamos aí, se não for agora não vai dar mais...
Francisco – Quando vi, já tava transando.
Garota – Eu não estou usando pílula!
Francisco – (procura a camisinha)

- – Não dá pra segurar a vontade de transar, nem sair pra comprar...
- – Pede emprestado pro vizinho!
- – Só com camisinha fica difícil para a mina, mas ela tem que evitar transar com camisinha, por causa da Aids e da gravidez.
- – Se a garota não quer transar sem camisinha perde-se o tesão...
- – ÉÉÉ (apoio geral do grupo)
- – Estuprar não pode, né? A excitação acaba...

Coord. – E se o homem quiser e ela não?

- – Se a menina quer sem, e o cara é consciente, manda ela se fuder!
- – É a mulher que decide!
- – É a garota que manda.
- – Se a gente quer usar e a garota não, fica difícil...
- – No primeiro caso, do Francisco, o cara já tinha que estar com a camisinha no bolso.
- – Tem que encher a paciência da menina e só transar com camisinha.

Coord. – Vocês conversam de sexo com as garotas?

- – É vergonha de falar...
- – Parece que sexo é uma coisa do outro mundo...
- – Para mim nem tanto.
- – Só falo com as meninas de vez em quando.
- – Se a gente fala de sexo com elas, elas acham que nós queremos fazer sexo com elas.
- Tem minas que se interessam.

Coord. – Sobre o que elas se interessam?

- – Se já transou ou não.
- – Sobre virgindade.
- – Se o cara é virgem, vão rir na cara dele.

- – Tem um monte de cara que não consegue nem beijar o rosto das meninas.
- – Na linguagem, o homem sempre tem que ser melhor.
- – Se você transa uma mina muito tempo e não transa é viado.
- – As meninas que transam logo na primeira vez parecem galinhas.
- – O negócio é não julgar e se prevenir.
- – Se você não tem camisinha e não quer transar sem camisinha, é chamado de viado.
- – O problema da droga o pessoal tem até mais consciência, mas sexo é mais complicado.

De novo a idéia de estupro aparece, mesmo que para ser negada. O automático é não controlar a vontade, é a mulher que "manda" e "controla tudo", eles não têm de controlar nada. O coordenador inverte e sugere que a vontade de usar a camisinha na cena é dele, e automaticamente a garota passa a representar a dificuldade. A dificuldade está sempre no outro, se ele falhar na situação vão "rir na cara dele". Interromper o fluxo natural das paixões "brocha", o natural é ele "comer" e insistir para demonstrar que é homem e ela reagir passiva (estuprada?), ou ser ativa apenas na situação de resistir e se impor como mulher de respeito. O homem "tem de ser melhor", mas "elas que decidem". Várias alternativas são sugeridas: não julgar, pedir camisinha para o vizinho, ter a camisinha no bolso, conversar com as garotas.

Nesse exercício refaz-se *a cena* tantas vezes quantas for necessário para tornar o ator principal (o sujeito) confortável e a cena verossímil. O ritmo é conscientemente modificado, a personagem da garota muda, elaboram uma resposta para a acusação: nem viado, nem estuprador. Nem galinha, nem passiva-não-desejante. Dirigir o ritmo da cena, usar o jeitinho ou a sedução também é a escolha preferida dos rapazes.

O mais difícil para garotos e garotas é controlar o pânico de fazer e de não fazer, em geral os dois ao mesmo tempo, e controlar o álcool que toma o lugar do sujeito e alivia a pressão para ser assertivo (mais comum entre os homens). Beber também alivia a culpa das meninas que acompanha o medo de ser como as mulheres mais velhas (sem sexo, pré-Xuxa, mal-amadas ou com uma vida sem a graça das novelas). É difícil também desafiar o sentimento amoroso que é incoerente com a desconfiança. Como controlar a curiosidade, a necessidade de se sentir desejado/a, de ter intimidade?

As dificuldades para ser sujeito sexual

Nos encontros de avaliação continuamos trabalhando com cenas não apenas para ensaiar o futuro, como a maioria dos programas de Aids que usam *role-playing* faz. Decodificamos cenas reais que aconteceram entre um encontro e outro da oficina. Evidentemente ninguém foi obrigado a compartilhar sua vida, mas esse tipo de atividade foi eticamente aceitável mesmo numa escola, já que não se incluíam muitos jovens da mesma classe. Essa forma de acompanhamento é possível sempre que o grupo cria um vínculo com a equipe e conforto para trabalhar junto. Como disse antes, eles são fiéis ao princípio do sigilo e aprenderam a respeitar as diferenças, pelo menos naquele processo de grupo.

J. relata uma situação "impossível" de usar camisinha que a havia deixado muito preocupada, depois que participou das oficinas.

Grupo de avaliação – mulheres

- P. – "Tava na casa da minha amiga, numa festa, ele mandou o namorado da L. me chamar. A L. já tinha me dito que ele tinha um caso com aquela menina M., que é doméstica. Eu não queria nada com ele, ele me chama de sapatona sempre, diz que minha fama na escola é de sapatona... Eu não vou sair por aí provando para todo mundo que não sou... A gente começou a namorar porque ele disse que eu não gostava de homem, por isso que não chegava perto dele. Nesse dia na casa da L. a gente começou a conversar e ele disse de novo que eu não gostava de homem. Eu acabei transando com ele, acho que foi isso que fez eu transar com ele. Tava uma turma de uns 8 na sala, ficaram ouvindo o som e fui pro quarto. Se a gente saísse não iam deixar a gente voltar pro quarto, minha amiga é muito galinha... A camisinha tava no outro quarto, tinha um monte de gente em todo lugar... Foi sem camisinha, eu pedi pra ele gozar fora... Não deu tempo... Ele é muito inexperiente, a primeira vez dele foi com uma cabrita, ele me contou, quando a cabrita via ele fazia "meééé..." (O grupo explode em gargalhadas).

Coord. – Alguém quer comentar? Dar uma sugestão?

- – Era sua primeira vez?
  P. – Não, mas também sou inexperiente.
- – Você foi no médico? Você tinha dito que tem medo de ir no médico!

P. – Não e cheguei em casa e tomei 6 anticoncepcionais de uma só vez, deu hemorragia... O que a gente faz numa situação dessa? Era impossível sair pra pegar a camisinha.
- ◆ – Ele queria e você não, por que você foi?
- ◆ – Porque ele queria.

Coord. – Vamos tentar fazer diferente? (chama uma pessoa da equipe para participar da cena como namorado, e ir trocando com a P. para que a P. faça todos os personagens. A pessoa da equipe só repete o que a P. fala no papel dela mesmo ou do namorado.) Olha pra onde você está, aqui está seu namorado, pensa alto...

P. – Acho que ele pensa que sou sapatona. Mas ele é galinha! Transa outras pessoas!

Namorado – Você parece que não gosta de homem! É diferente das outras garotas, eu quero pegar na sua perna, você não deixa, toda fresca, parece que não gosta de homem mesmo...

P. – Não, eu não gosto que peguem em mim, mas não sou sapatona. (paralisa... silêncio) Não sei como fazer diferente...

Coord. – Alguém quer ajudar? (F. se candidata...) Repete então.

Namorado – [...] não gosta de homem mesmo.

F. (no ouvido de P.) – Já que eu não gosto de homem você não é homem.

P. – Eu já falei que se você acha que eu não gosto de homem, o que você acha que tou fazendo aqui com você?

Namorado – Tudo bem, to cum você mas ainda acho que você é sapatona.

P. (paralisa)

Coord. – Você quer transar com esse cara, eu tô na dúvida, se você quer ou não transar com ele, você sente que tem tesão aqui na cena?

- ◆ – Como tesão?

Coord. – (Explica o que é tesão, ela ainda não sabe se tem tesão, mas diz.)

P. – Não foi bem por vontade, transei mais por causa dele, depois me arrependi.

Coord. – Quer que te ajudem a não fazer contra a sua vontade, pelo menos aqui?

(auxiliar da equipe fala como namorado) Acho que você é sapatona...

P. – Eu não vou contra a minha vontade, tudo bem, você pode achar o que quiser...

(Pensa um pouco e diz olhando para o grupo.)

P. – Eu poderia ter saído. Mas agora ele não vai me querer mais, ao mesmo tempo eu não queria! Eu fico muito indecisa!

Coord. – Vem alguém fazer esse medo dela de ficar sem ele. (Vem mais gente fazer os medos que falam com ela):

medo 1 – Ele não vai te querer mais!
medo 2 – Você não quer transar, seja você!

Coord. – Você escutou isso? Esses lados seus? O medo de ser abandonada, o medo de transar sem camisinha? Ou você só escutou ele dizendo que você é sapatona?

P. – É isso mesmo. (E olha para os medos. Diz, olhando para o namorado:) – Não, não, não e acabou e tchau.

Namorado – Não falei? Você não gosta de homem...

Coord. – Não dá pra você incluir falar dos medos na conversa com ele? E a vontade?

P. – Eu gosto de você, tenho vontade, mas o medo de transar sem camisinha acaba com a minha vontade, e isso não tem nada de sapatão!

Ao escutar essa última frase, o grupo que até então estava intrigado pela situação inesperada de ela ser abertamente chamada de sapatão fez cara de iluminação. Todas concordaram que algo diferente poderia ter acontecido se ela tivesse reagido assim, que essa atitude iria repercutir positivamente no namorado.

Essa cena foi discutida no primeiro encontro de avaliação, seis meses depois do encerramento da oficina e o grupo logo notou que P. tinha aprendido a prestar atenção e a pensar sobre o que havia acontecido, o que não sabiam fazer antes de terem participado do projeto. Ela havia percebido que o ambiente (uma casa cheia de gente) explicava a pressa e aumentava a dificuldade de pensar direito. O fato de o namorado chamá-la de sapatão, ela notou, foi o que quebrou seu empenho para usar camisinha e apagou a sua avaliação de que ele era "um galinha". A acusação de lesbianismo é muito pouco rotineira nessa comunidade que acusa os meninos de bicha se não transam, mas que interpreta a recusa das mulheres de outra forma. Era especialmente significativa no momento e na vida dela. Na opinião da equipe que a conhecia há algum tempo, essa cena mexia com a dificuldade e ao mesmo tempo imensa necessidade de ela obter intimidade, que era maior que o tesão – que, aliás, vimos ela não sabia bem o que era. Mas nem sempre esse tema poderia ser discutido nessa abordagem de grupo que não se propõe a ser terapêutica.

Discutiram-se os vários elementos que criaram a *situação de crise e a erosão da vontade*. O automático é difícil de romper: ou aceitar sem querer (passiva) ou dizer "Não, não, e acabou" são falas clássicas do *script feminino*.

O lugar para transar é sempre um problema para esses garotos e garotas, que nunca têm dinheiro suficiente para o motel. Vejam os lugares que escolhem nas cenas da vida real que nos contam aos poucos: no elevador, na escada do prédio, na rua escura, na casa dos pais, num quarto vazio de uma festa (lembrem-se de quão reduzidas são as casas onde moram), depois do expediente no trabalho... E isso define a pressa presente em quase todas as cenas, um problema que compõe o cenário dessa comunidade sexual e que também costuma destruir as boas intenções. A camisinha não é para "*fast-food*" como eles chegaram a dizer. É mais fácil de usar quando se transa devagar.

Por outro lado, mesmo nas comunidades em que o transar é necessariamente mais apressado já se consegue hoje usar a camisinha depois de um bom trabalho de conscientização, como no caso das trabalhadoras do sexo. A motivação, a consciência da vulnerabilidade e a força de vontade devem ser absolutamente superiores. O apoio do grupo de referência para o uso do preservativo nesse contexto em que o espaço para a transa é quase público é essencial. Por outro lado, não é necessariamente a mudança da rua para a casa que resolve a cena apressada, como vemos nas taxas de transmissão do vírus para mulheres casadas. No lar a pressa e a passividade também existem. O mais importante parece ser conseguir experiências bem-sucedidas que fortaleçam as intenções. Como a maioria dos modelos de mudança de comportamento usados em programas de Aids avalia corretamente, depende também de se perceber adequadamente os riscos e ter capacidade de interferir na situação.

Os homens descreveram outros tipos de "piloto automático" que toma o lugar do sujeito: o álcool ou a maconha faziam companhia para muitos solteiros, era o aditivo para "tomar coragem" que é a parte mais difícil no *script* em que a iniciativa cabe a eles. (Não só as mulheres têm problemas para ser assertivas.) Numa primeira sessão de avaliação, os títulos das cenas masculinas em que não tinham usado camisinha foram: "Desperdício do que aprendi", "Atração fatal", "Sexo não comprometido", "Sexo seguro?", "Atração satânica", "Demência", "Esqueci meu capacete", "Momento de desejo", "Proposta indecente", "Instinto selvagem", "Sexo a mil", "Maldita camisinha" etc. "A morte pede carona" foi a mais escolhida, a seguir.

Grupo de avaliação masculino. Título: "A morte pede carona"

Mi. – "Ia pra uma festa, eu e meu tio que estudou junto comigo. De carro, na Av. São Miguel, uma brota de sapato alto, blusinha preta, parada ali. Perguntei, aonde você está indo? Pra onde? Ela disse que ia encontrar um cara, mas tava com a noite perdida. Falei que íamos para um casamento, "Nós somos de família!" . Ela topou. O G. foi dirigindo, eu e ela atrás, a namorada do G. entrou. Chegou na festa, dançamos, começou os ralos, eu bebi, eu sai lá fora, o G. disse pra voltar às 5 horas que ele ia embora. No carro, na volta távamos sem a namorada do G. Foi no carro, sem camisinha, abri o zíper, e transamos. Tô namorando ela faz seis meses. Mas no dia seguinte foi ressaca, eu bebi, ela também, não usamos camisinha. Lembrei de tudo do curso da USP no dia seguinte... Conversei um pouco com ela sobre isso, e no namoro usei camisinha quase sempre. Algumas vezes para prevenir gravidez."

Coord. – O que vocês fariam? Alguma sugestão?

♦ – A mesma coisa... Bêbado é difícil... (todos concordam)

Mi. – Agora, mesmo que estivesse um pouco bêbado usaria, tenho usado. Se tirasse a camisinha no carro, usaria.

Coord. – Você tinha camisinha?

Mi – Tinha, mas nem me passou pela cabeça.

Coord. – Você sabe o que impediu de pensar? Falta de hábito com a camisinha?

Mi. – É verdade... Tesão, e uma cabeça meio aérea.

(Fazem uma encenação. O tesão falando para ele transar "agora!", e o "meio aéreo" dizendo:)

Meio aéreo – Num vejo a hora de sentir tesão. É hoje! (e empurra a consciência pra ela não chegar perto de Mi. que diz:)

Consciência – Pensa no amanhã! Não vai com muita pressa! Usa camisinha!
Meio aéreo – É hoje, olha o corpo dela! ZZZZZZ não pensa em nada, eu sou o zuado (alcoolizado, chapado), vou parar o teu cérebro.
Tesão – Sem camisinha é mais gostoso.
Mi. – Não dá no carro, com camisinha tem que ser na cama mesmo...
- – Na hora o bicho pega!
- – Foda-se pra Aids, não dá pra pensar.
- – A mina no pescoço...
- – E se você pensar antes?
- – No meu caso não dava, a mina apareceu de repente.
- – Se nos baile vendesse camisinha, facilitava muito.
- – Ótima idéia, excelente!

Pensar antes é quase impossível para os garotos, que têm de estar abertos para o imprevisto e aproveitando as oportunidades que aparecerem, escutamos isso milhares de vezes nessa última década. Pensar com álcool na cabeça é mais difícil ainda. As sugestões que se seguiram são aceitáveis para quem já está sensibilizado para o uso da camisinha, como conversar com a mina sobre camisinha antes de beber. Mas o *automático* é: beber para ter coragem e o bêbado perde a capacidade de raciocínio. Junta-se a consciência "zzzz" ao lugar apressado como sempre, a cena parece impossível para o sexo seguro e não se espera juízo de um "bebum" no *script* tradicional... Chama a atenção, portanto, nessa cena pós-oficina R. poder dizer: "depois, até bêbado eu acho que conseguiria". Pôde refletir sobre a cena e tentar de novo, mesmo bêbado. E experiências bem-sucedidas asseguram que outras serão bem-sucedidas, se aprende no primeiro ano do curso de psicologia... A questão que não se resolve sempre apenas a partir dos currículos de psicologia é: *Como colaborar para criar experiências bem-sucedidas que rompam o piloto automático?*

Talvez se nos cenários de sedução (bailes, pontos de encontro) junto com o álcool vendessem a camisinha como eles propõem, estimularíamos a consciência individual e coletiva. Quem sabe alguma campanha estimulasse a "consciência designada" para o sexo seguro, alguém da turma de amigos se encarregasse disso. Em vários países as campanhas estimulam o que nas festas com consumo de álcool haja um responsável para dirigir (o *designated driver*). As experiências de reflexão em pequenos grupos, como nas oficinas, parecem um caminho promissor. Nesse grupo dois rapazes contaram a experiência de transar com a namorada virgem com camisinha e o grupo ficou encantado com a informação de que dá para transar com prazer e sem estourar a camisinha mesmo com uma virgem, o que eles percebiam antes como uma cena impossível.

Rafael Diaz[18] também tem tentado responder por que há tanta inconsistência entre as boas intenções de fazer sexo seguro e o comportamento real dos homens e latinos vivendo nos EUA, a mesma incoerência que é descrita pelos jovens no processo de avaliação. Lembra que quando falhamos ao tentar transformar boas intenções em comportamento, afetamos a formulação e a força de próximas intenções. Por exemplo, não conseguir usar a camisinha aumenta o fatalismo: "a camisinha sempre arrebenta", "a decisão é dele/dela", "eu nunca vou conseguir falar", "tira sempre o prazer e eu tiro sempre a camisinha". Além disso, o processo de internalização de guias interpessoais para conduta transformam-nos em reguladores intrapessoais (psicológicos). Como aprendemos da psicologia do desenvolvimento sobre o *processo* de desenvolvimento pessoal: "[...] a crescente autonomia que os indivíduos demonstram não é atingida apenas pela separação ou distanciamento de fontes externas de regulação, do interpessoal para o intrapessoal, do social para o psicológico."[19] A internalização se dá por co-construção, uma ativa co-construção em colaboração com membros mais sábios e experientes do nosso ambiente cultural. Certamente pessoas afetivamente significativas e com poder. Nesse processo a cultura se torna psicológica, e passa a funcionar automaticamente influenciando o comportamento dos indivíduos na relativa ausência de guias externos, de apoio ou de sistemas de recompensa.[20] Diaz propõe que a auto-regulação da conduta é mais que a internalização de hábitos sociais e culturais. Envolve a emergência do *self-executivo*, uma voz distinta e única, diferente da de outros membros do grupo e que permite que o indivíduo não seja guiado, regulado e controlado apenas pelos outros de seu ambiente social. É mais que pura internalização, não se trata de um conjunto de capacidades aprendidas ou treinadas, mas uma propriedade e qualidade da atividade humana. Um nível de funcionamento atingido num processo de desenvolvimento.[21]

---

18. Diaz, R., 1988.
19. Idem, 1996, pp. 4-6. Proposição que traduz o pensamento de Vigotsky.
20. Idem, ibidem, p. 6.
21. Idem, ibidem.

Como *sujeitos sexuais*[22] os indivíduos além de internalizarem *scripts* de sua comunidade, como temos descrito com ênfase até agora, serão também capazes de relações singulares com a consciência coletiva, de inová-la, de individuar. Independentemente do *status* socioeconômico e da escolaridade. Na clínica ou nesse nível de intervenção psicossocial é fácil enxergar essa evidência do processo de libertação do sujeito. Só aliados com o *self*, singular e único, é que educadores ou terapeutas colaboram com as pessoas já interessadas e decididas a mudar velhos *scripts*. Colonizando, empurrando "goela abaixo" os *scripts* pré-produzidos e sem co-construção, os efeitos serão duvidosos.

R. Diaz lembra que a capacidade de regular a conduta será como uma força resultante da competição entre as "intenções" e outras "variáveis". Quando se encara dificuldades ou desafios grandes demais, haverá erosão ou ruptura da vontade, situação que ele chama de *volition breakdown* e, então, automaticamente passam a funcionar os valores culturais.[23] Como já descrevi nas histórias de individuação das mulheres de classe média[24] é como se todos ficassem possuídos pela inconsciente-consciência-coletiva, automaticamente cumprindo o ritual previsto no *script*, assumindo uma personagem e uma identidade predeterminada, com um ritmo emprestado.

No caso das meninas, o começo até chegar às cenas bem-sucedidas é mais lento, e a motivação maior é prevenir o risco de gravidez e não de Aids.

Grupo de avaliação feminina. Título: "Ele só me atenta!"

M. – Eu uso pílula pra prevenir da gravidez, pois confio no meu parceiro. Depois do curso da USP eu pedi a ele que ele usasse camisinha caso transasse com outra pessoa.

♦ – A pílula me dá muito enjôo e não sei o que fazer, o médico disse que é normal, no intervalo da pílula eu fazia fora...

Coord. – E a camisinha?

♦ – Ah... Nunca tentei usar camisinha, dá vergonha...
♦ – Difícil, a gente nunca usou antes...

---

22. Paiva, V., 1996.
23. Diaz, R., 1998.
24. Paiva, V., 1990.

Coord. – Então vamos fazer um exercício de imaginar "o dia quando eu tentei (ou for tentar pra quem nunca transou) usar o que eu aprendi aqui, a camisinha... e não consegui. Onde vocês estão? Fazendo o quê? Quem está aí nessa cena?"

(Elas pensam numa cena, dão um título e formam duplas para conversar. Os títulos das cenas foram: "Ele só me atenta", "Não houve nada, infelizmente...", "Não aconteceu", "Silêncio", "À luz de velas...", "Uma noite na Serra da Cantareira", "Perguntas e respostas", "Infelicidade", "A decepção", "Os amantes", "Vontade sem coragem". A escolhida foi "Ele só me atenta".)

K. – Eu tenho um namorado, e eu parei de tomar pílula, e ele sabe que agora eu não transo sem camisinha, mas às vezes eu tô sem camisinha em casa, e ele fica me atentando. Tô limpando a casa, ele chega, eu na cozinha continuo o que tou fazendo, ele começa a me beijar, passa a mão em mim, tira a roupa, eu fico com tesão... (monta-se a cena)
Tesão – Ai que vontade de transar! Transa filha, vamos dar uma rapidinha...
K. – Não! De repente pode chegar alguém... Acho que vou perguntar pra ele se ele tem camisinha...
Ele – Não, me esqueci de comprar, mas não tem perigo, eu tiro fora...
K. – Não, é melhor não. (olhando para o grupo) Aí eu penso, eu não tô em dia fértil, e aí eu vou e transo... Ele é muito tarado, ele sempre quer e eu não, e acabo transando...

(O grupo discute, dá sugestões.)

- – Tem que ter sempre camisinha em casa
- – Usa o jeitinho, na sedução...

K. – Não dá tempo, tem que ser antes de alguém chegar! No dia seguinte eu rezo, para eu não engravidar, será que vai atrasar... melhor seria eu ter usado camisinha... Não tem jeito, é medo de gravidez, essa é a preocupação da mulher...

A pressa, antes que chegue alguém, está sempre presente. Como os rapazes são sempre os desejantes designados, "mais tarados", a referência está sempre no outro: no que os outros vão pensar, em como ele vai reagir, se ele for transar com outra... Já em relação à gravidez, sim, ela pode pensar e se responsabilizar. "Não tem jeito" a discussão é sobre gravidez e aparece em todos os grupos. Nesse mesmo grupo, depois dessa cena, outras experiências foram compartilhadas:

- – Eu só transei com camisinha, perdi a virgindade com a camisinha! Por causa do medo da Aids... Nunca transei sem camisinha, mas morro de curiosidade. Foi fácil de colocar por causa do carinho.
- – Eu também transei a primeira vez com camisinha, por causa da Aids. Transei sem e não senti diferença.

K. – (a mesma da cena acima) Antes de namorar esse meu namorado, eu conheci um rapaz e fui transar com ele. Ele quis transar com camisinha, eu topei e ele gostou que eu topei. Ele é da escola... Perguntou se eu não me sentia rejeitada e eu disse que não, isso foi depois da oficina.

As histórias compartilhadas numa situação de conforto e respeito vão se acumulando como exemplos de que eles podem ser bem-sucedidos e ajudam os jovens a decodificar suas dificuldades. O que diferencia uma cena da outra? Ele é que tem de pedir, tomar a iniciativa? Você não se sente rejeitada mas tem medo de que ele se sinta assim? Foi só a pressa que impediu vocês de usarem? Colaborar com os jovens é ajudá-los a decodificar todos os elementos da cena, o ritmo, os poderes, os personagens que cada um "incorpora", os *scripts* que parecem naturais e imutáveis ("não tem jeito, mulher é assim"). Ajudá-los a entender o que quebrou a vontade. Os elementos ficam mais claros ainda se as cenas reais trazidas por eles confirmam:

- – Ela fez diferente!, Ele ali conseguiu!, Eu mesmo consigo agora, até bêbado.

Esse tipo de grupo de conscientização ou para compartilhar experiências é quase secular em espaços terapêuticos que usam o grupo como apoio para a mudança e em espaços coletivos cujo objetivo é organizar cidadãos. A conscientização é impulsionada pelo sentimento de que se encontrará colaboração e apoio para os fracassos, referências e modelos vivos de experiências bem-sucedidas com quem se identificar. A boca aberta que engole informação e regras pré-empacotadas para a conduta é menos eficaz para promover mudanças consistentes.

Antes da Aids parecia ousado falar sobre sexo ou pensar em sexualidade admitindo que cada um pudesse ser juiz de sua própria conduta, educar sem moralizar e demoramos muito a pensar nessa solução. Será também ousado, porém mais eficaz, trazer o contexto sociopolítico para a cena sexual. O contexto que cria a vulnerabilidade social deve ser observado e decodificado, embora não apareça espontaneamente nessa fase do trabalho. O desemprego que baixa a estima, a falta da camisinha e de dinheiro, o preço da saúde, o lugar onde se transa, a falta de tempo devem ter voz para se comunicar com o sujeito (e ator principal); devem ser concretizados na cena reproduzida pelo grupo e transformados em personagens. O papel do educador é colaborar com o sujeito para organizar essas vozes que, como temos visto, estão enraizadas na experiência e história pessoal e nas normas de grupo, em *scripts femininos ou masculinos* coerentes com cada cenário cultural.

8

Avaliando resultados: as oficinas são apenas um bom começo

> *Para aqueles que estão fora das organizações de Aids, a Aids continua a ser vista inicialmente como uma coisa só. Para aqueles que estão dentro, parece quase impossível confrontar o escopo e o grau de complexidade das questões envolvidas.*
>
> CINDY PATTON[1]

Até hoje quando organizamos oficinas como essas, estudantes e profissionais insistem que querem "mais" e perguntam quando a equipe continuará, como podem ajudar, querem estender a experiência: "para a outra escola", "lá na minha igreja", "onde meus primos estudam", "para as classes que não participaram"... Avaliações de oficinas semelhantes a essas têm utilizado vários procedimentos,[2] e a

---

1. Patton, C., 1990.
2. Nos projetos acompanhados no Nepaids usamos: a) sistematizar opinião dos participantes ao final de cada atividade (da oficina curta ou longa); b) reuniões com o grupo depois de passado algum tempo da última sessão de oficina; c) avaliações por escrito ao final das oficinas, na última sessão; d) entrevistas individuais; e) redações; f) grupos de discussão com técnicos da instituição, diretores e professores; g) analisar registro de observações durante as oficinas; h) estudos experimentais que mantêm contato com os jovens por muitos meses têm tentado medir (quantificar) em várias etapas, com a ajuda de vários instrumentos em evolução (roteiros, questionários), as mudanças de atitudes e comportamentos, antes e depois das oficinas.

discussão sobre processos de avaliação infelizmente ficará para outro texto...

A forma de avaliação que atingiu a maioria dos participantes do primeiro projeto foi anotar o processo e o ambiente em cada grupo, além de registrar a rodada de opiniões em resposta à pergunta feita ao final da oficina: "O que vocês acharam?". Os jovens aplaudiram (literalmente) com mais freqüência do que mostraram impaciência. Em todos os grupos havia sempre um "anotador", um estagiário treinado para registrar falas e o clima do grupo. No momento do encerramento de cada grupo de oficina curta ou longa anotávamos o grau de dispersão, a presteza para levantar e sair da sala, o juntar de cadernos e bolsas querendo ir embora entre outros sinais não-verbais de desconforto.

Os grupos mistos eram sempre difíceis, assim como os de meninos mais jovens (menos de 15 anos) que eram mais impacientes e seguiam o padrão "não levar nada a sério". Também difíceis foram alguns grupos femininos em que meninas muito falantes ocuparam muito espaço – a linguagem e o comportamento mais liberado constrangiam as mais tímidas e recatadas. Os grupos em que se misturavam faixas etárias e níveis de experiência sexual muito diferentes também foram menos produtivos. Essas dificuldades têm sido superadas desde então pela coordenação que capta o tema emergente e o torna parte da conversa, sem insistir dogmaticamente no roteiro prévio, lidando com as manifestações individuais ou com as ansiedades de cada grupo. Reuniões freqüentes de supervisão da equipe também costumam promover *insights* sobre a singularidade de cada grupo e fornecem subsídios para mudar o programa a partir de seus "maus momentos", já que nem sempre a equipe está em seus dias melhores.

De qualquer maneira e com raras exceções, participantes, familiares e professores gostam muito das oficinas e identificam mudanças na vida de cada um e do grupo. Apesar disso, a incorporação consistente do sexo seguro e da camisinha é muito menor do que poderíamos esperar depois de um trabalho intensivo como esse. Como fazer justiça a esses dois fatos? Comecemos com os resultados do estudo experimental que foi continuidade do primeiro projeto e depois seguiremos com a avaliação mais qualitativa feita ᴊm alunos e professores que participaram das oficinas descritas neste livro.

A avaliação pelo estudo experimental

M. C. Antunes e C. Perez, monitoras no primeiro projeto, coordenaram um segundo projeto para testar a eficácia do modelo longo – uma sessão para responder ao questionário e quatro sessões de Oficina de Sexo Seguro, Reprodução e Aids. Foi um estudo experimental realizado também com jovens de escolas noturnas nos mesmos bairros do projeto descrito aqui.[3] Esse estudo, que infelizmente não pode desenvolver nenhuma atividade sistemática depois das oficinas, confirmou a maior parte de nossas descobertas feitas por intermédio dos grupos de avaliação pós-oficina ou das outras aproximações mais qualitativas que serão descritas nas páginas seguintes. Os jovens que participaram desse segundo projeto tinham um nível melhor de conhecimento sobre Aids e sexo mais seguro antes das oficinas, assim como já era maior entre eles a solidariedade aos portadores do HIV, indicando o efeito das campanhas que melhoraram muito a partir de 1993. Pode-se atribuir às oficinas o seguinte impacto:

1) Garotos e garotas aumentaram significativamente a *consciência da vulnerabilidade* ao HIV. Os rapazes já não tinham tanta certeza de que seriam sempre bem-sucedidos, em qualquer situação, admitindo as dificuldades para usar corretamente e sempre a camisinha; escaparam, portanto, da posição de sabe-tudo onipotente – primeiro passo para começar a lidar com a vulnerabilidade antes negada.
2) Garotos e garotas passaram a ser *multiplicadores* do que aprenderam.
3) As garotas aumentaram significativamente a *confiança no preservativo*, passaram a acreditar que não estoura com facilidade e que é fácil de colocar.
4) Tanto os rapazes quanto as moças melhoraram significativamente a *comunicação com amigos e parceiros* sobre sexo, contracepção e Aids.
5) As mulheres passaram a ter *mais iniciativa*, a serem *menos passivas* na atividade sexual.
6) As mulheres aumentaram significativamente o *uso de camisinha* com os parceiros casuais, mas não houve aumento signi-

---

3. Antunes, M. C., 1999 e Antunes, M. C. *et al.*, 1997.

ficativo de uso com os parceiros fixos. Os rapazes não aumentaram significativamente o uso do preservativo, nem com parceiras fixas, nem com parceiras casuais. Antes das oficinas os garotos já usavam significativamente mais camisinha do que as garotas, e a única mudança nesse campo foi o fato de aumentarem a freqüência em que "pensaram em usar o preservativo, mas não tinham um" – indicativo da falta de acesso à camisinha.

As conclusões desse segundo projeto e estudo confirmaram o que discutiremos a seguir: sem o trabalho mais aprofundado e prolongado com a comunidade dos jovens que dê conta da sua vulnerabilidade coletiva, as oficinas são insuficientes para promover o uso consistente de preservativos e o sexo seguro. Ao mesmo tempo, as oficinas têm um impacto inicial maior na vida das garotas e, portanto, precisamos urgentemente entender como lidar de forma transformadora com a vulnerabilidade e com *scripts* masculinos para o sexo.

Avaliação e acompanhamento em grupos pós-oficina

Todos os grupos que participaram das oficinas do primeiro projeto, fáceis ou difíceis, foram convidados para reuniões de avaliação seis meses depois da última sessão. No primeiro encontro começávamos perguntando: *Quais as duas atividades de que mais gostaram?* As mais votadas foram a **demonstração da camisinha e a cena sexual,** usando algumas expressões deles:

"Botar a camisinha no pepino"
"Ficar esperto para as falhas da camisinha"
"Passar o KY e melecar aquela cenoura"
"Aprender como não estourar a camisinha"
"Fazer aquela arte toda com a camisinha"
"O teatro" ou "Aquela coisa de fazer papel da mulher"
"Ah! aquela em que ela ali deu um fora no machão, foi muito louco"
"Dois macho, a gente soa (soa = ficar suado), mais foi bão"
"É bom ver o que acontece de verdade na vida da gente"

Os grupos que fizeram a oficina mais longa lembravam vivamente tanto as **cenas de conversa sobre o preservativo com parcei-**

ros como as **cenas** com **personagens da Aids** (usadas a partir do Labirinto ou do Roda-viva):

"O teatro de preconceito" ou "aquela hora em que nós se sentimos no lugar dele"
"Gostei de falar com o aidético"
"Foi interessante ter que ser a puta e sentir o lado dela"

A festa do dia Mundial da Aids – **Fazendo Arte com Camisinha** – e a **"a massa"** sintetizam o que eles mais gostaram e a inovação:

"Falamos de Aids, a gente aprende muito, mas é divertido."
"Dá pra ver como é o corpo de verdade, a gente passou a aprender o que é, pra que serve, sem tanto preconceito. Mesmo quem sabia, ficou sabendo melhor porque viu, porque pegou, porque não é difícil de entender assim."
"Conversar sobre os pontos do prazer mas também como entra e como sai o HIV do corpo da gente ali mesmo, como evitar gravidez e a Aids."
"Conhecer os órgãos genitais a partir do que a gente fazia, que a vagina não fica arrombada..."
"Homem e mulher é diferente no corpo, mas também sabe e faz coisa diferente, a gente vê que não devia ser assim."

Citaram também a importância de fazer novos amigos e da atividade semanal ir constituindo um *grupo*:

"Eu não gostava daquela ali, agora que conheci, ficamos até amigas, né?"
"Eu achava ele um bunda-mole, mas ele não é, quero dizer, dá pra ver que ele é esperto em muita coisa..."
"Naquele dia que ela falou aquele negócio de entendida, ihhh...! Eu achei que ia ter um troço, mas até que aguentei e foi legal, aprendi!"
"Vocês da USP são muito bons."

O que *menos gostaram*? Os exercícios de aquecimento que usamos antes de começar as atividades:

"Andar pela sala"
"Ter que escrever"
"Parecíamos mascotes"

Não percebiam a ligação entre esse tipo de exercício, que no jargão de trabalhos em grupo chamamos de "aquecimento", e conseguir se concentrar nas próprias imagens, parar de rir, refletir sobre suas experiências. Escrever tinha "mais cara de escola" e muitos jovens eram pouco confortáveis com a escrita. Do ponto de vista da nossa avaliação do programa, entretanto, contar com as cenas e histórias anotadas por eles foi fundamental.

Além disso, nessa primeira reunião de grupo seis meses depois das oficinas, ficou logo claro que os cinco ou seis encontros das oficinas descritas no Capítulo 3 eram necessariamente apenas o "primeiro ato", o início de um longo processo. O ritmo da mudança costuma ser lento, e até incorporarem o sexo seguro seguiam mais ou menos as etapas descritas pelo Aids Risk Reduction Model descritas no Capítulo 2. Usamos, entretanto, outro foco e abordagem para promover as mudanças necessárias na atividade sexual desses jovens. Propusemos que todos os jovens participassem depois desse primeiro encontro seis meses depois, de mais quatro ou cinco sessões de grupo que tinham como objetivo acompanhar a superação de dificuldades individuais e coletivas para se protegerem da Aids.

Construindo o uso de camisinha em dois atos

A "promoção da camisinha" não tem sido o único foco desse nosso programa educativo, nosso objetivo é estimular o *sujeito sexual*, um domínio da subjetividade que, como as garotas sintetizaram nas frases a seguir, permite às pessoas se auto-observarem, buscarem ativamente a informação ficando mais confortável em falar sobre esses temas e pensar em mudar o padrão dos relacionamentos. Permite sermos mais tolerantes com os diferentes personagens com quem cruzamos na vida e com os personagens internos que disputam a cabeça de cada um...

O exercício de avaliação seguinte era perguntar aos jovens *como essa experiência afetou sua vida?* Pedimos a um grupo de garotas que colocassem em uma frase as mudanças promovidas pela oficina e elas escreveram (notem que nenhuma frase fala da camisinha):

"Muda tudo"	"Modificação do século"	"Mudança de vida"
"Vida nova"	"Minha vida mudou"	"Tudo sobre sexo"
"Tudo agora é mais fácil"	"Mudança de relacionamento"	"Vivendo melhor"
"Sabendo mais sobre sexo"	"Tudo mudou"	"Conhecimento"
"Todo mundo participando"	"Meios de evitar filhos"	"Menos preconceito"
"Foi um alívio aprender"	"Reparar mais em mim"	"Conversar mais"

Para outro grupo de meninas pedimos que pensassem numa palavra para expressar *"como estavam antes da oficina e outra palavra para depois da oficina"*:

Antes	Depois
5%	100%
era burra, não sabia nada	quero saber de tudo, se for de sexo, já tou falando
tinha vergonha	agora não tenho mais
era inocente, boba	agora não sou mais
meu namorado é que tinha feito oficina	ele ficou bobo, não sei o que fizeram com ele,
o meu também era sem-vergonha	eu fiquei mais esperta...
conversava, mas não sabia	agora já me aprofundei muito
antes eu não falava, ficava no canto	agora falo mais, o namorado gostou
ficava ouvindo o namorado falar	perdi a vergonha, e o namorado gostou
ficava recuada, era desinformada	o namorado também gostou, disse que devia fazer mais curso

Em todos os grupos as **garotas** avaliaram que aprenderam muito, principalmente sobre como prevenir gravidez e avaliaram que a capacidade de se comunicar sobre sexo aumentou: "Era muito tímida para falar dessas coisas, com o exercício da massa perdi a vergonha".

A construção de laços de cumplicidade entre mulheres era uma novidade e foi essencial para a reflexão sobre os *scritps sexuais* marcados pelo gênero. Ao mesmo tempo, perceberam a falta de um espaço coletivo que as meninas da idade delas precisariam ter para conversar, trocar, compartilhar sobre esses temas. Rapidamente identificaram modelos alternativos aos velhos *scripts* femininos tanto na mídia, como na família – que costumava acompanhar o seu processo de mudanças. Elas conseguiram conversar mais com a mãe, trouxeram os comentários de parentes e as reações do namorado sobre suas novas habilidades de comunicação.

Falaram com ênfase na diminuição do preconceito em relação ao portador do HIV e de várias iniciativas na comunidade de apoio a pessoas que são discriminadas. A solidariedade e compaixão pelos portadores era associada à "humanização" de jovens com desejos homoeróticos (que só se revelaram nos grupos femininos) e à possibilidade de se perceberem em risco: "pode acontecer com qualquer ser humano". Tinham humanizado "os culpados e promíscuos" da abordagem do grupo de risco e os garotos repercutiam essa mesma descoberta de uma forma ligeiramente diferente: "a gente descobre que eles (os homossexuais, os portadores) também têm sentimentos".

Seis meses depois do final das oficinas deste primeiro projeto, os jovens não faziam significativamente mais sexo seguro, estavam ainda estabilizando a consciência da vulnerabilidade ao HIV e a decisão de usar a camisinha, sem o compromisso necessário com o seu uso consistente. As garotas se sentiam mais livres para falar sobre as dificuldades que encontraram nesse intervalo e pelas quais se sentiam culpadas; ficaram encantadas em sair do isolamento e compartilhar fracassos e novas soluções para a atividade sexual. Indicavam freqüentemente a dificuldade de não prevenir a gravidez, muito mais lembrada que a infecção pelo HIV que podia ocorrer na mesma transa.

(Grupo de garotas, primeira reunião de avaliação. A coordenadora fala) "E a camisinha? Repararam que ninguém falou da camisinha?"
"Foi mais ou menos. Eu queria experimentar sem camisinha, tá bem, comecei com, e queria experimentar sem. Camisinha parece cinto de castidade, se bem que para mim não incomoda nada; a camisinha mais ajuda, não incomoda nada."
"A Aids pra mim agora é meio distante, a gravidez não."
"Dá a impressão que a gravidez vem antes da Aids."
"É mais se ele usa drogas a gente tem que pensar..."
"Acho mais fácil ficar grávida que pegar Aids."
"É, mas a gravidez o bebê nasce e você continua lá, a Aids você morre."

É fato que a gravidez é mais prevalente que o HIV. Decidimos incluir no processo de avaliação uma investigação mais profunda sobre o sentido da gravidez e dos filhos que já relatamos no Capítulo 5, usando a decodificação das cenas sexuais e mudando a qualidade da reflexão sobre dinâmica das decisões sobre sexo, protegido ou arriscado.

Os **garotos** conheciam mais o preservativo porque tinham mais experiência sexual antes das oficinas. Coerentemente conversaram mais do que as garotas sobre o uso da camisinha como parte da repercussão do trabalho, em geral contando sobre novas tentativas para incorporá-la. Como nos estudos clássicos sobre as diferenças entre a construção dos gêneros masculino e feminino, falavam rapidamente dos obstáculos e fracassos *acusando* a camisinha "que é uma merda mesmo", culpando a situação, a bebida e as mulheres. Foram também menos enfáticos sobre o que aprenderam, mais concentrados nas informações específicas sobre a camisinha e de como o vírus se transmite do que na gravidez. Relataram que o preconceito diminuiu – percebido por eles como um dos nossos objetivos – mas antes de tomar iniciativas solidárias como as garotas, aprenderam a "ter mais educação":

"[...] Vejo o homossexual do meu prédio, assim, com mais pena, a vida dele é dura e ele é um trabalhador... Tô mais educado, mas sem muita intimidade pro meu lado!"

O grupo masculino foi percebido como mais um espaço de confraternização, comum no mundo masculino: ali melhoraram a comunicação sobre assuntos sexuais, incorporaram mais um recurso para a conquista:

(**Coordenador** pergunta) – "O que vocês aprenderam?
"Aprendi mais um tom para xavecar a mina, a levar a garota no papo."
"Aprendi a perder a timidez com as mulheres."
"Aprendi novas técnicas."
"Fiquei esperto para usar camisinha e não ofender."

O primeiro momento do encontro de avaliação e de conversa espontânea entre os garotos foi quase sempre ocupado com comentários e perguntas beirando a pornografia, cujo fio condutor era "Isso é normal?". Invariavelmente discutiram sobre valor de cada prática sexual e sobre a sua prevalência no mundo. Rapidamente iniciavam a competição de quem era mais viril, muitas vezes desrespeitosa com os colegas. Os meninos mais comprometidos com a dinâmica produtiva da oficina denunciavam logo o tom da conversa e muitos avaliaram que:

"Foi bom é quando as mulheres participaram do grupo masculino."
"Viu só, é mais fácil falar sério quando tem uma mulher no grupo."

A mulher participante era uma anotadora ou auxiliar do coordenador. Nenhum grupo feminino sugeriu até hoje esse motivo para a presença dos homens no grupo. Qualquer mudança de atitude entre os garotos tinha de passar pelo crivo da discussão sobre uma nova ética, sobre critérios para normalidade viril, conferidas pelo grupo masculino, juiz e referência. A família quase não apareceu como parte do processo de mudança masculino como no caso das garotas. Nessa primeira reunião de avaliação as mulheres tinham importância apenas como objeto distante do desejo.

Tanto garotos como garotas depois de participar de oficinas desse tipo, incorporaram a função de *multiplicadores de informações* sobre sexo, reprodução e Aids, contando histórias de como a capacidade de comunicação deles se exercitou para fora dos grupos e oficinas. Passaram a ser "especialistas" no emprego, na família, na escola, na rua e chamavam a atenção porque foram "formados no curso da USP", uma importante contribuição ao currículo e à auto-imagem – afinal foram valorizados por ALGUÉM com letra maiúscula. Assumir que aprenderam "muitas informações novas", e desenvolveram "opiniões novas" era mais confortável para os rapazes quando valorizavam o fato de se transformarem em multiplicadores. Parecia mais fácil assumir as dúvidas e pedir novas informações para serem bons "professores de sexo e Aids".

O álibi de "diplomada no curso da USP" depois de participar de oficinas tem sido bastante usado por mulheres, inclusive adultas profissionais e professoras, que podem começar a "falar nesses assuntos" também com o marido. Um exemplo:

Reunião de discussão com os professores.

(A professora estava contando uma cena ocorrida na mesa do jantar de sua família, com os três filhos adolescentes presentes, aproveitando a experiência do treinamento para tocar no assunto com filhos e marido. Reproduz a fala dela na cena.)

"Sabe, B., lá na escola, no treinamento de Aids, a Vera também falou que a maioria das mulheres que têm Aids pegou dos maridos que vão saindo por aí. Aí a gente discutiu que esses caras deviam pelo menos usar camisinha quando traem a mulher, pra não trazer esse vírus pra casa, contaminar a mulher, trazer desgraça para os filhos."

Com pequenas variações, essa tem sido uma cena clássica entre os novos roteiros que as mulheres têm passado a usar depois das oficinas para se comunicar com o parceiro sem acusá-lo, sem ofendê-lo, mas sem também deixar de tocar no assunto da infidelidade pressentida. Muitas moças e mulheres repetem quase literalmente essa cena em casa, usando a participação nas oficinas para dar indiretas mais aceitáveis para os namorados e maridos. O tema da desconfiança e da traição é muito doloroso e complicado.

Depois das oficinas muitas pessoas percebem sua vulnerabilidade e decidem fazer *o teste para o* HIV. É bastante produtivo dramatizar a situação de ir buscar o resultado, a cena mais intensa de toda a experiência porque quem faz o teste se coloca por uns dias, até receber o resultado, na situação do portador. Temos aproveitado a discussão sobre a situação de teste para lembrar da existência de centros de testagem anônima e gratuita onde se tem acesso obrigatório a uma sessão de aconselhamento antes e depois do teste. A vivência (real ou imaginada) do teste ajuda a substituir a impressão freqüente de que eles "se matariam" se descobrissem que são positivos pela vontade de perguntar "o que fazem os portadores do vírus continuar lutando" e, portanto, de *conhecer algum portador do* HIV. Conhecer alguma pessoa vivendo com o HIV "de verdade, não no teatrinho" eles pedem, se referindo ao exercício da Roda-viva. Hoje em dia há uma grande quantidade de portadores que trabalham como educadores nas ONGs que se dispõem a ser educadores.[4]

Fazer o teste foi um produto importante da oficina ao qual todos se referiam espontaneamente, indicando o aumento da percepção de sua vulnerabilidade. O uso da camisinha vem depois. No primeiro projeto, a maioria dos garotos pensou em fazê-lo – afinal, não conseguiram usar a camisinha sempre. Um grupo de rapazes decidiu fazer o teste em grupo, já que a maioria preferia não contar que fez ou vai fazer o teste para pais ou amigos com quem nunca conversaram sobre Aids.

A camisinha não era o centro da conversa no primeiro encontro da avaliação... Pedimos que conversassem em duplas sobre o que estavam pensando da camisinha, depois de mais de seis meses do final das oficinas. Discutimos então no grupo todo:

---

4. Os fóruns regionais de ONGs/Aids ou mesmo núcleos como o Nepaids podem passar o nome de grupos prontos para a tarefa.

Grupo de homens.

Coord. – Vocês entenderam por que estão conversando em dupla antes de ir para o círculo?

- – Fica mais fácil conversar.
- – Dá pra conhecer a opinião dos outros.
- – Tem gente que nunca fala e acaba falando na dupla.

Coord. – O que vocês conversaram? Quem quiser pode falar (alguns grupos anotaram, mas não tínhamos pedido pra anotar! Já sai automaticamente...).

- – Nós achamos que camisinha impede o tesão da mulher. A mulher reclama!
- – Pouca mulher pede pra usar.
- – Camisinha impede a ejaculação.
- – Camisinha impede o sexo horal (no papel deles estava escrito assim, com agá)
- – Camisinha com sexo oral, é ridículo!
- – Sexo oral com camisinha é perigoso... A mulher pode querer te quebrar a cara...

(Risadas)

- – Tem perigo sexo oral sem camisinha?

Coord. (discute, colocando as controvérsias que existem em torno do sexo oral, fala sobre herpes.)

- – Beber para fazer sexo não é certo porque você esquece da camisinha. Pode ejacular dentro e engravidar. Corre o risco de pegar uma doença venérea porque quando estamos com o tesão aumentado você pode esquecer das coisas, corre o risco de acabar perdendo a camisinha, pode colocar errado, pode estourar.
- – Mas no final a gente sempre acaba fazendo sexo sem camisinha.
- – Por um lado é bom, mas às vezes eu quero gozar e a seco fica com mais tesão.
- – Pra dizer a verdade, eu nunca usei camisinha, a gente fala aqui, mas...
- – Se não tiver a camisinha, eu não faço, fico na punheta!
- – Tem que pintar um clima...
- – Tem que perguntar pra ela se ela não está usando nada...
- – Dá sim, numa boa pra se entender com a mina. Eu consegui...
- – E se ela não tomar nada e disser que toma?

- – Foda-se ela!

(O grupo apóia) Éééééé...

- – Tem mulher que faz de sacanagem...
- – Será que alguém aqui tem um meio de se prevenir dessas doenças sexualmente transmissíveis?
- – Alguém conhece alguma garota que utiliza um jeito (diferente) de se prevenir da Aids?
- – Alguém conseguiu se prevenir chapado ou embriagado?
- – Alguém aqui sente prazer numa trepada com camisinha?

Esse mar de associações parece deixar claro que estavam ainda entre reconhecer a própria vulnerabilidade e avaliar os benefícios de usar o preservativo. Incorporaram pelo menos o direito e um jeito de pedir colaboração: "alguém aqui sabe...?".

Esses grupos pós-oficina estimulam as pessoas a exercitar a auto-observação e a observar o *processo* de mudança dos outros. A necessidade reconhecida de mudança longe de transformar qualquer um em herói exige várias ordens de apoio para que cada dificuldade na direção de se proteger não seja vivida no isolamento, para que as tentativas malsucedidas não sejam incorporadas na inércia do fatalismo do "Ah... deixa pra lá, desisto, isso não é pra mim".

Durante os grupos de avaliação eles refletiam conosco sobre "o que fizemos com eles", às vezes querendo entender por que fazemos esse trabalho:

- – "Alguém aí da equipe tem Aids?"
- – "Vocês querem saber se a gente tem Aids?"
- – "Por que a equipe da USP não fala mais das suas coisas pessoais?"

Se interessaram mais pelos objetivos de cada exercício, afinal perguntamos para eles a opinião sobre as atividades, o que é inédito em seu cotidiano. Ao entender por que usamos cada exercício podem ser co-autores e multiplicadores mais conscientes de novas iniciativas na sua comunidade.

Todos insistiam na *importância do trabalho com a escola toda* feito por meio das oficinas curtas com a classe e do trabalho com os professores, ou das festas no dia mundial de luta contra a Aids (1º de dezembro) que chamamos de *Fazendo Arte com a Camisinha*. O trabalho com toda a comunidade criou um clima geral de "todo mundo usa camisinha", gerou muito mais conversas vindas de todos os lados sobre sexualidade, reprodução e Aids: "A conversa chegou também no meu namorado".

Antes das atividades com toda a escola, alguns alunos que não haviam sido sorteados para participar da oficina longa ficavam na porta pedindo para entrar:

(Grupo masculino – **coordenador** na porta pergunta) – Por que você quer participar?
- – Ouvi dizer que esse grupo é da hora...
- – Eu também sou filho de Deus!
- – Quero falar também nesses assuntos de sexo, namoro, drogas...
- – Parece divertido!

Quando finalmente chegamos à classe deles para a oficina curta, diziam:
- – Até que enfim deram uma chance para nós!

Ficaram felizes de ver os professores que fizeram o treinamento conosco tocarem no assunto, usarem a Aids como tema de redações ou trabalhos de estudo do meio: as marcas de camisinha, preço e vantagens de cada marca, tamanho etc. Os meninos passaram a discutir as marcas e preços da farmácia do bairro e contaram que a nova moda de piadas eram todas sobre tamanho de p. e tamanho de camisinha. As moças comentavam:

- – As meninas aqui na escola ficaram mais assanhadas, podem andar com camisinha e falar dessas coisas, que os meninos sabem que também fizemos o curso da USP, né, agora temos direito.
- – Os meninos ficaram ressabiados e olhando a gente com aquela sabedoria toda.

A guerra dos sexos e a *pax belica* fazem parte do segundo ato

O processo de acompanhamento depois das oficinas incluía *reuniões mistas* cujo objetivo era discutir com outra dinâmica os vários temas conversados nas oficinas. A discussão nas oficinas conscientizava a maioria deles de que os roteiros e atitudes em relação ao sexo feminino e masculino não eram naturais e podiam ser repensados.

Por outro lado, as reuniões que começaram num grupo misto muito grande foram pouco produtivas já que invariavelmente apareceu um clima de "guerra dos sexos". Só depois que o/a coordenador/a lembrava que somos todos seres pensantes e não preconcebidos personagens dos *scripts femininos ou masculinos* é que os ânimos se acalmavam. Em geral, perceber pela primeira vez as lentes que aprendemos a usar desde pequenos para interpretar o mundo, ou como as instituições e papéis referendam uma certa estrutura de poder opressora, implica uma primeira reação intensa e radical. Pessoas menos inexperientes podem não saber tornar as discussões produtivas.

Os rapazes aparentemente aceitavam que as garotas podem ser donas da sexualidade, mas ao reconhecerem que elas também podiam ser desejantes, tratavam-nas como se fossem parte da turma de homens, deveriam gostar de papo "pornográfico" ou de "discutir dicas de prazer":

"Por que vocês fazem isso?"
"Como é que vocês gostam de fazer?"

Queriam entendê-las segundo a lógica masculina. Se acabou a inocência das mulheres, do mesmo jeito que eles usavam qualquer expediente para conseguir o que querem, as mulheres também, ou não? A mulher "tem desejo, não é inocente e deve ser a responsável pelo filho que concebe!".

As meninas também queriam que eles aceitassem a lógica delas: denunciavam a sobrecarga de responsabilidades na hora do sexo, cobravam a responsabilidade deles, queriam a humanização do sexo pelo afeto, não queriam mais a classificação entre vagabundas e casadoiras: "Queremos compreensão", elas diziam. "Nós também!" respondiam os rapazes.

As diferentes esferas de poder nos estereótipos femininos e masculinos ficam aparentes, mesmo sem falar nelas; a dimensão da relação de poder entre os gêneros emerge naturalmente. A questão que sobra é se a guerra dos sexos e a denúncia da hierarquia de poder homem/mulher sintetizam todos os outros elementos presentes na cena e no que se faz sexualmente, como querem alguns. Em quase todos os grupos nos quais temos participado desde então, os jovens de ambos os sexos ficam horrorizados com a depressão que se segue ao puro confronto. Aos poucos alguns rapazes começam a se envergonhar de estarem fixados em temas "pornográficos", só querendo saber o que as meninas fazem ou não fazem, de cair para a grosseria muito rapidamente e impressionados pela maior seriedade das meninas, interessadas em falar de temas como responsabilidade, filhos, drogas etc. Vejam o desenrolar de um grupo misto depois de uma reunião prévia em que os jovens haviam preparado perguntas para serem debatidas:

Grupo misto: (Depois de algum tempo de "debate pornográfico". H = homem, M = mulher)

H1 – Maior vergonha, vou sair, a gente só pergunta sobre sexo...
M1 – Nós pensamos, não temos só sexo na cabeça.
H2 – Eu quero perguntar se elas já tiveram relacionamento com garotos...
H1 – Os meninos querem saber sobre sexo e as meninas variam.
M2 – Nós somos mais cabeça. Eles, vocês, não perguntam sobre outra coisa, são muito bobos. Nós não perguntamos só sobre sexo.
H3 – É que nós vemos uma menina gostosa e já perguntamos se ela já transou.
H4 – As meninas sabem quando o cara tá afins?

Coord. – Vocês querem responder, dá pra responder às perguntas deles?

M3 – Dá, mas nós vamos responder diferente do que eles querem...

Coord. – O que vocês acham? (olhando para os meninos)

H1 – Tô cum vergonha, as perguntas delas são melhores. Elas falam de tudo...
H5 – Eu falei para os caras que era pesado, agora eles tiram da reta...
Mulheres (em coro) – Éééé...

A conversa finalmente se estabeleceu depois de algum tempo e *com a colaboração ativa dos coordenadores*. Começaram então discutindo temas comuns das cenas das oficinas:

- "Como você acha mais fácil convencer uma menina pra gente usar a camisinha?" (garoto)
- "Como você acha melhor convencer um cara que ainda não está na minha hora, mas que eu amo ele?" (pergunta uma moça)
- "A responsabilidade não é só das meninas, nem só dos meninos, tem que ser dos dois!"

"Primeiro o confronto, depois a conversa", assim sintetizamos o clima dos grupos mistos dessa faixa etária. Falar em evitar um filho é o espaço mais conquistado e mais simples entre homens e mulheres e evita demonstrar "desconfiança" do parceiro. Por mais que se trabalhe o preconceito, o tom de acusação não desaparece rapidamente.

O surgimento do sujeito-cidadão

Nove meses depois do último encontro da oficina queríamos investigar a exata medida da incorporação do sexo seguro, na verdade investigar por que não acontecia como esperávamos. Vejam a conversa, em grupos de novo divididos por sexo:

(**Grupo de rapazes:** Estão comentando que o Fantástico mostrou o teste do HIV pela saliva, e B. de repente comenta:)

- ◆ – Nós temos que ir fazer alguma coisa no bairro do meu primo. Os caras lá são superignorantes... Ou acham que não vão pegar de jeito nenhum ou que beijo, aperto de mão, tudo pega Aids...

(Discute-se a idéia que surgiu no grupo das meninas de todos organizarem um grupo e fazer esse trabalho pelo bairro. Discute-se qual é a prioridade, o bairro deles ou os outros bairros, quem sabe o presídio do Carandiru. Combina-se uma discussão com as meninas para organizar uma atividade conjunta no bairro. Falando em trabalhar no bairro...)

- ◆ – Encontrei uma menina linda, linda, encostada no paredão com as outras. Se eu tivesse dinheiro tirava ela da vida...

Coord. – Ela é prostituta?

(O grupo todo explica que o paredão é o "ponto" das prostitutas. Alguém fala do teste HIV, que eles ainda não tiveram tempo de irem juntos fazer...)

- ◆ – Eu tive pensando uma coisa, se o teste pode ser pela saliva, como beijo não passa Aids? Como é que fica?

(Discute-se o que é o teste, a quantidade necessária para infectar e para detectar o vírus).

- ◆ – E a Sandra Bréa? Sabe como é, dizem que os artistas transam com aqueles bonecos, com vibrador, como que a Sandra pegou?

(maior zunzunzum na classe... começa a discussão com frases escatológicas, imaginação pornográfica, cenas imaginárias da promiscuidade de artistas. **Coord.** diz que tem a impressão de que vai rolar de novo o papo pornográfico, se é sobre isso que eles querem conversar.)

- – Vamos voltar à Sandra Bréa, ela diz que foi transfusão.
- – Se ela diz que foi por transfusão, eu não ia me preocupar de transar com ela.
- – Por quê? Ela tem o vírus de qualquer jeito, você morre igual! Mas como ela pegou de verdade?

Coord. – O que muda se a gente sabe como a pessoa pegou? Você perguntaria para ela? Ou para alguém? Se perguntar para esse aqui (põe a garrafa no meio da sala), vamos ver se resolve o problema... (os meninos entram direto no exercício, saem conversando com a garrafa)

- – Como você quase morreu? Como pegou Aids? (troca)
- – (no papel do "aidético") Por pico.

(Silêncio)

Coord. – Muda alguma coisa vocês saberem isso?

- – Pra mim não muda nada.
- – Pra mim eu ia dizer por que ele não largou disso, ele ia dizer que não conseguiu.
- – Eu penso assim, se ele pegou transando com uma mulher não muda nada, mas se pegou transando homem, eu ia achar que ele é bicha.
- – E como você ia tratar ele?
- – Igual, só que ia pensar que ele é bicha, só ia pensar, ia tratar igual.

Coord. – O que alivia vocês saberem como pegou?

- – Para confirmar que pega assim e assado. Quais os jeitos de pegar.

Coord. – Confirmar o que a gente discutiu aqui?

(Coro) – Éééé...

Coord. – Vocês acham que um é mais culpado que o outro?

- – Eu falo que o único que não tem culpa, que não devia ser discriminado é o que nasceu com Aids. Porque o resto, se a gente não se previne, tem culpa...

Coord. – Mas é fácil usar camisinha? Vocês são culpados se pegarem porque não usaram a camisinha?

(Coro) – Não!

- – Usar camisinha pra mim é não engravidar, é difícil mas a gente tem que usar, se não ó... Disseram que a camisinha não tira o prazer, ééé... Mas quando a gente acostuma com a pessoa, se liga na pessoa, a gente quer tirar a camisinha.
- – Mas resolve?
- – Não resolve a gravidez...

Coord. – Se você quiser engravidar?

- – Parece piada do português: quando quiser engravidar, faz um furo na camisinha...

(Esse grupo então passa a discutir os cuidados para não ter filho fora de hora, que depois se transforma no exercício sobre o que é ter filho, e de escutar a última parceira dizendo que está grávida, descrito no Cap. 5.)

Reparem como imaginaram a pergunta e imediatamente responderam no lugar do "drogado – garrafa", sem o coordenador pedir. Aprenderam a se colocar no lugar do outro... E como os jovens continuam verificando as informações, construindo ativamente as informações e seus conhecimentos sobre Aids. Esse é o sentido da pergunta "como pegou?". Os portadores do HIV sentem que essa pergunta é feita apenas para classificá-los em inocentes ou culpados, como aqui nesse grupo. Aprendemos em vários projetos que essa curiosidade deve ser reconhecida também como o direito de fazer sua própria pesquisa, confirmar a informação dos "especialistas" e construir evidências, buscando cenas reais em que eles podem se reconhecer ou não. A busca ativa de informação, assim como a capacidade de se colocar no lugar do outro, é uma mudança valiosa estimulada pela participação nas oficinas.

Os rapazes demoraram um pouco mais para pensar em fazer algo pela comunidade, mas entre as meninas essa proposta sempre apareceu desde o segundo encontro de avaliação. Não tínhamos permissão das escolas para fazer da oficina um treinamento e estimular os estudantes para serem multiplicadores no bairro; ao contrário, a recomendação era ficarmos restritos ao trabalho na sala de aula. Nosso roteiro incluía apenas a proposta genérica de "comunicarem aos outros o que haviam aprendido". Foi uma grata surpresa quando eles nos comunicaram que resolveram trabalhar pela comunidade "para não deixar isso morrer aqui", como disse uma das meninas. Eles avaliavam que o nível de informação era muito baixo entre os jovens, alta era a pobreza reinante no bairro:

"Ali eles nem vão direito à escola, ou tem nunca dinheiro pra comprar camisinha, nem sabem que no posto eles dão de graça." (grupo de meninos)

Hoje podemos afirmar que essa idéia de multiplicar o trabalho surgirá sempre que os jovens participarem de um programa interativo em que são convidados ao diálogo, a avaliar, comentar e re-inventar. Mesmo pequenas iniciativas estimulam a promoção do bem coletivo: a professora Mariza de uma escola no Butantã pediu para seus alunos uma redação cujo tema era "Comentar o vídeo 'Amor: viva a vida'". A classe havia feito uma discussão preliminar sobre as dúvidas sobre Aids e assistiram ao teipe. Em 30% das redações eles incluíam espontaneamente frases para melhorar a imagem ou o uso da camisinha, escreviam-na com uma cor de caneta diferente, como se estivessem criando uma propaganda de TV:

"Use camisinha, não bobeie!", "Agora é a sua vez", "Faça a sua arte, mas com camisinha!"

Cerca de 20% das redações sugeriam que o trabalho de prevenção devia estar sendo feito com todos os jovens:

"Todo mundo devia ajudar a conscientizar todo mundo" ou "tem que continuar, apesar de tudo os jovens não estão preparados" ou "os brasileiros precisam de um trabalho como esse".

Alguns em lugar de *slogans* faziam comentários e sugestões concretas do tipo:

"A camisinha é muito cara, deviam dar mais de graça e dar mais aqui na escola, não só pra quem participa do grupo da USP."
"O filme que foi passado foi muito bom pra mim, porque eu não tinha dúvidas e não perguntava pra ninguém. Não é porque não tinha vergonha, medo, é porque não dava vontade de perguntar, eu nem ligava para isso, ninguém liga acho. Agora ligo."
"Eu pensei, eu posso pegar, Deus me livre, rezo todo dia, tantos jovens desavisados..."
"Mais gente devia ver o filme, muita gente passa informação errada por aí..."
"Gostei de ver os exemplos, de como pega, de como não pega... Todo mundo devia ver."

"Ver o depoimento de uma menina igual a mim que tem Aids me arrepiou! Muito triste, triste mesmo. Todos os jovens deviam se conscientizar disso, temos que fazer alguma coisa."

Os jovens não pensavam apenas na responsabilidade individual de cuidar da própria vida. Intuíam corretamente o caráter coletivo da mudança, e a responsabilidade aparece como "responsabilidade de todos". A professora de português na escola do Glicério também pediu uma redação para uma amostra de classes de todas as séries (de 5ª a 8ª), depois que as oficinas longas e curtas haviam atingido a totalidade das classes, o que foi para nós mais uma janela para avaliar nosso esforço naquela comunidade. Os alunos podiam escolher três temas: "(Fulano) está com Aids", "A Aids no contexto atual" ou "Uma conversa sobre Aids".

Ficamos satisfeitos com o nível de informação aparente nas redações, o grau de conhecimento era bem maior do que antes da oficina. A maioria escolheu fazer um apanhado geral do que havia aprendido usando os dois primeiros temas, escrevendo sobre a gravidade da epidemia e os riscos que todos corremos. Falaram pouco sobre morte e todos lembraram de prevenção e da solidariedade aos doentes. Antes das oficinas, menos de um terço deles citava mais de uma via de transmissão do vírus e a maioria associava Aids só com morte. Inventaram também *slogans* para campanhas de mídia, ou declararam sua decisão de ajudar a multiplicar o esforço preventivo: "temos obrigação de ajudar os mais desinformados".

Os que escolheram falar de "alguém com Aids" (27%), dissertaram sobre uma experiência anterior quando exerceram algum tipo de discriminação: "agora faria diferente". Cerca de 17% escolheram comentar o que mais gostaram do programa de oficinas, repetindo as palavras usadas pela equipe ao contar sobre uma conversa com um amigo, com a família, narrando a experiência de reproduzir o que aprendeu no trabalho e na igreja.

Para avaliar positivamente um programa de prevenção é definitivo sabermos que conseguimos ajudar a maior parte deles a dominar os fatos biomédicos e técnicos mais corretos sobre Aids, tanto quanto saber se os participantes começaram a construir ativamente um "diagnóstico" aproximado sobre por que e quando estão vulneráveis ao HIV. É importante entender que o advento da Aids não é apenas um problema individual, mas de todo seu grupo social, sua geração, sua comunidade. Conquistar condições materiais para ter experiências bem-sucedidas que reforcem a percepção de si mesmo como sujeito sexual, ter um lugar para transar que facilite o clima ou forneça tempo para "esquentar a cena para a camisinha", ter acesso ao preservativo barato e de boa qualidade na hora inesperada, ter mais poder na relação com o parceiro, já é outra volta no espiral de mudanças. Entre pensar em ajudar a comunidade, produzir *slogans* e conseguir fazer alguma coisa de fato também há uma grande distância. Mas isso eles não consideram na sua avaliação, faz parte de nossa avaliação como educadores preocupados com a prevenção da Aids e com o sujeito-cidadão.

Organizar a comunidade para superar as barreiras coletivas...

A nossa insistência para saber *se* e *por que* eles não estavam colocando as intenções em prática na terceira e quarta sessão de avaliação provocava irritação em alguns jovens que ficavam dispersos, querendo mudar de assunto, parecendo dizer:

◆ "Tá bom, já sei! Agora vamos arrumar outros assuntos, senão tchau".

Os que conseguiram mudar suas práticas ou começaram a vida sexual no espírito de sexo seguro ficavam irritados e chegaram a sugerir:

◆ "Tem mais é que apavorar essa turma, mostrar uns caras com Aids bem caquéticos, e podres, botar medo na moçada, senão não tem jeito!"

Quando ponderamos que eles haviam sugerido que uma das boas coisas das oficinas era "não botar medo", falar sobre Aids usando a idéia de solidariedade, de sobrevida, de prazer associado ao sexo seguro e à camisinha, de brincar e falar de sexo responsável sem aquele ar acusatório ou moralista, ficavam com cara de "É mesmo...", mas desanimados sem saber como resolver a questão.

É até injusto sobrecarregar a responsabilidade individual, sem refletirmos com as pessoas de menos recursos sobre os limites sociais, coletivos, estruturais para colocar as intenções em prática. Os limites do contexto social aparecem apenas no fatalismo (o deus e a sorte de cada um), ou na culpa por não serem bem-sucedidos, mais uma vez. Eles não pensam espontaneamente na dimensão social da vulnerabilidade ao HIV. Um objetivo desse projeto era ajudá-los a lidar com a sua vulnerabilidade coletiva e passamos a incorporar um exercício que pretendia assinalar esses limites, construtivamente: *"Muito bem, vocês têm as informações e decidiram ser mais responsáveis, decidir quando ter seu filho e se prevenir de uma gravidez indesejada, ou se proteger do vírus da Aids. Será que vocês têm condições materiais e apoio para fazer isso?"*.

Queríamos conscientizar os elementos estruturais que serão desafiados pela ação coletiva mais do que pela iniciativa individual. Fazem parte da cena sexual o preço da camisinha, os lugares onde eles transam, o pouco tempo que têm para o lazer e prazer depois de um dia de trabalho e uma noite de estudo; ou o fim de semana carregado de tarefas domésticas como cuidar da roupa, fazer compras, ver a família. Faz parte da cena sexual a sensação de um destino imutável, de sorte ou azar, de pouca habilidade e poder presente em outros domínios da vida de semicidadão. Fazem parte da cena os exames gratuitos em horários inacessíveis, os serviços de saúde sem espaços para conversar e dar aconselhamento adequados sobre Aids e contracepção.

No bairro do Glicério, a partir dessa questão alguns estudantes fizeram uma pesquisa sobre as condições de atendimento nos postos de saúde e puderam testar a precariedade do sistema de promoção da saúde e de tratamento de doenças sexualmente transmissíveis, na cidade mais rica do Brasil, num distrito de saúde em que muitos profissionais tinham sido treinados por nós – nenhum dos que eles encontraram na sua investigação. Vejamos alguns exemplos emblemáticos das dificuldades que encontraram.

- Mãe e filha conversaram e decidiram que quando ela estivesse preparada procuraria um serviço de saúde para pedir orientação médica sobre contracepção antes da "primeira vez". Quando ela e o namorado decidiram, ela foi ao posto de saúde consultar o médico que disse: "Por que você não fica virgem? Os homens não gostam de mulher que já transou!". Ela foi entrevistada na saída da consulta, estava furiosa, impotente. Se fosse da classe média, mudaria de médico. Que fazer quando se depende de posto de saúde?[5]

---

5. Paiva, V., 1995b.

- Estimulado pelo trabalho que fizemos, F. procurou um serviço de planejamento familiar. Não foi aceito na única reunião semanal porque "só entra mulher na reunião". Na consulta com o urologista para onde foi encaminhado para pedir orientação sobre contracepção e DST foi expulso do consultório porque "não tinha nenhum problema (doença) e ficava ocupando o tempo do médico à toa". Não havia ninguém na fila, o serviço estava vazio e o rapaz saiu desconfiado de racismo, ele era negro."[6]
- Uma garota que marcou consulta com o ginecologista para fazer perguntas e conversar sobre prevenção de gravidez saiu desinformada: escutou que tinha de esperar cinco dias para começar a tomar a pílula, que injeção dava sangramento no meio do ciclo e que camisinha não era garantido. Quando quis aprofundar a conversa, foi mandada para a assistente social. "Tudo é a assistente social", reclamou a garota.
- Um rapaz e uma garota resolveram fingir que eram casados, já que ser casal era a única forma de um homem ser atendido no serviço de planejamento familiar. As reuniões eram realizadas à noite, mas no centro de saúde ninguém sabia informar direito qual era. Acabam descobrindo, perguntando de um em um. Lá chegando, ouviram que em geral esses grupos só atendem as mulheres mais velhas, as garotas "só vêm buscar pílula, mas não tem pílula nem camisinha na farmácia para distribuir". Na reunião falou-se da pílula e da injeção hormonal e que a camisinha não era muito segura. "Por quê?" pergunta o "casal" que tinha participado das nossas oficinas. "Porque estoura", repetiu a médica como se fosse da "natureza" da camisinha estourar. Ninguém fazia a demonstração da camisinha e eles perguntaram se poderiam então fazer, demonstrando em seguida o que haviam aprendido nas oficinas sob o olhar atento da médica.

A conclusão desse grupo de jovens foi de que esses serviços contavam com profissionais dedicados, mas também gente "muito mal-educada, que trata a gente muito mal". Mal-educada era a expressão usada para definir maus-tratos e incompetência. As meninas tinham

---

6. Paiva, V., 1995b.

horror ao exame "papanicolau" que, como suas mães, simplesmente não faziam. Na descrição de uma participante do grupo:

- "Começa com a enfermeira que nem pára de fumar para atender a gente, fala com o cigarro na boca. Tem que chegar às 4 da manhã para conseguir ser atendida. Aí a médica entra e diz: "Não tá menstruada, né? Senão não pode. Tá grávida? Não? Então vem com as duas mãos e unhas, te espeta até a alma. Enfia aqueles instrumentos e diz "Não! Tem que ficar mole!... Fiquei quase 15 dias sem andar direito..."

Na pesquisa que fizeram no bairro acompanhados da nossa equipe, os rapazes preferiam a farmácia onde se sentiam bem atendidos e ouvidos quando aparecia alguma coisa "esquisita" no pênis. As mulheres só recorriam à farmácia para buscar indicações para aborto, no desespero. Achavam que os farmacêuticos deveriam ser mais respeitosos, tinham vergonha de comprar absorventes, pílulas ou camisinhas. Decidiram que naquele bairro as farmácias eram mais importantes para a saúde reprodutiva e para cuidar de doenças sexualmente transmissíveis que o Centro de Saúde. Um trecho do "relatório de visita às farmácias":

- Depois de observar o balcão onde estavam as camisinhas, olhamos as marcas, se estavam no sol etc. Nos apresentamos ao farmacêutico como participantes de um projeto "lá da escola". Os farmacêuticos já tinham ouvido falar: "Ah! Já sabemos, do "projeto USP" né?". Na pequena entrevista, os farmacêuticos reconheceram que "atendem" muitos *pacientes* de DST, mas que encaminham sempre para o médico. Vendiam bastante camisinha, mas nunca se preocuparam em ensinar a usar. Achavam que têm atendido "...menos 'pacientes' com 'gonorréia e crista de galo', essas coisas. Melhorou muito essas doenças depois da Aids, 99%!". Preferiam encaminhar para o "posto do INPS", que para o posto de saúde. Aliás, foi no INPS que encontramos uma pessoa mais disposta a falar sobre a Aids, mais informada, e um médico que se interessava pela comunidade e faz trabalho por ali de informação e apoio aos doentes de Aids.

Os estudantes do Butantã e do Centro consideraram o *preço* da pílula e da camisinha muito alto: na pesquisa em farmácias e supermercados do bairro encontraram o preço variando de R$ 0,80 a R$ 1,00 cada uma (era segundo semestre de 1994). Na discussão do grupo eles perceberam que seria impossível usar uma camisinha em cada transa:

- "Não compra por causa do preço, é melhor comprar comida."

As meninas achavam que a pílula era relativamente mais barata: "Se você quer fazer sexo todo dia como ele (o namorado), é mais barato!". Lembramos das camisinhas gratuitas disponíveis no posto de saúde, aberto só de segunda a sexta-feira em horário comercial, e eles contaram mais uma história:

- Um casal de estudantes foi pedir camisinha no posto, e a assistente social deu a camisinha dizendo que "estava com defeito" (é um mito que surgiu sobre a camisinha gratuita que não é verdade, e a funcionária não deveria reforçar!). O rapaz questionou a moça: "Quem vai se responsabilizar se eu usar a camisinha e pegar Aids ou engravidar?", perguntou irritado, ao que ela reagiu esbravejando, mandando ele falar com a diretora. Dois meses depois, quando a equipe visitou os vários centros de saúde de novo, nenhum tinha camisinha para distribuir.[7]

Quando discutimos se a camisinha deveria ser sempre distribuída, eles decidiam que era "melhor custar bem baratinho do que distribuir de graça". Achavam que dá mais valor, pensavam no desperdício dos recursos públicos!

- "Tem que custar o preço de uma bala, mas custar alguma coisa."

A discussão sobre *aborto* foi o tema escolhido para continuar esse trabalho no bairro. Resolveram começar entrevistando jovens do bairro sobre experiências de aborto, clandestino e ilegal e os resultados foram assustadores e trágicos. Escreveram uma peça sobre o aborto que queriam usar como instrumento de sensibilização, e en-

---

7. Esse trecho está baseado nas fitas gravadas pelos estudantes sobre o progresso de sua "investigação". Usei, entretanto, algumas formulações e falas registradas por Sara Skinner (1995).

contraram um diretor de teatro popular para ajudar mas não chegaram a encenar. O trabalho na comunidade acabou se dispersando por conta do desânimo com esse fracasso... Como se isso não bastasse, um dos rapazes que despontou como liderança do grupo e tinha alguma experiência em movimentos de igreja, morreu de insuficiência renal na fila de transplante do Hospital das Clínicas, o que certamente afetou o astral do grupo. Não é fácil.

É difícil estabilizar uma visão de comunidade numa cidade como São Paulo, ou seja, fácil falar, quem sabe fazer? Numa comunidade como a do Glicério, cujos habitantes se identificam pela alta incidência de violência e uso de drogas, sem nenhuma experiência positiva para compartilhar, mais fácil seria identificar e colaborar com líderes já existentes, religiosos ou de turmas de jovens, professores ou empreendedores que já apostaram por mais tempo nos altos e baixos da organização comunitária. Não é fácil manter esses grupos de jovens protegidos no contexto vulnerável em que vivem...

Conclusão
O esforço vale a pena, se o horizonte não é pequeno

O Programa de Aids das Nações Unidas (Unaids) publicou recentemente um estudo sobre o trabalho com jovens em vários países demonstrando que o esforço para diminuir a vulnerabilidade dos jovens salva muitas vidas e vale a pena.[1] Essa análise indica que uma educação sexual de boa qualidade tende a aumentar a responsabilidade diante do sexo, adiar o início da vida sexual e diminuir a quantidade de sexo praticado por eles, ao contrário do que muitos imaginam. Prevenção e técnicas de comunicação podem ser ensinadas e devemos começar antes do início da vida sexual. Os modelos de prevenção mais eficazes, segundo esse estudo, são aqueles que descrevem bem seus objetivos, estão baseados em teorias sociais da aprendizagem e levam em conta o contexto social, considerando que os jovens são diferentes entre si. São claros sobre os riscos de cada prática e não usam meias palavras para ensinar como se proteger, alimentando a franqueza na comunicação sobre o sexo. A maioria dos estudos usados nessa meta-análise, entretanto, foi feita nos países ricos do hemisfério norte.

Não é por nenhuma razão biológica ou moral que a epidemia da Aids continua crescendo rapidamente entre os mais pobres e entre os mais jovens. Embora muitos dos elementos já descritos acima estejam presentes nas propostas das "oficinas para a prevenção" mais sofisticadas, são poucos ainda os recursos coletivos que apóiam a maioria dos brasileiros na iniciativa de fazer sexo seguro, apesar do esforço

---

1. UNAIDS/Onusida (Programa de Aids das Nações Unidas) 1997.

das milhares de pessoas e programas de prevenção de Aids no país. Para sermos sujeitos sexuais, para sentirmos que temos capacidade e direitos, necessitamos de oportunidades para exercê-los. Não "treinamos" cidadania independentemente de alguma experiência cotidiana confirmadora. É a *experiência refletida* que constrói o sujeito ativo da aprendizagem. Se as condições para experimentar são limitadas por forças (sociais, culturais) que individualmente não se consegue confrontar ou conciliar, a sensação de impotência será sempre maior que a sensação de poder.[2]

Projetos que pretendem apenas *modelar nos indivíduos* habilidades que não têm, que enxergam os jovens como portadores de deficiências individuais corrigíveis por processos tradicionais de ensino e repressão, apenas arranham nos desafios que a sexualidade dos jovens enfrenta no Brasil em tempos de Aids. Estaremos sendo até injustos com a maioria dos jovens se pararmos nas palestras e na propaganda da camisinha e do sexo seguro que focalizam apenas a vontade individual sem conscientizá-los dos fatores estruturais e culturais que fazem parte necessariamente de cada cena sexual. Seremos tão fomentadores da exclusão quanto a televisão voltada para o consumidor, que diz que só é valioso o "branquinho" que usa o tênis X e a "loirinha" da calça Y, que eles depois sentem vontade de roubar. Como educadores e promotores de saúde não devemos "vender" mais ilusões sem indicarmos o caminho factível da cidadania sexual.

Especialmente no caso dos grupos mais empobrecidos, se não refletimos com eles sobre os limites socioeconômicos de nossas propostas (Use camisinha!), a novidade da Aids passa a ser apenas um novo risco, um novo item na vida marcada pela forma como se lida com a adversidade, marcada pelo número de eventos trágicos, pela violência do cotidiano, por problemas de moradia, pelo desemprego e pela instabilidade financeira, por outras doenças há muito erradicadas do mundo mais rico. Nossa tarefa não está cumprida só porque informamos esses jovens sobre o novo risco da Aids. Temos de compartilhar nossa consciência sobre os aspectos **coletivos e sociais** que produzem sua vulnerabilidade, ajudando-os a encontrar soluções aceitáveis. Senão estaremos apenas acrescentando mais um ponto no já pesado sentimento de impotência que carregam diante de outros "fracassos" – que uma parte de nossa elite tenta atribuir à "falta de es-

---

2. Paiva, V., 1995b.

forço individual" ou, quando racista, de alguma impossibilidade congênita.

"MONEY, QUE É GOOD NÓIS NUM HAVE (HEAVY)"
(Mamonas assassinas)

Desde o início deste primeiro projeto ficou claro que a violência, a falta de emprego e de futuro ou as poucas oportunidades de lazer (que explicam o crescente envolvimento com as drogas e o crack em São Paulo), além da gravidez indesejada, eram questões mais prioritárias para os jovens do que a Aids, em especial na região central da cidade. Nas primeiras entrevistas que fizemos em 1992 no bairro do Glicério pedíamos que os alunos da escola nos contassem sobre a vida deles, livremente: *"como é a sua vida de jovem?"* Sempre achavam que não tinham nada para falar, era como se nada fosse importante, digno dos ouvidos de um universitário. Quando finalmente decidiam falar, nos contavam algum fato trágico da vida e a maioria começava finalmente a desenvolver a narrativa sobre esse eixo. Apenas três entre os trinta jovens entrevistados, que tinham entre 13 e 20 anos, qualificaram a vida como "bela", "tranqüila" ou "gostosa", a maioria usou frases como essas:

"Desde os 12 anos, já peguei memória de gente adulta."
"Passei uma juventude meio pesada para minha idade de 13 anos".[3]

Os anos da juventude, que já haviam passado muito rápido na opinião deles, seriam especialmente determinantes do futuro: se estudaram ou não, se tiveram um filho para atrapalhar, se resistiram à revolta ou a tentação de encurtar os caminhos do consumo e do lazer se envolvendo com o mundo das drogas e "do crime". Eles começavam a trabalhar e a ter vida sexual muito mais cedo do que os que chegam à universidade e são monitores de projetos de prevenção. Esses jovens que não têm direito à adolescência divulgada pela TV nos mostravam a cada hora de trabalho conjunto o quanto se sentiam numa corda bamba, num fio de navalha entre a cidadania e a exclusão. A exclusão parecia para eles definitiva porque, quando alguém "cai na marginalidade", a tendência da comunidade em volta era construir

---

3. Bedoian, G., Antunes, M. C., Paiva, V., *et al.,* 1992.

um cordão de isolamento em torno do/a "decaído/a" para proteger do contágio os outros membros da família, da escola ou da vizinhança. O cordão sanitário servia para a comunidade se defender do que não queria ver, das forças que não tinha preparo para enfrentar, ou para as quais achava não haver solução. Nem os professores, como relatei no Capítulo 4, acreditavam que aquela comunidade podia encontrar soluções para seus problemas, ou não sabiam como colaborar. Naquela região deteriorada da cidade, por exemplo, pudemos observar que quem morava nos prédios encortiçados sentia que valia mais do que quem morava nos casarões, que, por sua vez valia mais do que os moradores da favela, que certamente eram melhores do que os que moravam debaixo do viaduto da Radial Leste, que estava melhor do que quem não tem nem isso etc. Todos se protegiam da contaminação pela inferioridade do outro e a idéia de comunidade precisava ser construída.

Ainda em 1994, Sara Skinner[4] organizou com alguns alunos da escola que haviam participado das oficinas um trabalho de observação etnográfica e de entrevistas. A partir dele, descreveram quase 30 turmas de jovens com identidade demarcada na vizinhança do Glicério. A "Baixada do Glicério" – que não existe oficialmente em nenhum papel – foi consistentemente definida e limitada por todos os jovens como um pedaço circunscrito do Centro da cidade, com cerca de 20 quadras. Nesse espaço geográfico, por exemplo, cabe uma favela que, entretanto, é excluída do bairro pela maioria dos jovens, constituindo uma coisa à parte (hierarquicamente inferior). Os jovens definiam o Glicério com a imagem que de fora se tem dele: drogas, violência e prostituição, mas também como lugar onde eles se criaram, estudaram, onde conhecem as pessoas e têm amigos, e onde conseguiam se cuidar para não arrumar confusão. "Bom ou ruim, é onde vivo."

Uma das regras de sobrevivência que citavam nesse universo de "lei do cão", era "a lei do silêncio". Deviam cumprimentar ("Oi! Tudo bem?") todos os conhecidos de infância envolvidos com o "mal", mas não podiam passar disso. De um lado, intimidade demais tornava os jovens parte do mundo do mal; de outro, "fingir que não conhece" indicava que deixarão de proteger, se necessário, o compa-

---

4. Skinner, S., 1995.

nheiro de infância da polícia ou de estranhos. Isso porque havia dois grandes grupos definindo todos os outros subgrupos de jovens: "os que trabalham e estudam" (do bem), e os que "roubam e consomem drogas" (do mal). Como já vimos no caso da percepção da idéia de promiscuidade, entre os que se sentiam identificados com o lado "dos marginais" (termo que eles usam), os "outros" são muito mais marginais do "que eu": fumo mas não injeto, roubo mas não mato, estupro mas não bato, sou quente mas não sou galinha.[5]

Esses jovens pobres e "do bem" vão se construindo como adultos num mundo em que o esforço de sobrevivência é brutal, as chances de dar tudo errado são grandes, e os escorregões, definitivos. Com 15 ou 16 anos sentem que já acabou a juventude, porque a idéia de juventude e adolescência passada para eles, vendida na mídia, nos livros etc. é uma possibilidade altamente marcada pela classe social – por isso decidi não chamá-los de adolescentes. Vida alegre e cheia de lazer é para "os riquinhos" (termo deles), ou para os que optam pelo caminho mais fácil da marginalidade, que também não têm um final feliz. O comentário da menina ilustra como a Aids e a gravidez acumulam uma situação já precária: "Aids você pega e morre, resolve a questão; na gravidez vai continuar vivo e esse é o problema: vai ter que dar conta da sobrevivência em situação de desvantagem, criando a desvantagem para mais um, o neném".

Se pensarmos nos aspectos da vida sexual que o roteiro da oficina pretendia abordar – percepção da vulnerabilidade para a Aids, preconceitos e estigmas relacionado à Aids, capacidade de comunicação, incorporação de guias e instrumentos para o sexo seguro, comunicação e negociação com o parceiro, adaptação de novos *scripts* sexuais para incluir o uso de camisinha e o teste do HIV, cuidados constantes com a saúde reprodutiva – observamos que nenhum desses fatores é independente do contexto sociocultural. Se o único indicador de sucesso for usar camisinha em todas as relações, fazer o teste HIV e manter a saúde reprodutiva (os seguros contra Aids) as mudanças que conseguimos com esse modelo, sofisticado e caro, foram muito pequenas quando medidas seis meses depois como vimos no capítulo anterior. O ritmo de mudanças em direção ao sexo seguro que propomos sempre vai depender da quantidade de experiências confirmadoras possíveis naquela comunidade, dos

---

5. Idem, ibidem. 1995.

pequenos sucessos que apóiam o sentido da mudança, da sensação de que são capazes de interferir no destino, ou de que vale a pena o esforço.

Na conclusão de todos os grupos de avaliação fizemos a pergunta: o que faltou? Dois temas foram mencionados como importantes de serem acrescentados ao roteiro original das oficinas: mais conversas sobre gravidez indesejada, em especial sobre o aborto, e encontrar algum jeito de conversar sobre "drogas" e violência. Mas era muito difícil falar de drogas naquela comunidade:

(Grupo de meninos, segundo encontro de avaliação)

Coord. – Que assuntos vocês queriam discutir que não puderam ser discutidos?

♦ – Gravidez. Drogas. Por exemplo, eu até o começo do ano nunca tinha visto cocaína.

Coord. – Foi nesse grupo que fazendo o labirinto surgiu muita história com droga? Ficamos de voltar ao assunto.

♦ – Foi, no meu grupo.

Coord. – O que vocês queriam falar sobre droga?

(Silêncio)

Coord. – É difícil falar sobre drogas?

(Silêncio)

Coord. – É difícil, né? Ninguém aqui precisa falar se usa ou não droga, essa não é nossa preocupação...

(Todos fazem caras pensativas, ficam quietos.)

Coord. – A gente tem que decidir... Querem discutir sobre gravidez?

♦ – Ah, eu acho melhor.

(Silêncio)

Coord. – Quem prefere gravidez levante a mão? (a maioria levanta a mão)

Mesmo quando os participantes do grupo reconheciam que usam drogas, aparentemente se sentindo à vontade no grupo, o tema permanecia tabu. O trabalho de prevenção de drogas e da violência nessa mesma perspectiva mereceria um outro livro e há muitas experiências interessantes sendo testadas no Brasil. Violência, abuso sexual, alcoolismo e uso de drogas foram percebidos corretamente por eles como parte do contexto que aumenta a vulnerabilidade dos jovens ao HIV, dificultando a prevenção sexual. Como interferir?

Num estudo mais recente[6] demonstramos que entre mulheres portadoras do HIV, apenas 11% das que foram infectadas por parceiros sexuais e maridos usuários ou ex-usuários de drogas injetáveis desconfiavam que seu parceiro era um deles, já que no Brasil o que se injeta é a cocaína e não a heroína. A violência, como vimos nos capítulos anteriores, também era associada por garotos e garotas ao fato de os homens "perderem o controle" quando estão sob o efeito do álcool e da droga. Ou porque são impulsivos e competem em campeonatos de virilidade, socializados que são pela regra do mundo da rua onde ficam a maior parte do tempo. A impulsividade agressiva era tão naturalizada como parte do repertório masculino, quanto a reação passiva ou falta de reação e susto que as mulheres descrevem nas conversas privadas sobre violência, acompanhadas de muita vergonha e culpa por não terem reagido no caso da violência sexual.

Os *scripts* sexuais para os gêneros oprimem os rapazes também

O refrão dos Mamonas "MONEY, que é good nóis não have (HEAVY), se nós HAVasse nóis num tava..." sintetiza com perfeição todos esses anos de experiências com jovens de todos os tipos e comunidades. Polêmico, o histórico CD é um retrato perfeito da linguagem, da cultura sexual e das ansiedades dos rapazes mais pobres com quem trabalhamos em São Paulo, muitos de fim trágico como esses músicos, e cheios de sotaques paulistanos, descritos nos estilos e nas letras: "paulistês, nordestino, português, japonês, fado, rock, sambão, canção".

MONEY, que é GOOD nóis num HAVE (HEAVY)
Se nóis HAVasse nóis num tava aqui PLAYando
Mas nóis precisa de WORKá

---

6. Paiva, V., Bugamelli, L., Leme, E., Ventura-Felipe, E., Tunala, N., Santos, N. 1998.

MONEY, que é GOOD nóis num HAVE (HEAVY)
Se nóis HAVasse nóis num tava aqui WORKando
O nosso WORK é PLAYá

Mas a pior de todas é a minha mulher
Tudo que ela olha a desgraçada quer;
AMBERVISION, FRIGI-DIET
CELULAR, MASTER-LINE
CAMISINHA, CAMISOLA E KAMIKASE (...)

Mamonas Assassinas – 1406 (Dinho/Júlio Rasec)

Essa e outras músicas desse CD são o retrato bem-humorado das angústias masculinas desses jovens paulistanos, do peso das normas de gênero, da falta de poder dos rapazes diante dessas normas, do quanto são pouco cidadão e sujeitos sexuais. Foi o que mais chamou a atenção durante todo o projeto, já que a situação de vulnerabilidade das mulheres nessa e em outras epidemias eu já conhecia. As garotas têm pouco poder diante das normas, nem são mais sujeitas-cidadãs; mas nisso todos nós (eu que escrevo e você que lê) já pensamos, ou como mulheres vivemos. A diferença é que para as mulheres já existem espaços de reflexão, de cuidado, literatura e mídia, lideranças e modelos de caminhos alternativos. É pouco, diríamos nós, ainda muito pouco diriam as feministas.

Não acho que os pobres rapazes pobres começando a vida, esses homens ainda em construção, são culpados de algo que a cultura construiu por milênios. Onde estão seus líderes, responsáveis e revolucionários, o que seus pais e professores fazem para educar o "homem novo", como fizeram com a "nova mulher? Será que eles têm mais poder de fato? Sentem-se tão pouco cidadãos quanto elas, e nem têm mais o controle sobre as mulheres...

(Trocando de papel com eles) "Nem MONEY nóis não HAVE pra se sentir cidadão consumindo como ensina a TV, vai propor mais uma coisa? Usar camisinha? Não beber pra lembrar de ser responsável? Vai me dar um emprego pra eu virar homem? Não? E o que me dá coragem pra virar homem? Ser homem, não é isso? É o quê, então... Vai dizer que é ser homem? Usar camisinha? Diminuir o pouco que sobra pra PLAYá, 'pega umas mulé e zonear por aí'. E MONEY nóis num HAVE, custa um real cada uma, não tem no posto, e é eu que uso, ganho só 70 por mês. E tem tudo mais tudo que a mulé quer (e ele tem que dar, pra conquistar, sempre comprar, consumir): camisola, camisinha, kamicase. Tão luxo quanto 'ambervision, frigi-diet, celular, masterline', essas coisas...'"

COISAS que fazem a classe média se sentir cidadã, exportada para todos os mundos como o sinal de cidadania. Camisinha é artigo de luxo, quem tem mais renda, usa mais como mostramos nesse projeto. Cuidar da saúde reprodutiva é luxo até para as mulheres e para os homens, um conceito inexistente. E a mulher, sempre a mulher é quem consegue pensar, falar sério, mudar o estado das coisas, dos poderes. Ele só reage.

Ela diz (e nem preciso trocar de papel):

"De novo, mais uma vez?" Não vai dar para esperar a cura da Aids chegar... O aborto continua ilegal (e horrível!) e continuamos sem acesso a escolhas contraceptivas, e a culpa ainda é nossa. Jovem? Quem ainda é jovem aqui? Quem tem direito de ser jovem, feliz, alegre e pelo menos um pouquinho irresponsável? Cadê o lazer se tenho de estudar, trabalhar, e ainda no fim de semana fazer o trabalho doméstico? Adolescente? Pensar na Aids? Mas Aids a gente pega e morre, filho a gente sobra para criar.

Como não sobrecarregar as mulheres e organizar os rapazes para lidar com sua opressão? Como conduzir um processo que os liberte das normas tradicionais para os gêneros que torna os garotos e garotas tão vulneráveis? As mulheres contam com os movimentos de mulheres que mudaram a história no mundo todo e no Brasil. Experiências bem e mal-sucedidas voltadas à mulher podem ser avaliadas, é pouco, é nada, mas algo se criou.

Espero ter demonstrado que a versão nacional dos modelos milenares para os gêneros feminino e masculino, que embute nele a desigualdade e a hierarquia patriarcal entre os sexos, tem sido um dos obstáculos na tarefa de prevenir a expansão dessa epidemia. Essa hierarquia foi estimulada pelos artesãos inconscientes dos primeiros simbolismos associados à Aids, como na versão dos grupos de risco.

Esse projeto nos ensinou que cada "contexto sexual" se define pela polarização maior ou menor na tradição patriarcal de dois mundos: um masculino-ativo e outro feminino-passivo. Esses mundos parecem distintos mas são obviamente articulados. Se as mudanças da qual o sexo mais seguro depende precisam acontecer, esses dois mundos precisam se encontrar de outra forma. A boa notícia é que estimular uma visão mais igualitária entre os sexos tem sido bem mais fácil do que parecia à primeira vista, têm-se várias fontes de inspiração nos universos em que esses jovens se socializam e modelos alternativos às velhas construções.

Na classe média universitária está bem disseminada uma ideologia igualitária e a razão lógica do sexo seguro pode ser mais defendida. Se no mundo mais intelectualizado já encontramos maneiras diferentes de articular o *sistema de gênero* com o *sistema sexual*.[7] Entre jovens mais pobres e menos escolarizados o que se faz sexualmente (sistema de sexo) e o que define feminino e masculino (sistema de gênero) são geralmente percebidos como uma coisa só (ser homem é também fazer sexo "assim" e vice-versa). Os *scripts* nas comunidades em que trabalhamos não são possibilidades do agir construídas historicamente, possibilidades a serem re-escolhidas, mas parecem definir para o resto da vida um personagem: a virgem/casadoira, a beata (em homem casto ninguém acredita), a puta, a sapatona e o machão, o macho, o bicha. A classe média intelectualizada e psicologizada (nós) parece ser um pouco mais tolerante, pode-se ir e voltar, encarnar e desencarnar cada personagem, e contamos com mais recursos e ajuda para mudar *scripts* e cenas.

Os *scripts* sexuais moldados pelos gêneros têm sido tão importantes para definir as intenções e motivações para adotar o sexo seguro que a maioria dos jovens nem chega a experienciar novos roteiros. Jovens sem recursos não chegam a ser desafiados pelos obstáculos materiais que têm de enfrentar quando decidirem usar a camisinha, o que acabou acontecendo com os que participaram de um processo mais prolongado de oficinas e avaliação. Só depois que decidem usá-la é que o preço da camisinha passa a ser importante, assim como os espaços onde fazem sexo, o ritmo de vida e da transa.

Como estabelecer um senso de solidariedade e comunidade que ajude esses jovens a se construírem como sujeitos diante dos problemas que compartilham, homens e mulheres? Essa é uma questão importante para os profissionais da saúde pública, não só para as comunidades e seus líderes.

---

7. Essa idéia de que existem dois sistemas articulados foi desenvolvida por Gayle Rubin (1984).

Padrões de referência criados em laboratórios de mídia, modelos artificiais e personagens passados em vídeo (como o terrível Bráulio que conversava com o pênis) que se quer "modelar", colonizando, tem um impacto muito diferente que modelos e exemplos que se estabelecem nos marcos de movimentos comunitários, que geram referências surgidas da vida real, heróis de carne e osso: como Betinho, Padre Júlio, Zumbi, Chico Mendes ou, numa outra ponta conservadora, os depoentes do AAA ou as versões de Cristo encarnadas no carisma do pastor. Há diferenças entre uma campanha de massa (distribuição de graça de camisinha durante o Carnaval de rua) e uma atividade em que o público participa (como o Fazendo Arte com a Camisinha) e um movimento coletivo (um grupo de jovens exigir camisinha na porta do posto de saúde). Essa experiência mais próxima gera uma identificação realista com alguém que fornece um novo roteiro que passa mais rapidamente no teste de realidade. Experiências compartilhadas sugerem "jeitinhos" de lidar com o contexto, indicam os caminhos para as novas encenações que podem construir um novo destino.

Nesse caminho, o que conseguimos gerar com esses projetos são pequenas iniciativas que se constituem em movimentos visíveis nessas comunidades, com uma face claramente identificável, com a cara desses garotos "sem MONEY querendo PLAYá (HEAVY)". A maior participação de massa que conseguimos até hoje continua sendo o Fazendo Arte com a Camisinha, descrito no Capítulo 3. Mas mesmo naquela festa que fez sucesso e provou que dava para falar de Aids de outra forma com milhares de jovens, o que ficou exposta a seguir foi de novo a nossa cara branca nos programas de televisão que repercutiram o evento em todos os canais, ou dos ganhadores de prêmios de melhor arte que eram todos de classe média educada, que sabem usar o material, ou falar ao senso estético dos juízes (de classe média).

Esse tem sido um dos dilemas desse trabalho. De um lado um impulso de sair fazendo um trabalho de organização comunitária, de outro ter de negociar com o mundo real das pessoas que estão ali naquela comunidade, lideranças que não existem e as limitações dos recursos, de professores e da equipe. Os jovens universitários que trabalharam comigo ficavam aflitos e apressados, menos acostumados com a complexidade dos processos de grupo, sem nunca ter vivido a dinâmica de movimentos sociais e convivido com "a cultura dos pobres", já que vivem isolados nos condomínios murados de classe média, sem muita experiência anterior com criar cultura, reinventar...

O papel da escola e dos programas de prevenção

A escola tem sido indicada sistematicamente como um possível oásis na realidade deteriorada dos bairros mais pobres das grandes cidades e várias iniciativas recentes têm demonstrado o impacto positivo do envolvimento com a comunidade a que serve. Durante todo o projeto, desde que começamos a discussão do desenho da pesquisa e do programa de oficinas, trabalhamos em estreita colaboração com professores e técnicos da escola. Contamos com o apoio ativo deles e aprendemos muito com a sua experiência naquelas comunidades, embora os profissionais da escola não diferissem muito dos alunos no nível de consciência sobre a vulnerabilidade ao HIV (sua e dos jovens). Não tinham também os conhecimentos mais específicos sobre a camisinha (como utilizá-la corretamente), sobre o que era sexo seguro ou arriscado e eram bastante preconceituosos em relação aos portadores.

A maioria dos professores começou apoiando muito desconfiadamente a iniciativa. Como contávamos com o apoio necessário da direção da escola, a resistência ao projeto por parte dos mais conservadores ou mais desconfortáveis com a sexualidade e seus temas afins era silenciosa. Os desconfiados resistiam à linguagem mais explícita que defendíamos nas atividades educativas e nos questionários. Ao menos uma vez em cada escola escutamos comentários como esse: "Se teve repercussões aqui na escola? Teve sim... Este ano tivemos 3 grávidas aqui...".

Corrigiam-se invariavelmente em seguida, reconhecendo que a gravidez aconteceria de qualquer jeito, sabiam que o programa se preocupava explicitamente com o sexo responsável e a prevenção. Havia um receio generalizado de que falar de sexualidade com adolescentes incentivaria mais sexo, ninguém tinha certeza do dever de falar dessas coisas na escola.

Ao final do projeto, gostaram do tom mais relaxado e abrangente do trabalho que fizemos e de aprender conosco as atividades da oficina que podiam ser realizadas em sala de aula. Quase todos os professores que participaram do treinamento mais longo reproduziram-no em outras escolas, comunidades de igreja ou outras organizações de que participavam. Ficaram mais confortáveis em falar desses temas, menos assustados com a Aids, mais à vontade e seguros de que valia a pena fazer esse trabalho. Muitos passaram a prestar atenção na relação dos alunos com o posto de saúde e o seu contexto social, organizando "estudos do meio", ou reforçando o esforço dos alunos em conseguir camisinha. O principal ganho no nível pessoal, segundo eles, foi a coragem para começar a fazer alguma coisa depois do treinamento. Os alunos também perceberam a repercussão positiva do projeto nos professores... Gostaram das inovações na aula de ciências, comentaram como os mestres estavam menos preconceituosos, mais informados e dispostos a discutir fatos e não impor a sua moral pessoal.

Os professores fizeram sugestões que achamos relevante anotar aqui:

- É preciso fazer um trabalho mais sistemático com os pais (alguns professores realizaram com sucesso tal atividade).
- É preciso garantir que a região tenha abundância de camisinhas e atendimento apropriado aos jovens, "senão não adianta nada".
- É preciso continuar com atividades divertidas e festivas nas escolas envolvendo a comunidade, como o Fazendo Arte com a Camisinha.
- É preciso organizar encontros e atividades de troca permanente entre as pessoas que fazem esse tipo de trabalho nas escolas ou na comunidade. É altamente estimulante sair do isolamento: "Com tudo contra e você sozinha, sem ninguém pra apoiar... Assim dá mais coragem". Esses encontros, que deveriam ser bimestrais, segundo eles, e podem estimular a continuidade porque aprendem dinâmicas diferentes, trocam material científico e de divulgação atualizado.

Não só Paulo Freire, mas também ele dizia: "Libertação, assim como salvação, não é dado a ninguém".[8] O ponto de partida de qualquer educador, terapeuta ou líder é estimular o poder criador e soluções co-construídas; sem tratar o outro como deficitário, mero portador de falhas que alguém vem de fora corrigir; sem tratá-lo como "objeto" de mais uma campanha, só consumidor de mais um produto que, de novo, não está na sua lista de prioridades antes da violência, emprego, "comida, diversão e arte" por favor!; sem tratá-lo como tábula rasa como se a inteligência e a criatividade fossem limitadas pela biologia ou classe social, ou fossem facilmente condi-

---

8. Torres, C., 1979.

cionadas por um "bom modelador" ou "treinador". Além de ineficaz, a ação paternalista, ou pior, a pedagogia do medo e da repressão e dos conteúdos ininteligíveis para a maioria de brasileiros que tem baixa escolaridade, mantém a dependência e não estimula a re-invenção ou a criação do "inédito viável".[9] Não liberta ninguém de suas "conservas culturais", como diria Moreno.

No campo da educação em saúde, o debate internacional reconhece o fracasso das propostas sem participação da comunidade que se quer proteger.[10] Os efeitos dessa pedagogia no campo da Aids acho que são visíveis nos resultados que apresentamos principalmente no Capítulo 4. Nos Capítulos 5, 6, 7 e 8 era nosso objetivo mostrar os limites da abordagem cujo foco é a vontade individual. Precisamos ir além: não basta ter certeza das informações corretas (vias de transmissão do HIV, camisinha e abstinência são recomendáveis), saber quais os comportamentos adequados (detalhes de sexo seguro e inseguro, anal, vaginal, oral), e os instrumentos necessários (camisinhas, contraceptivos, o teste HIV). Não basta ensinar como se comunicar melhor e a negociar com parceiros, o que depende do contexto, do poder ali na hora, do vínculo. Só conseguimos superar os limites das oficinas com as sessões de acompanhamento e avaliação centrada na cena sexual.

Finalmente

Se a má notícia é o processo de incorporação do sexo seguro *nunca acontece a curto prazo*, por outro lado, querer apressar o caminho é ser marginalizado do processo e ficar falando sozinho. Um apoio a longo prazo, adaptado às condições de cada comunidade e carregado de empatia é necessário para fortalecer o esforço individual, além de ajudar a organizar e conquistar o acesso aos cuidados com a saúde reprodutiva, ao preservativo e às opções contraceptivas necessárias ao sexo seguro. Há numerosos estudos mostrando como o baixo *status* socioeconômico prediz independentemente (depois de controlar idade, acesso ao sistema de saúde e estágio da doença)

---

9. Torres, C., 1979.

10. Ver, por exemplo, vários artigos do número especial dedicado ao *"empowerment"* da revista *Health Education Quaterly*, vol. 21 (2), verão, 1994.

maior mortalidade das pessoas com o vírus HIV.[11] Lacuna que certamente vai se agravar com o alto custo das novas terapias para aumentar a sobrevida dos doentes.[12] Vários autores têm demonstrado como o vírus segue a rota da pobreza e da vulnerabilidade social,[13] ou como os países que são obrigados a ajustes estruturais impostos pelos bancos internacionais diminuem sua capacidade de reagir ou resistir à expansão da epidemia.[14]

Há algumas *lições* desses anos todos trabalhando com a prevenção da Aids, com portadores do HIV e em várias comunidades de jovens:

1) Devemos sempre aproveitar a nossa experiência e *sabedoria local*, do mundo real e na comunidade onde a epidemia cresce. Dialogar a partir do que já sabemos com as teorias aprendidas e pensadas em diferentes contextos socioeconômicos e culturais.
2) Acusar os pobres de sua pobreza, e o doente pela doença que no caso da Aids acaba em culpa interiorizada sem pena nem humanidade não leva a lugar nenhum. A *solidariedade* e o enfrentamento de problemas comuns ficam impossíveis quando a rejeição social contamina, quando uns rejeitam e culpam aos outros.
3) Os modelos mais comuns de prevenção da Aids são pouco eficazes porque só se preocupam em disseminar os fatos biomédicos e não os *fatos socioculturais* responsáveis pela expansão da epidemia do HIV.
4) O contexto sociocultural é necessariamente parte da *cena sexual* e devemos estimular a reflexão nesse sentido. A *cena sexual* é única e pode ser a melhor unidade de análise e observação para compreendermos e modificarmos conscientemente nossa atividade sexual. A decodificação de cada cena significa também concretizar os obstáculos coletivos a serem confrontados: os limites do sistema de saúde, a falta da camisinha, os gêneros hierarquizados, os *scripts* sexuais de nossa socializa-

---

11. Hogg, Strathedee, Craib, O'Shaughnessy, Montaner e Schechter, 1994.
12. Esperamos que a atual política de distribuição gratuita de medicação anti-HIV consiga ter continuidade no Brasil...
13. Mann, J., *et al.*, 1994, e Parker, R., *et al.*, 1994.
14. Lurie, P., Hintzen, P. e Lowe, R., 1995.

ção, o dinheiro, um ponto-de-venda fechado ou aberto, o lugar onde o sexo acontece, o ritmo etc. Não refletir sobre as causas estruturais da expansão da epidemia é tão grave quando não mostrar como o sexo mais seguro nos protege, é como manter o velho bordão "A Aids vai te pegar se você não se cuidar" ou "Sexo transmite Aids", sem dizer como.

5) A literatura que conta a história dos movimentos e *iniciativas humanistas* (memórias, ensaios críticos, pesquisa social, relatos de experiências) pode ser mais rica para nos ensinar *como fazer* essa revolução de cultura, ou como construir as condições sociais e materiais de que precisamos, que a imensa literatura des-politizada de psicologia da saúde ou a epidemiologia comportamental da Aids.

6) Ações autoritárias (mesmo que travestidas com intenções progressistas) *reativam a cultura do silêncio e da inércia*. O interlocutor silenciado se afasta para outros lugares, as pessoas que mais queremos ajudar saem sem a nossa ajuda, não voltam a procurar a nossa "oficina" de trabalho. A linguagem espontânea, franca e respeitosa é a melhor linguagem para a prevenção.

7) Mais do que "adestrar" para o uso da camisinha, precisamos estimular o *sujeito sexual* que possa lidar com as várias e mutantes circunstâncias da vida coletiva e mesmo da história individual, que pensem nas práticas seguras melhores para cada fase da vida, parceiro ou momento. O respeito aos diferentes é essencial para estimular esse domínio da subjetividade, torna o sujeito mais plástico e tolerante diante de si mesmo.

8) A qualidade do trabalho de prevenção também depende de *sermos plurais*. Não existe nas comunidades mais carentes brasileiras um tipo de segregação ideológica como a que a classe média abastada pode construir para si; não contam com as escolas de ideologias distintas e quando mal atendidos nos serviços e redes de apoio não podem "consumi-los" em outro lugar, dependem dos recursos públicos. Conseguir lidar com os vários personagens/identidades e valores que existem em cada comunidade é uma forma de incentivar esses jovens (e seus professores e pais) a lidar e dialogar com os personagens internalizados. Temos de experimentar impor o respeito e ter empatia diante de todos os caminhos, do "rei da galinhagem" ao "crente fundamentalista". Desenvolver programas em que

eles se sintam confortáveis e respeitados é importante não só para que eles tenham acesso à informação, mas para que suas opiniões minoritárias estejam representadas nas soluções aceitáveis em cada grupo. Não é fácil mas vários projetos têm mostrado que é possível.

Essa abordagem não exclui ninguém do processo educativo, incentiva a solidariedade e a entender a vulnerabilidade social e individual ao vírus da Aids, divulga a existência de recursos abertos à comunidade e forjados pelos movimentos sociais (organizações não-governamentais que apóiam minorias). Também estimula cada indivíduo a dialogar com suas fantasias e fantasmas internos; cada personagem da vida sociossexual é também humanizado como representante das forças internas, como esses tipos que dão forma ao desejo. Se não se aprende a dialogar com eles, podemos persegui-los como sombra nos outros, ou sermos possuídos por ela.[15] Ao concretizarmos os personagens na cena e estimularmos o diálogo com eles, estaremos conscientizando o diálogo com as figuras internas de nosso particular caminho de socialização, as figuras que representam construções culturais, parâmetros e referências coletivas, além de vivências pessoais.

9) A qualidade dos programas de prevenção aumenta também se a questão da *hierarquia de gêneros* (homem > mulher) e de sexos (heterossexual no casamento > heterossexual fora do casamento > bissexual > homossexual ativo > homossexual passivo etc.) não for percebida como resultado de alguma lei natural.

10) Os *princípios éticos* de um programa num espaço laico devem ser explícitos.

11) Os programas de prevenção devem *reintegrar o corpo sexual e o corpo reprodutivo*, já que é o mesmo corpo que está envolvido nas escolhas que fazemos como sujeitos sexuais. A reprodução, a contracepção, as doenças sexualmente transmissíveis e os prazeres sexuais, todos, são subprodutos possíveis do mesmo ato sexual. Assim como o afeto, o tipo de vínculo, o contexto em que a relação sexual se dá. Não se deve esquematizar o corpo e as práticas como implicassem

---

15. Paiva, V., 1990.

domínios diferentes de escolha. Com a mesma prática se tem prazer ou dor, se pega filho ou faz Aids, se tem cabeça para pensar ou não. Não tem sentido, muito menos entre adolescentes, separar programas de Doenças Sexualmente Transmissíveis de Aids dos programas de Planejamento Familiar, como se tem feito. Menos ainda excluir os homens desses programas nos serviços de saúde.

12) As escolhas reprodutivas e a camisinha devem estar *acessíveis*. O preço da camisinha deve cair e a distribuição (gratuita ou não) ser mais planejada. Para que vamos continuar distribuindo camisinha no Carnaval para virar balão ou nem ser usada?[16] Enquanto isso os vários fabricantes continuam mantendo uma distribuição que cobra R$ 1,00 por camisinha (nos EUA custam U$ 0.10 para os jovens) e tomam poucas iniciativas para apoiar ou financiar trabalhos de prevenção à Aids, privatizando o Estado mais uma vez, abusando das campanhas de marketing do Ministério da Saúde. Quantas campanhas de marca de camisinha você tem visto patrocinando eventos ou programas na mídia? Em lugar de desperdiçar, deveríamos estar distribuindo essas camisinhas para as organizações que trabalham diretamente com a comunidade, patrocinando multiplicadores jovens em idade escolar, a comunidade gay, os meninos ou meninas de rua, ou distribuindo para associações de bairro, postos de saúde e espaços mais adequados para se fazer um trabalho face a face e de longa duração, de organização comunitária.

13) A qualidade dos programas de prevenção da Aids depende de mudarmos a idéia de que oficinas e treinamentos esgotam o trabalho. São uma etapa necessária num *trabalho com a comunidade*, não se pode exigir que cumpram mais do que podem e devemos dizer isso aos participantes.

Pensando nos programas que focalizam os *jovens em escolas* e fora delas como um caso especial:

14) Os programas de prevenção entre jovens devem superar a idéia de uma "natureza" universal do desenvolvimento se-

---

16. Hughes, V., Stall, R., Klouri, C. *et al.*, 1995.

xual, *eliminar o conceito de uma adolescência universal que se reduz à "explosão ou poder dos hormônios"*. Essa concepção mantém a sexualidade com qualidades masculinas-machistas, de um lado, e justifica a impulsividade ou violência a que os rapazes se vêem empurrados. A descrição de uma "adolescência universal" não prevê que os gêneros e o *status* socioeconômico constroem adolescências diferentes e sexualidades distintas e não ajuda a promover o esforço preventivo. Nossa análise sobre as semelhanças e as diferenças entre universitários e estudantes do primeiro grau noturnos decidiu que programas educativos diferentes ajudam os jovens a enfrentar essas diferenças no seu contexto social. Opções mais conscientes e realistas, plásticas e criativas, podem ser inventadas por eles. Os alunos do curso noturno do ensino fundamental precisam de muita discussão sobre os gêneros e a sexualidade para que consigam melhor distribuir a responsabilidade e muito esforço coletivo para superar os obstáculos de seu contexto social (e sexual). Os estudantes universitários parecem ter pais e companheiros mais à vontade para falar sobre sexo, fazem parte de um grupo que já valoriza um maior equilíbrio na divisão de responsabilidade sexual antes de qualquer intervenção educativa e acesso aos recursos que o dinheiro e a escolaridade podem fornecer. A idéia de uma adolescência universal ou da natureza explosiva do sexo inventada pela sexologia é muito mais perniciosa do que a idéia de "transgressão" e do "brasileiro erótico ou sedutor" presente no imaginário nacional, criticada por alguns.[17] Essa é pelo menos uma produção brasileira e que pode ajudar a constituição de sujeitos sexuais, porque não nega o desejo de homens e mulheres. Para o bem e para o mal não somos um país puritano e só mudamos a partir do que somos.

15) Os jovens querem e poderiam contar mais com a comunidade de *adultos* como recurso prioritário de *continuidade* e permanência de um trabalho de prevenção, além de mais estímulo para a organização dos *próprios jovens* que otimizam os efeitos de qualquer programa como multiplicadores. Professores e monitores podem incorporar a maioria dos recursos que usa-

---

17. Ver essa crítica, por exemplo, em Goldstein, D., 1994.

mos nas oficinas em atividades permanentes em sala de aula e reinventá-los, foi o que nos mostraram os professores com quem trabalhamos. Os pais são referências importantes para esses jovens, e não têm tanta consciência disso; mais do que lidar com seu pouco conforto com esses temas, deveriam ser incentivados a refletir conosco e junto com seus filhos. Os profissionais de saúde, incluindo os farmacêuticos do bairro, como fizeram os jovens do Glicério, devem ser convocados para participar ou ser avisados de que vão ser colocados como serviço de referência, que o direito à saúde é um direito e não um favor.

16) Os programas de prevenção nas escolas noturnas e nas áreas urbanas de baixa renda, em particular, devem levar em conta a *falta de lazer* para esses jovens, a importância do sexo como um dos únicos espaços de diversão e intimidade, além de ser definidor da identidade de gênero (masculina e feminina). A brincadeira e bom humor, e não o medo e a ameaça de morte ou infelicidade, é o tom que funciona melhor.

MONEY, que é GOOD nóis num have (HEAVY). Se nóis HAVasse nóis num tava aqui PLAYando... FAZENDO ARTE COM A CAMISINHA.

Numa reunião de grupo, uma das primeiras, para avaliar as oficinas de sexo seguro que havíamos feito com os adolescentes da Baixada do Glicério, escutamos que entre as coisas que mais haviam gostado estava "fazer arte com a camisinha": encher, fazer balão, pôr e tirar da banana, do pepino, inventar, banalizar a camisinha. Queriam também propor um "agito" com os alunos da escola que não haviam participado da oficina, um concurso, uma festa que incentivasse o uso da camisinha, alguma coisa "pra todo mundo". Grande idéia! Foi a luz surgida no trabalho com as comunidades do Centro de São Paulo, ecoada com a legitimidade da universidade pública e endossada por vários setores marcantes para a opinião pública e que movimentam a cidade: empresas dedicadas a jovens (LEVIS-STRAUSS, YAZIGI), mídia (FOLHA DE S. PAULO, MTV, 89 FM), governos municipal e estadual, profissionais de saúde-educação e artistas... A conjuntura já era mais favorável no início da década de 1990, mas se certas vontades políticas não se juntassem, talvez demorássemos mais tempo para virar o jogo do medo, do preconceito e da ignorância. Em menos de dois meses organizamos aquele Primeiro de Dezembro que ajudamos a inovar na USP, basicamente com trabalho voluntário. Espero ter ilustrado também a necessidade de se fazer história e fazer política, além de educar, alegremente.

Outros programas como este têm respondido à inquietação que gerou a iniciativa do primeiro projeto sintetizada na introdução. Meio em inglês, língua que hoje unifica o planeta e traduz a luta global contra a Aids, e sem o MONEY que eles têm e nóis num HAVE, em brasileiro mesmo, muitos têm conseguido demonstrar que é possível fazer diferente. Sem negar o amor e a paixão, sem transformar o outro necessariamente em outro perigoso, sem negar a cidadania, fomentando o direito à diferença, sem colonizar.

Caminhamos também vários passos no sentido de entender como promover (ou não) as mudanças de que necessitamos para conter essa epidemia. A lição maior é de que é um processo muito mais lento do que precisamos ou gostaríamos. Só do envolvimento de todos pode vir o rápido apoio para que as pessoas decidam mudar suas práticas, ou identifiquem saídas mais aceitáveis para si e para seus parceiros em resposta à Aids, sem que se imponha uma nova norma higiênica e definitiva, que aliás acho que não se impõe mais nesse final de século.

Dependemos de fazer as perguntas certas a partir de teorias que conhecemos, mas em contato com a nossa realidade social. *Dependemos mais de uma pedagogia e de uma política clara, que de uma teoria geral do comportamento (ou da psique) descontextualizada.* Podemos, sim, ter muitos *insights* vindos dessas teorias gerais, e mais claramente da pesquisa social que nos fornece possibilidades de refletir sobre os sentidos e significados daquilo que se constrói socialmente. Mas precisamos nessas comunidades de uma pedagogia libertadora, e não de uma abordagem clínica, nem do simples discurso ideológico sobre a saúde, o poder e a opressão.

Para aceitar esse desafio como promotores da saúde que celebram a vida, devemos aproveitar permanentemente as oportunidades de aprimoramento em campos inexplorados, num trabalho necessariamente multidisciplinar; freqüentar a literatura e a troca de experiências que falam de desenvolvimento comunitário, valorizar depoimentos pessoais e histórias reais de iniciativas bem e malsucedidas, além dos fatos epidemiológicos e biomédicos mais recentes. Por isso as sabedorias específicas, das ciências e das comunidades, devem buscar as alianças possíveis das quais o controle dessa epidemia depende, em lugar de ficarem trancadas no espelho narcisista.

Como estamos numa das fronteiras do conhecimento e do experimento ético-moral, lembrem-se: não será simples entrar no tema. Parecerá aos outros que não é legítimo "qualquer um trabalhar com uma coisa dessas" (sexualidade e Aids), como dizia para nós a diretora de uma das escolas, o que ficou óbvio pelo tempo que demoramos para conseguir materializar o primeiro projeto.

Espero inspirar outros autores e suas histórias, bem e malsucedidas. Foi com esse espírito que escrevi esse "baita livrão", como diz meu filho. E é para eles, Chico e Juca, que esse texto é dedicado. Espero que encontrem na adolescência a que têm direito, um mundo mais solidário, mais igualitário e com muito menos Aids.

Viva a vida!
São Francisco, fevereiro de 1996
São Paulo, maio de 1999

Referências bibliográficas

ABIA. Boletim, nº 20, jul. ago., 1993a.
_____. Boletim especial, set./out. *Por Uma Nova Estratégia de Saúde Frente à Aids*, 1993b.
ALDANA, A. "Mulher, Sexualidade e Sexo Seguro". In: PAIVA, V. e ALONSO, L., 1992.
ALTMAN, D. *"Power and Community – organizational and cultural responses to Aids"*. Londres, Taylor and Francis, 1994.
ANTUNES, M. C., BEDOIAN, G., SILVEIRA, F., STEMPLIUK, V., SERRANO, O. A fala espontânea de jovens do centro de São Paulo. Paper apresentado na XXII Reunião Anual da Sociedade Brasileira de Ribeirão Preto, 1992.
_____. PAIVA, V., et al. "Condom Use Among Adolescent Primary Night School Students in Brazil". Poster presentation na X Conferência internacional de Aids, Japão, 1994.
_____. PERES C. A., ACCIOLY R., BALESTRINI M., STALL R. e HEARST N. "Evaluation of an Aids Prevention Program for Young Adults in Public Night Schools of São Paulo, Brazil". Resumo submetido à XI conferência Internacional sobre Aids, in Vancouver, 1994.
_____. "Influências das normas de gênero na prevenção da Aids: avaliando um modelo educativo para jovens". Dissertação de mestrado apresentada ao Departamento de Psicologia Social – IP – Universidade de São Paulo, 1999.
APTA. "Como Falar de Aids nas Escolas". São Paulo, 1994.
ARAÚJO, M. J. "A Escolha de Métodos Anticoncepcionais para Programas de Planejamento Familiar: a perspectiva das mulheres". Apresentado no encontro do Programa Especial de Reprodução Humana da Organização Mundial da Saúde, Genebra, fevereiro, 1991.
ARILHA, M. & BARBOSA, R. "Cytotec in Brazil: 'At least it doesn't kill'". In: *Reproductive Health Matters*. Londres, 1993.
ÁVILA, M. B. "Direitos reprodutivos, exclusão social e Aids". In: BARBOSA, R. e PARKER, R. *Sexualidades pelo avesso*. São Paulo, IMS/UERJ-Editora 34, 1999.

AYRES, J. R. "VulnerabilidAIDS. VulnerADOLESCENTES". Videoteipe produzido pelo autor, com roteiro e argumento de J. R. Ayres, I. França Jr., G. Calazans. Direção Joelzito Araújo. Apoio Fundação MacArthur.
BANDURA A. "Social Cognitive Theory and Exercise of Control over HIV infection". In: DI CLEMENTI AND PETERSON (eds.), 1994.
BARBOSA, R. "Mulher e contracepção: entre o técnico e o político". Tese de mestrado. Instituto de Medicina Social, Rio de Janeiro, 1989.
_____. "A Trajetória Feminina e a Aids", 1994.
_____ e PARKER, R. (org). "Sexualidades pelo avesso". IMS/UERJ. São Paulo, Editora 34, 1999.
BASTOS, C., GALVÃO, J., STALIN, J., & R. PARKER. "Introdução". In: PARKER, R. *et al.*, 1994.
BEDOIAN, G., ANTUNES, M. C. *et al.* Os jovens do centro de São Paulo. Trabalho apresentado na XXII Reunião Anual da Sociedade Brasileira de Ribeirão Preto, 1992.
BENFAM. "Pesquisa sobre Saúde Reprodutiva e Sexualidade do Jovem. Rio de Janeiro, Recife e Curitiba", Relatório DEPES, 1992.
BERQUO, E. A Esterilização no Brasil Hoje. (Sterilization in Brazil Today) Trabalho apresentado no Encontro Internacional Sobre Saúde das Mulheres. Brasília, 1989.
_____. "Brasil, Anticoncepção e Partos Cirúrgicos: um Caso Exemplar à Espera de uma Ação Exemplar". Trabalho apresentado no Seminário – Mulher e Desenvolvimento, NEPO/Unicamp, Brasil.
_____ & Marta Rovery de Souza. "Conhecimento e uso e condom; anticoncepção e prevenção de doenças sexualmente transmissíveis". Texto NEPO 20. Unicamp, 1991.
BOULTON, M. "The Methodological Imagination". In: Peter Aggleton (ed.), *Challenge and Inovation – Methodological Advances in Social Research on HIV/Aids*. Londres, Taylor and Francis, 1994.
BUITONI, D. "Consciência e Inconsciência da Mídia". In: ECOS, Cadernos 1, *Sexualidade na adolescência: educação e mídia*, 1991.
CASSESSE, J. "Como o trauma sexual na infância pode influenciar o comportamento de risco de contágio por HIV?". In: *Fatos e Notas número 7/99*. Nepaids, 1999. www.usp.br/nepaids
CATANIA, J., KEGELES, S. e COATES, T. "Towards an Understanding of Risk Behavior: an Aids risk reduction model (ARRM)". In: *Health Education Quaterly*, 17, 1990, pp. 381-9.
CAVALCANTI, C. "The Glamourisation of Safer Sex in Three Women's Magazines". In: *Reproductive Health Matters*, nº 6, maio, 1995.
CDC. "Community-Level HIV Intervention in Five Cities: Final Outcome Data From the CDC Aids Community Demonstration Projects". In *American Journal of Public Health* (03/99), 1999. vol. 89, nº 3, p. 336.
CENTRO DE VIGILÂNCIA EPIDEMIOLÓGICA. (out./nov. 1994). Aids no Estado de São Paulo, Boletim.
CHOI, K. H. & COATES, T. J. "Prevention of HIV Infection", Editorial Review, *in Aids*. *8:1371-1389*, 1994.
DANIEL, H. & PARKER R. V. *Aids: a terceira epidemia*. São Paulo, Iglu Editora, 1991.
_____. "Sexuality, Politics and Aids in Brazil". Londres, Falmer Press, 1993.

DIAZ, R. "Psycho-cultural Model of Sexual Self-Regulation". Não publicado. Center for Aids Prevention Studies-UCSF, 1996.

_____. *Latino Gay Men and HIV: culture, sexuality and risk behavior*. Nova York e Londres, Routledge, 1990.

DI CLEMENTI, R.J., & PETERSON, J. (eds.), *Preventing Aids: Theories and Methods of Behavioral Interventions*. Nova York, Plenum Press, 1994.

DOUGLAS, MARY. *Pureza e perigo*. São Paulo, Perspectiva, 1996.

FEINSBEIN, M., MIDDLESTAAD, S., HITCHCOCK, P. "Using Information to Change Sexually Transmitted Disease-Related Behaviors – An analysis based on the theory of reasoned action". In: DI CLEMENTI AND PETERSON. "Preventing Aids: Theories and Methods of Behavioral Interventions". Nova York, Plenum Press, 1994.

FOUCAULT, M. *História da sexualidade*. Rio de Janeiro, Graal, 1980.

Freire, P. *Pedagogia do Oprimido*. Rio de Janeiro, Paz e Terra, 1970.

_____ & Adriana Nogueira. *Que fazer: teoria e prática da educação popular*. Petrópolis, Vozes, 1989.

FREIRE COSTA, J. "A Construção Cultural dos Sexos". In: *Sexualidade, gênero e sociedade*, ano 2, nº 3, junho. Publicação do CEPESQ/IMS/UERJ, 1995.

FRY, P. *Para inglês ver*: identidade e política na cultura brasileira. Rio de Janeiro, Zahar, 1982.

GAGNON J. & SIMON W. *Sexual Conduct: the social sources of human sexuality*. Illinois, Aldine, 1973.

GOGGIN M., & SOTIROPOULOS J. Sex in Silence: the national survey of young gay males. Trabalho apresentado na X Conferência Internacional da Aids. Japão, abstract 169d, 1994.

GOLDSTEIN, D. "Aids and Women in Brazil: the emerging problem". *Social Sciences and Medicine*, vol. 39, nº 7, 1994.

GONSIOREK J. "Mental Health Issues of Gay and Lesbian Adolescents". *Journal of Adolescent Medicine*, 9,1989, pp. 114-22.

GROSSMAN A. H. "Homophobia: a cofactor of HIV disease in gay and lesbian youth". *Journal of the Association of Nurses in Aids Care, 5:*1994. pp. 39-43.

GRUPO PELA VIDDA. "Boletim Pela Vidda/Rio", ano VI, nº 23, junho, 1995.

GUPTA, G. R. & WEISS, E. "Women and Aids: developing a new health strategy". *ICRW policy series*. Nova York, Ford Foudation, 1993.

HEALTH EDUCATION QUATERLY. Vol 21 (2), Verão, 1994.

HEILBORN, M. L. "A Costela de Adão Revisitada", *Estudos Feministas*. Rio de Janeiro, URFJ, 1993.

_____. "De que Gênero Estamos Falando?" In: *Sexualidade, gênero e sociedade*, ano 1, nº 2, dezembro, 1994.

HEINRICH, L. B. "Contraceptive Self-Efficacy in College Women". *Journal of Adolescence Health*, 14, 1993, pp. 110-15.

HERDT G. "Toward a Comparative Theory of Identities and Cultures". In: Parker & Gagnon. *Concieveing Sexuality*, 1995.

HOGG R. S.; STRATHEDEE S. A.; CRAIB K.; O'SHAUGHNESSY M.; MONTANER, J., & M. T. SCHECHTER. "Lower Economic Status and Shorter Survival Following HIV Infection". *Lancet 344*, 1994, pp. 1120-4.

HUGHES, V., STALL, R., KLOURI, C., *et al*. "Aids Risk Taking Behavior During Carnival in Sao Paulo, Brazil". *Aids*. Vol. 9, suplemento 1, julho, 1995.

ICRW. *Information Bulletin*. Abril 1993, Washington.
IRVINE, J. *Sexual Cultures*, Philadelphia, Temple University, 1994.
JINICH, S., STALL, R., et al. Childhood Abuse and HIV Risk Taking Behavior among Gay and Bisexual Men. Center for Aids Prevention Studies – UCSF. Draft under review. Comunicação pessoal, 1995.
JUNG, C. G. *Psychological Types*. Princeton, Princeton University Press, 1997.
KINSEY et al. *Sexual Behavior in the Human Male*. Philadelphia, WB Sanders, Co., 1948.
KIRBY, D., SHORT, L, COLLINS, J., et al. School Based Programs to Reduce Sexual Risk Behaviors: a review of effectiveness. *Public Health Reports*, 109, 1994, pp. 339-60.
LAUMAN, E., GAGNON, J., MITCHEL, R. e MICHAELS, S. "The Social Organization of Sexuality – sexual practices in the United States". Chicago, University of Chicago Press, 1994, p. 6.
LEAL, O. F. *Sangue, Fertilidade e Práticas Contraceptivas*. Trabalho apresentado no XIII Congresso Internacional de Ciências Antropológicas e etnológicas, Cidade do México.
LEME, C. "Aids: a distância entre a intenção e o gesto". In: *Playboy*, janeiro, 1994.
LINDENBAUM S. *Culture, Structure, and Change – research after modernity*. In: R. Parker & J. Gagnon, 1995.
LOPES, J. "A Imprensa Dirigida ao Público Adolescente, Funcionamento, Abrangência e Limites". ECOS, Cadernos 1, *Sexualidade na adolescência: educação e mídia*, 1991.
LURIE, P., HINTZEN, P., e LOWE, R. "Socioeconomic Obstacles to HIV Prevention and Treatment in Developing Countries: the role of the International Monetary Fund and the World Bank". In: *Aids*, 9, 1995a, pp. 539-46.
_____. *Aids-editorial review*, vol. 9, nº 6, 1995b.
MAC LAREN, P. & P. L. *Paulo Freire – a critical encounter*. ̄ondres/Nova York, Routledge, 1993.
MANN, J. et al. "Aids no Mundo". Rio de Janeiro, Relume-Dumará/IMS/ABIA, 1994.
MINAYO, M. C. S. *O desafio do conhecimento científico*: pesquisa qualitativa em saúde (2ª ed.). SP-RJ: Hucitec– Abrasco, 1994.
MARINEAU, R. *Jacob Levy Moreno*, Pai do Psicodrama, da Sociometria e da Psicoterapia de Grupo. São Paulo, Ágora, 1992.
MASTER e JOHNSON. Human Sexuality Response. Boston, Little, Brown & Co., 1966.
MONEY, J. e TUCKER, P. "Os papéis sexuais". São Paulo, Brasiliense, 1975.
NÚCLEO DE INVESTIGAÇÃO de Saúde da Mulher/Casa da Mulher do Grajaú. Manual do vídeo "Seguro morreu de velho – vídeo e manual de treinamento". São Paulo, 1992.
ODETS, W. The Fatal Mistake of Aids Education. San Francisco, San Francisco Bay Times. 4 de maio de 1995.
OSMOND, D. "HIV infection in Homosexual and Bisexual Men from 18 to 29 years of Age: the San Francisco Young Men's Health Study". *American Journal of Public Health*. 84 (12): 1994, pp. 1933-37.
PAIVA, V. *Evas, Marias e Liliths*; as voltas do feminino. São Paulo, Brasiliense, 1990.
_____ e ALONSO, L. (eds.). *Em tempos de Aids*. São Paulo, Summus, 1992.

PAIVA, V. "O simbolismo da Aids, alteridade e cidadania". In: PAIVA, V. e ALONSO, L. 1992, 1992b.

_____ & LEME B. "Condons and Cucumbers". In: *Aids Action*. junho-agosto, 1994.

_____. "Sexuality, Condom Use and Gender Norms among Brazilian Teenagers". *Reproductive Health Matters* 2, 1993, pp. 98-109.

_____. "Sexual empowerment and Reproductive Rights: Brazilian teenagers and HIV Prevention". In: *Americas e Latinas*. Stanford University, 1995a.

_____. "Sexuality, Aids and Gender Norms". In: G. Herdt & H. ten Brummelhuis. *Culture and Sexual Risk – Anthropological perspective on Aids*. Nova York/Londres, Gordon & Breach, 1995b.

_____. "Sexualidades adolescentes: escolaridade, gênero e o sujeito sexual". In: R. PARKER e R. M. BARBOSA. *Sexualidades Brasileiras*. Rio de Janeiro, Relume-Dumará, 1996.

_____. "Fazendo arte com a camisinha – a história de um projeto de prevenção da Aids com jovens". Tese para obtenção do grau de Doutora em Psicologia Social, Instituto de Psicologia da Universidade de São Paulo, 1996b.

_____. "Cenas sexuais, roteiros de gênero e sujeito sexual". In: R. M. BARBOSA & R. PARKER (org.). *Sexualidades pelo avesso – direitos, identidades e poder*. São Paulo, Editora 34, 1999a.

_____. "VulnerabilidAids vulnerADOLESCENTES". In: *Interface– comunicação, saúde educação*, agosto 1998, número 3. Botucatu – Fundação UNI, 1998a.

_____ e L. BUGAMELLI, B., LEME, E. VENTURA-FELIPE, L. TUNALA, N. SANTOS. "SIDA, vulnerabilidad y condicionantes de género". In: *Red de Salud de las Mujeres* (org.). *Cuadernos Mujer Salud no3*. Santiago, Chile, 1998. Tradução disponível na página do NEPAIDS: www.usp.br/nepaids

PARKER, R. *Corpos, prazeres e paixões*, São Paulo, Best Seller, 1991.

_____. *A Construção da solidariedade*. Rio de Janeiro, Relume-Dumará, 1994a.

_____. "Políticas Públicas, Ativismo Social e Aids no Brasil". In: *PARKER* (1994a), 1994b.

_____. "Diversidade Sexual, Análise Cultural e a Prevenção da Aids", In: *PARKER* 1994a, 1994c.

_____. "Sexo Entre Homens: consciência da Aids e comportamento sexual entre os homens homossexuais e bissexuais no Brasil". In: *Parker et al.*, 1994e, 1994d.

_____ & MANUEL CARBALLO. "Human Sexuality and Aids: the case of male bisexuality". In: CHEN, L. C. *et al.*, Aids and Women's Reproductive Health. Nova York, Plenum Press, 1991.

_____ *et al. A Aids no Brasil*. Rio de Janeiro, Relume-Dumará/IMS/ABIA, 1994e.

_____ & J. GAGNON. *Conceiveing sexuality*. Nova York, Routledge, 1995.

PELEGRINO. H. "Pacto Edípico e Pacto Social". *Folha de S. Paulo*, 11/9/83. Caderno Folhetim, 1983.

PIAGET, J. *The Origins of Intelligence in Children*. Nova York, International University Press, 1952.

PROCHASKA, J. O., DI CLEMENTI, C. C., & NORCROSS, J. C. "In Search of How People Change". *American Psychologist*, 47, 1992, pp. 1102-1114.

PTETCHESKY, R. P. "Direitos sexuais: um novo conceito na prática política internacional". In: Barbosa, R. e Parker, R. "Sexualidades pelo avesso". São Paulo: IMS/UERJ-Editora 34, 1999.

PUIGGRÓS, A. "História y Prospectiva de la Educción Popular Latino Americana." In: *Educação Popular*, Utopia Latino-Americana, São Paulo, Cortez Editora-EDUSP, 1994.

REMATDI, G. "Cognitive and Behavioral Adaptations to HIV/Aids Among Gay and Bisexual Adoloscents". In: *Journal of Adolescents Health*, 15, 1994, pp. 142-148.

RENA, L. C. "Projeto adolescer: concepção de sexualidade dos adolescentes no interior de Goiás; conseqüências para o processo de reprodução humana". Relatório Final à Fundação MacArthur, 1996.

_____. "Ações educativas em sexualidade: limites e possibilidades da intervenção psicossociológica em grupos de adolescentes". Dissertação de Mestrado do Departamento de Psicologia da FAFICH-UFMG, maio 1999.

ROSENSTOCK, I.; STRECHER V. e BECKER, M. "The Health Belief Model and HIV Risk Behavior Change". In: Di Clemente and Peterson, 1994.

RUBIN, G. "Thinking Sex: notes for a radical theory of the politics of sexuality". In: Vance, 1984.

SANTOS, N. As Mulheres e a Aids. Tese de mestrado, Universidade de São Paulo, Faculdade de Saúde Pública, 1994.

SHOR, I. & P., FREIRE. *A Pedagogy of Liberation*. Connecticut, Bergoin & Garvey, 1987.

SILVA, R. C. "A falsa dicotomia qualitativo-quantitativo: paradigmas que informam nossas práticas de pesquisas". In: Romanelli, G.; Biasoli-Alves, Z.M.M. *Diálogos metodológicos sobre práticas de pesquisa, Ribeirão Preto*, Editora Legis-Summa, 1998.

SIMON W. & J.GAGNON. "Sexual Scripts". In: *Society*, nov./dec., 1984.

SKINNER, S. "Young, Poor, and Brazilian: HIV Prevention, Identity and Solidarity in Inner city", dissertation for Latin American Studies Honors Program, Stanford University, June, 1995.

SOUZA, B. *O Dia da Cura*. Rio de Janeiro, ABIA/Relume-Dumará, 1994.

STALL R., BARRET, D., BYE, L. "A Comparison of Younger and Older Gay Men's HIV Risk-Taking Behavior". *Journal of Acquired Immune Deficiency Syndromes*, 5, 1992, pp. 682-7.

STALL R. & EKSTRAND, M. "The quantitative/qualitative debate over 'relapse' behavior: comment". *Aids CARE*, vol. 6, nº 5, 1994.

SUPLICY, M. "Educação e Orientação Sexual". In: *Educação Sexual: novas idéias e novas conquistas*. Rio de Janeiro, Rosa dos tempos, 1993.

TERTO JR., VEREANO. "Sexo Seguro". In: Paiva e Alonso, 1992.

TORRES, C. *Diálogos com Paulo Freire*. São Paulo, Loyola, 1979.

UNAIDS – Programa de Aids das Nações Unidas (1997). "Impact of HIV and sexual health education on the sexual behaviour of young people: a review update". Unaids Best Practice Collection. Também em espanhol sob o título: "Impacto de la educación em matéria de salud sexual y VIH sobre el comportamiento de los jóvenes: actualización de un análisis". Collección Prácticas Optimas. Disponíveis na página da UNAIDS. www.unaids.org.

UNAIDS – Programa de Aids das Nações Unidas Facts and Figures – 1999 World Aids Campaign, 1999.

VANCE, C. *Pleasure and Danger: exploring female sexuality*. Boston, Routledge, 1984.

VAN GORDER, D. "Building Community and Culture are Essencial to Sucessful HIV Prevention for Gay and Bissexual Men". In: *Aids and Public Policy Journal*, São Francisco, inverno, 1994.

VELHO, G. *Subjetividade e Sociedade*. Rio de Janeiro, Jorge Zahar, 1986.

VILELLA, W. "A Prevenção do HIV/Aids no Brasil: reflexões a partir das propostas de ONGs ao Programa Nacional DST/Aids". Fotocópia, 1995.

WEEKS J. *Sex, Politics and Society: the regulation of Sexuality since 1800*. Nova York: Longman, 1981.

_____. "History, Desire and Identities". In: PARKER, R. & J. GAGNON, 1995.

WEINSTEIN, N. "Perceptions of Personal Susceptibility to Harm". In: MAYS, V., G. ALBEE, & J. JONES (eds.), *Psychological approaches to the prevention of Aids* (pp. 142-67). Beverly Hills, CA, Sage, 1989.

WHATNEY, S. "The subject of Aids". In: PETER AGGLELTON *et al. Aids Social Representations, Social Practices*. Londres, Falmer Press, 1989.

WORKING GROUP on Sexual Behavior Research. *Gender, Sexuality and Health*: building a new agenda for sexuality research in response to Aids and Reproductive Health. Final document, 1995.

ZALDUNANDO, B. & BERNARD. J. M. *"Meaning and Consequences of Sexual Economic Exchange: gender, poverty and sexual risk behavior in urban Haiti"*. In: PARKER R. & J. GAGNON (1995), 1994.

Vera Paiva

Doutora em psicologia social, professora no Instituto de Psicologia da Universidade de São Paulo, pesquisadora do Núcleo de Estudos de Prevenção da Aids-USP, consultora do Programa de Aids das Nações Unidas (UNAIDS) e colaboradora dos programas nacional e estadual de DST/Aids. É autora de vários livros e artigos sobre o tema da sexualidade, dos gêneros e da Aids, entre eles *Evas, Marias, Liliths e as voltas do feminino*, e as coletâneas *Tá difícil de engulir? Experiências de adesão ao tratamento anti-retroviral* e *Em Tempos de Aids*, livro publicado pela Summus Editorial.

Ativista dos direitos humanos, teve sua formação marcada pela experiência de educação popular inspirada em Paulo Freire. Sua experiência como psicóloga clínica começou no campo da psicologia simbólica e analítica de tradição junguiana, mais tarde complementada com a abordagem psicodramática que marca seu trabalho com grupos face a face, como psicoeducadora. Essas experiências como pesquisadora, educadora e terapeuta se juntam ao compromisso de ir sempre da teoria às propostas de intervenção psicossocial, da pesquisa às suas derivações tecnológicas que inspirem outras pessoas no mesmo campo ou indiquem caminhos para políticas públicas de promoção da saúde e da cidadania.